2016年厦门
文化改革发展蓝皮书

XIAMEN WENHUA GAIGE FAZHAN LANPISHU

主 编 黄鹤麟
副主编 戴志望
　　　 林宗宁

厦门大学出版社
XIAMEN UNIVERSITY PRESS
国家一级出版社
全国百佳图书出版单位

2016年
厦门文化改革
发展蓝皮书

XIAMEN WENHUA GAIGE FAZHAN LANPISHU

编委会

主　　任：叶重耕

副主任：国桂荣

编　　委：张　萍　　李泉佃　　黄鹤麟　　吴子东

　　　　　上官军　　戴志望　　唐向阳　　周　旻

　　　　　林进川　　林　起

厦门大学出版社　国家一级出版社
XIAMEN UNIVERSITY PRESS　全国百佳图书出版单位

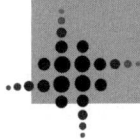

蓝皮书

目　录

主题报告

专题研究

蓝皮书

两岸交流

公共文化

文化会展

相关政策

蓝皮书

大事记

统计资料与分析

zhuti

baogao

主题报告

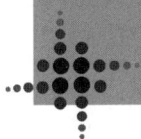

树立"创新、融合、服务"工作理念，做好文化改革发展工作

——在全省文化改革发展工作会议上的发言

◎ 叶重耕

　　根据会议要求，我们已经提交了一份有关 2015 年厦门市文化改革发展工作情况及下一阶段工作计划的书面材料，这里就不具体阐述了。现在我重点结合厦门市文化改革发展工作的具体实践谈几点思考，与大家共同探讨。

　　2015 年是"十二五"规划的收官之年，也是文化改革发展不断深化并取得显著成效的关键之年。厦门市委市政府根据中央和省委的决策部署，全面深化改革，大力推进文化改革发展。文化体制改革工作年初确定的 6 项任务基本完成，文化产业规模化、专业化和集群化发展取得了新进展，已经成为厦门市经济社会发展的重要支撑力量。与此同时，我们也在工作中深切感到，要做好文化改革发展工作，既要全面遵循"问题导向"的工作方法，也要牢固树立"理念引领"的工作原则；既要找准问题，突破改革发展的难点和瓶颈，也要理念先行展示改革发展的目的性和系统性。在推进文化改革发展的具体实践中，我们必须把十八届五中全会确立的"五大发展理念"落实到文化改革发展工作的全过程和各个方面，牢固树立"创新、融合、服务"的工作理念。

　　一是要牢固树立创新理念。文化引领时代风气之先，是最需要创新的领域。十七届六中全会提出的这个命题在"五大发展理

蓝皮书

念"的统领下更具时代特色。"十二五"期间,特别是2015年以来,厦门市在文化改革发展方面所取得的成绩,在很大程度上应归功于创新理念的引领。比如,在产业发展的工作机制方面,我们一方面充分发挥文化改革发展工作领导小组的统筹协调作用,凝聚27个部门的力量来推进发展;另一方面还引入了量化考核机制,针对厦门各区文化产业的发展实际创新考核指标体系,做到科学合理且操作性强,很好地发挥了量化考核体系的激励和引导作用。目前,厦门市的大多数行政区都成立了专门机构、设立了产业扶持专项资金、出台了有针对性的政策,比较完善的文化产业发展机制在6个行政区得到初步确立。再比如,在产业发展定位和自贸区建设方面,我们依据国内外文化产业发展的最新趋势探索发展重点业态和创新发展模式。2012年年初,我们在认真分析国际文化产业发展现状的基础上提出"在境内已有艺术品收藏与拍卖交易的营商氛围和产业基础上,把业务延伸到'境内关外'"的发展理念,促成了国内规模最大的一单文物艺术品的保税拍卖,突显了厦门在艺术品市场的地位。随着厦门自由贸易区的获批,我们又推动了把文化产业作为自贸区发展的主要业态,并通过项目带动逐步在厦门构建一个涵盖中高端、贯通境内外的艺术品产业发展格局。又比如,在探索民营文化企业落实两个效益相统一的内部管控机制方面,我们选择4399公司作为改革创新的试点单位,推动其成立党组织和工会,对涉及内容生产岗位的人员实行差异化考核,合理设置经济指标,突出社会效益。

二是要牢固树立融合理念。我对做好厦门市宣传思想文化工作提出了一个"融合"的理念,就是要激活全市各党委党组及相关单位的意识形态管理功能和作用,夯实宣传思想文化工作的组织架构。同样地,要做好文化改革发展工作,也必须树立融合理念。在这个方面,厦门市也进行了一系列的探索。比如,在发展机制上,我在上文已经提到,厦门市的文化改革发展工作领导小组由

27个部门组成，我们通过全体会议议定大事、专题会议解决具体问题的工作方式，把这些部门紧紧地"融合"在一起，形成了合力，有力地推动了改革发展。我们的神游华夏大型实景演艺项目，投资总额为18个亿，整个项目从开工到建成只用了不到一年的时间，各部门紧密配合协调的融合机制发挥了很大的作用。再比如，在产业融合发展上，在推进文化与科技、文化与金融等融合发展的同时，我们把文化产业的发展链接到"大众创业、万众创新"的国家战略上，拓展文化产业的发展空间。我们在2015年搭建了促进数字内容产业发展的高端平台，举办2015年中国移动游戏产业高峰会和中国国际IP交易与游戏产业链投资洽谈会；引进了集成性文化产业项目，形成了互联网创客基地、"互联网＋泛娱乐"投资基金和"互联网＋文化创意"交易平台的发展格局，推动厦门市动漫游戏产业向"大数据、大平台、全领域、全球化"方向发展。又比如，在国有文化资产管理体制创新上，我们把国有经营性资产和非经营性资产融合到一个管理体制之中，统一监管和分类管理相结合，体现了事业和产业融合发展的客观需要。这个新型的国有文化资产管理体制已有了一个明确的改革方案。其他像2015年厦门国际时尚周等活动，都体现了文化产业跨界融合发展的新理念。

　　三是要牢固树立服务理念。推动文化改革发展必须围绕大局、服务大局，这是毋庸置疑的。与此同时，面向企业、提供服务也是我们做好文化改革发展工作的题中应有之意，也是我们工作的出发点和落脚点之一。近年来，我们在这个方面也做了一些工作。比如，形成制度化、常态化的调研机制了解企业的需求、把握产业发展动态。近年来，厦门市文发办提出的有关文化产业发展的一系列战略、规划、布局等政策措施均建立在常态化工作调研的基础之上。再比如，通过提供政策扶持、资金补助和咨询辅导等措施主动服务企业，近年来，我们牵头拟定了文化产业专项资金扶持办法、重点文化企业和重点文化产业园区认定办法、鼓励国有大型企业投资文化产业的意见、扶持民营实体书店发展等政策。自2012年年底以来,我们共为厦门市的文化企业争取到中央文化产业扶持资金1.3亿元(其中2015年为4535万元)。我们积极辅导厦门华亿传媒集团申请新三板上市,近日正式获准,成为福建省首家新三板上市国有文化企业。又比如,为重大文化产业项目提供跟踪服务,上文提到的神游华夏园项目,从洽谈到土地摘牌是10个月的时间,从开工到建成运营是11个月的时间,这体现了跟踪服务的效率和价值。

（本文系厦门市委常委、宣传部长、市文化改革发展工作领导小组副组长叶重耕2015年12月21日在全省文化改革发展工作会议上的发言）

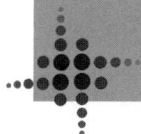

吸引世界优秀影视文创资源来厦投资兴业，进一步提升厦门的文化活力和城市品位

——在2015厦门国际纪录片大会暨亚洲阳光纪录片大会开幕式上的致辞

◎ 国桂荣

三月的厦门花香怡人、阳光明媚。在这个充满生机与活力的美好季节，2015厦门国际纪录片大会暨亚洲阳光纪录片大会在厦门隆重开幕了。在此，我谨代表厦门市人民政府向各位远道而来的朋友们表示热烈的欢迎和诚挚的问候！向为大会成功举办付出辛勤劳动的国际友人和各界人士表示衷心的感谢！

厦门是中国最早设立的经济特区之一，也是一座现代化国际性港口风景旅游城市，素有"海上花园"的美誉。厦门拥有山海交融、四季如春的自然环境，中西荟萃、兼容并蓄的人文底蕴，温馨和谐、优雅文明的城市特质，具有发展文化产业的丰厚土壤。凭借"零成本"而又丰富的外景资源，厦门每年吸引40多个剧组、100多部影视剧在这里选景拍摄，被誉为"天然摄影棚"。特别是2014年年底，厦门获国务院批准设立了自由贸易实验区，着力培育包括文化保税产业中心在内的十大功能性产业，这些都为我们大力培育和发展文化产业创造了积极的条件。近年来，厦门不断推进文化强市步伐，已形成了现代传媒、印刷出版、动漫游戏、演艺娱乐、民俗产品等多个产业板块,文化产业正逐步成为厦门经济发展的新引擎。

纪录片是一种最有品位、最具魅力的影视纪实艺术,承载着不同国家的历史和文化,是世界各国人民增进了解、增加感情、增强互信的重要载体。作为中国纪录片走向国际化、市场化、产业化的一个重要窗口,本届大会通过集聚全球优秀纪录片资源,在向世界推介中国优秀纪录片的同时,也为中国纪录片制播机构和纪录片人提供了一个与国际同行沟通交流、学习国际先进理念和成功经验的宝贵机会。我们真诚地希望通过本次纪录片大会的成功举办,能够影响和带动更多的国内外优秀纪录片人去挖掘和创作更多更好的中国题材纪录片,推动中国纪录片真正走上国际舞台。同时,我们也希望借此机会,吸引世界优秀影视文创资源特别是纪录片产业资源来厦门投资兴业,进一步提升厦门的文化活力和城市品位。

厦门是一个气质清新的海滨城市,非常适合专注地倾听、安静地思考和轻松地交流。我期待来自世界各地的朋友们能够在四天的时间里,愉快地学习、轻松地交流并取得丰硕的成果。厦门市政府将努力为大会的成功举办搭建最好的平台、创造最好的条件、提供最好的服务。

最后,预祝 2015 厦门国际纪录片大会暨亚洲阳光纪录片大会取得圆满成功! 祝各位来宾身体健康、万事如意!

(本文系厦门市副市长国桂荣在 2015 年 3 月 17 日厦门国际纪录片大会暨亚洲阳光纪录片大会开幕式上的致辞)

zhuanti yanjiu

专题研究

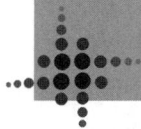

关于厦门市文化产业发展体制机制的报告

◎ 中共厦门市委宣传部

厦门市发展文化产业的体制机制有着自身的特色,其制度设计的关键是突出了党委宣传部门在文化产业发展中的主导地位,比较好地处理了党委和政府的工作关系,体现了文化产业的双重属性,努力实现社会效益与经济效益的统一,形成了一套行之有效的领导体制和工作机制。

一、把握趋势、勇于担当:适应宣传思想工作新常态

经济工作要适应新常态,宣传思想工作也要适应新常态。这个"新常态"是指宣传思想工作面临的新形势、新任务。传统上,党委宣传部是党管意识形态的工作部门,不具体参与经济工作,也很少同产业打交道。而且,从经济资源的支配能力来看,党委宣传部门可谓"上无片瓦、下无寸地",真想介入经济领域的工作也是"心有余而力不足"。很长一个时期,党委宣传部门专注于"鼓与呼",站在经济战线的背后"摇旗呐喊",时人谓之"虚功"。十六大以来,文化体制改革推动包括国有文艺院团在内的经营性文化事业单位的转企改制,大力发展文化产业,特别是党的十八届三中全会以来,党中央把激发文化活力作为深化文化体制改革的中心环节,把文化事业繁荣、文化产业发展和优秀传统文化的传承与弘扬作为

蓝皮书

文化建设的中心工作,把事业繁荣与产业发展有机统一起来。文化产业既要走规模化、集约化、专业化的发展之路,成为国民经济的支柱性产业,也要坚持社会效益和经济效益相统一,成为国家文化软实力和综合竞争力的重要组成部分。面对中央提出的全面深化文化体制改革的新形势、新任务、新要求,面对文化产业、文化产品与文化服务的"双重属性"(意识形态属性和产业属性)和"双重效益"(社会效益和经济效益),主管意识形态的党委宣传部门在文化产业发展工作上必须主动作为、勇于担当,决不能"袖手旁观"。就像经济工作面临新常态一样,发展文化产业理所当然成为宣传工作必须面对的新常态,换言之,党委宣传部门现在要做到"虚功"和"实干"齐头并进,认识新常态、适应新常态、引领新常态至关重要。理直气壮、责无旁贷地参与到文化产业发展进程中,既抓优秀传统文化的传承与弘扬,促进文化事业的繁荣,又抓文化产业的发展,主动介入、主动作为,充分发挥党委宣传部门在文化建设工作上的统筹协调作用,全面主导文化产业发展大局,已经成为党委宣传部门重要的工作内容。

二、创新体制、明确职责:构建领导体制和工作机制

十七届六中全会召开后,为适应文化大发展、大繁荣和建设社会主义文化强国的新形势和新任务,贯彻落实好党的十七届六中全会精神,从中央到地方都相应成立了文化改革发展工作领导小组或类似机构,下设办公室(简称"文发办"),挂靠在同级党委宣传部,厦门市也不例外。厦门市文化改革发展工作领导小组由市长任组长,市委常委、宣传部长和政府分管副市长任副组长,市文发办挂靠市委宣传部,与部机关文化发展改革处合署办公。市文发办的主要职责是对全市文化体制改革和文化产业发展工作进行统

筹协调和指导,牵头制定相关政策和协调推动文化产业的重大项目,负责审批利用旧厂房、仓储用房等存量房产资源发展文化产业的审批工作,承担厦门市打造文化创意千亿产业链的牵头部门的职责,推进厦门市文化产业园区建设,协调做好国家级文化和科技融合示范基地建设等。

市委宣传部依托文化改革发展领导小组及其办公室,在文化产业发展方面主要履行 6 个方面的工作职责。一是规划政策拟定。比如,《厦门市"十二五"时期文化产业发展专项规划》、"531"发展战略、战略新兴产业发展规划、文化创意千亿产业链发展规划、鼓励国有大型企业投资文化产业的意见等。二是工作调研安排。工作调研常态化既是市文发办的一项日常工作任务,也是常委宣传部长的重要工作内容,更是体现了市委宣传部门主导文化产业发展工作的一种工作方式和重要保证。市文发办根据常委部长的要求拟定制度化的文化产业调研安排,走进企业、园区,开展文博会、两岸产业对接等专题调研工作等,为拟定政策和提供服务奠定基础。三是项目审核审批。其主要是审核审批旧厂房改造项目,包括现在已发展比较成熟的龙山文化创意产业园、海峡设计产业园、沙坡尾艺术西区等。四是项目业态评估。其为涉及文化产业的"三旧改造"项目或为包含文化产业项目在内的重大综合性项目提供业态审核评估报告等,为改造项目或重大项目引进提供决策依据,确保文化产业项目的业态符合厦门市文化产业发展的方向和重大项目的文化属性。五是扶持资金申报。其负责厦门市文化产业发展专项资金的安排工作,采取项目补助、贷款贴息和奖励等方式对文化企业和文化产业项目进行扶持;负责中央文化产业扶持资金的基础申报工作等。六是重大项目协调。文化产业项目在落地建设或生产过程中需要地方政府职能部门支持的事项,都由文发办出面牵头召集协调;市委重大项目建设领导小组召开的协调会也都由文发办负责汇总汇报文化项目。重大文化产业协调

蓝皮书

工作已经成为市文发办的主要工作之一。

三、引领方向、培育产业:依托改革发展平台真抓实干

党委宣传部要走到前台、主导文化产业发展必须有所凭借,要找到支撑点。就厦门市的实际而言,这个"凭借"或"支撑点"就是厦门市文化改革发展工作领导小组及其办公室。宣传部充分利用市文发办挂靠党委宣传部门的有利条件,紧紧依托这个推动全市文化改革发展的工作平台,把全市文化体制改革和文化产业发展工作列入部务会重要议题,指定一位副部长担任文发办主任,采取全体成员会议和专题会议的方式履行职责。这种制度设计为党委宣传部门在文化产业发展过程中发挥作用提供了凭借,但是,党委宣传部门要真正能够发挥作用还需要在实践中主动作为,广泛联系和发动包括财政、规划、土地、税务、海关等 27 个领导小组成员单位的工作积极性,把党委和政府的职能和优势,以及相关的公共资源聚合在一起。在这个方面,厦门的做法或者说厦门的经验是"方向引领"、"产业培育"和"调查研究",核心是主动作为、真抓实干。

(一)方向引领

所谓"方向引领",就是要体现党委宣传部门在文化产业发展方向的敏锐性和前瞻性,既要能准确把握文化产业的发展方向,坚持健康的文化产品生产,又要不失时机地推动文化产业发展。比如,2012 年年初,宣传部在认真分析国际文化产业发展动态的基础上提出"在境内已有艺术品收藏与拍卖交易的营商氛围和产业基础上,把业务延伸到'境内关外'"的发展理念,并主动牵头协调厦门海关、象屿保税区管委会等部门和单位,促成了国内规模最大

的一单文物艺术品的保税拍卖,突显了厦门在艺术品市场的地位,也体现了党委宣传部门的主导作用。随着厦门自由贸易区的获批,文化保税综合服务平台的建设自然成为自贸区建设的重要内容,党委宣传部依托文化改革发展工作领导小组及其办公室,在自贸区建设上顺理成章地拥有发言权并做出应有的贡献。

(二)产业培育

所谓"产业培育"就是指在明确文化产业发展方向的基础上,具体主导、培育、推动文化产业发展的全过程,包括产业发展规划、市场主体培育、项目带动实施、服务促进发展等。

一是制定规划。产业培育,规划是基础。厦门市委宣传部根据市政府有关起草厦门市"十二五"专项发展规划的要求,牵头拟定了《厦门市"十二五"时期文化产业发展专项规划》,提出了发展四大产业集群、八大重点产业门类的发展方向和具体目标。从执行的情况来看,自 2012 年开始实施的文化产业专项规划符合厦门发展的实际。2014 年是中期评估年,在对过去两年多发展实践进行评估后,宣传部又提炼出了宏观层面的"531"发展计划,重点发展 5 个产业门类,包括文化创意和设计服务、数字内容、基于移动互联网的新媒体、艺术品展示交易和演艺娱乐;重点建设 3 大产业平台,即文化保税平台、艺术品展示交易平台和数字内容集成平台;努力建成 1 个示范基地,即国家级文化和科技融合示范基地,着力提升厦门市文化产业发展的质量,夯实发展后劲。

二是培育主体。培育市场主体是产业发展的关键。文化产业发展的主战场是市场、主体是文化企业。2012 年,根据文化产业发展规划,宣传部推出了微观层面的"531"载体建设计划,即在"十二五"期间重点培育 50 家市重点文化企业、30 个重点项目、10 个重点园区和聚集区。从这些年的推动情况看,厦门市的文化企业,特别是文化与科技融合型新兴文化企业发展迅猛、潜力巨大,动漫

蓝皮书

网游、数字内容与新媒体等新兴业态的文化企业已形成聚集发展态势,规模不断扩大;重点文化产业园区的建设初见成效;龙头文化企业建设取得积极进展,2014年,厦门市评选出的50家重点文化企业营收总规模为63.32亿元、税前利润为9.37亿元、纳税总额为3.09亿元,与2012年认定的市重点文化企业相比,平均规模比增77.25%、平均税前利润比增21.23%、平均纳税额比增24.28%。

三是落实项目。实施项目带动是推动产业发展的重要抓手。在重大项目的引进、落地和建设过程中,宣传部注重发挥党委宣传部门的统筹协调、审核审批作用。在利用旧厂房改造建设文化产业项目方面,自2012年年初成立市文化改革发展工作领导小组及办公室以来,宣传部(市文发办)共审核审批了18个旧厂房改造项目,包括现在已发展比较成熟的龙山文化创意产业园、海峡设计产业园、沙坡尾艺术西区等。便利化的审批程序激发了社会资本投入文化产业的热情。自2012年以来经市文发办审批的社会资本利用旧厂房发展文化产业的项目,其总投资额超过了10亿元,有力地推动了厦门市文化产业的结构优化和平稳较快发展。在绿地投资建设文化产业项目方面,"神游华夏园"项目很能说明问题。神游华夏园项目是由山东华夏集团投资建设的世界首个360度旋转的大型室内实景演出项目,总投资额为22亿元。这个项目从洽谈到土地摘牌是10个月时间,从开工到建成运营预计是11个月时间。在项目前期、项目中期和项目建设的全过程,党委宣传部门始终主动作为、敢于担当,充分发挥统筹协调的主导作用。在与规划、国土、建设、发改、财政、电力、环保以及集美区政府等相关政府部门和单位的协调互动过程中,通过党委常委宣传部长主持召开的一场场专题会和调度会,作为党委部门的宣传部与各相关政府部门之间的工作关系逐步清晰,宣传部门的统筹协调与政府部门的分工落实相得益彰,及时推动了各项工作的有序有效展开,创造了 11 个月内完成一个 22 亿元投资额项目的惊人业绩,为宣传部门牵头重大项目管理明确了工作流程和积累了有益的经验。

四是提供服务。向文化企业提供服务是党委宣传部门发挥主导作用的重要方面。根据文化产业发展需求,宣传部通过政策扶持、资金补助、项目协调等措施主动提供服务。2012 年以来,宣传部门(市文发办)牵头拟定了文化产业专项资金扶持办法、重点文化企业和重点文化产业园区的认定办法、鼓励国有大型企业投资文化产业的意见、扶持民营实体书店发展等文件,与市国土局合作推出文化产业项目用地供地的优惠措施。目前,市文发办正牵头拟定《厦门市促进文化和科技融合发展的若干政策》,着力建设好国家级文化和科技融合发展示范基地。根据《厦门市文化产业发展专项资金管理办法》,市文发办负责厦门市文化产业发展专项资金的安排工作,采取项目补助、贷款贴息和奖励等方式对文化企业和文化产业项目进行扶持。自 2012 年年底以来,市文发办共安排了近 5000 万元的扶持资金,其中,贴息贷款共计 1386.4 万元,在扶持小微文化企业、奖励骨干文化企业、促进有潜力文化产业项目落地等方面发挥了积极作用。与此同时,市文发办还负责中央文化产业扶持资金的基础申报工作。自 2012 年以来,市文发办协助市财政局共申请到中央文化产业扶持资金 9184 万元,其中,为市属国有文化企业争取了 4515 万元的中央财政资金支持,为厦门市各类中小民营文化企业争取到的资金共计 4669 万元。参与境内外文化产业招商引资和协调推动文化项目落地建设是市文发办的主要工作之一。2014 年,厦门市文发办跟踪推进的文化产业项目共计 10 个,投资总额达 270 亿元。其中,在 2014 年完成用地摘牌和开工建设的重大文化产业项目有两个,总投资额为 40 亿元。这两个项目责任领导均为市委常委、宣传部长叶重耕,市文发办为牵头部门。

（三）调查研究

引领方向不能凭空想象、培育产业不能无的放矢,常态化开展调查研究工作是确立产业发展方向、培育产业主体载体的重要保障,也是党委宣传部门在产业发展上发挥主导作用的一种工作方式和重要保证。文化产业发展的主战场是市场,主体是文化企业,核心要素是文化企业家和大批有创新精神的文化创意人才。要了解产业发展现状、掌握产业发展动态、研究产业发展趋势、服务产业发展需求就必须要走进市场、深入企业,与文化企业家和广大创意人员谈心并交朋友。形成常态化的工作调研机制是厦门市文化产业发展体制机制建设中的重要环节。近年来,厦门市提出的有关文化产业发展的一系列战略、规划、布局等政策措施均建立在常态化工作调研的基础之上,如"531"发展战略、文化创意千亿产业链的构建,等等。自2012年以来,市委常委宣传部长通过市文发办这个机构每月安排文化产业调研工作,进园区、走企业,与各文化单位的文化工作者座谈、与文化企业的创意人员交朋友,听取意见、直面问题、了解动态、把握趋势,为党委宣传部门在产业发展中发挥主导作用奠定了扎实的基础、为各级各部门服务文化产业发展提供了有效途径,与此同时,把工作调研与专题会议紧密结合起来。对于每年举办的海峡两岸文博会、图交会等综合性或专业性文化展会,叶重耕常委部长都要在全面调研的基础上就办展的主题、规模、特色、招商等重大问题主持召开专题会,予以研究,形成具体意见,并亲自带队赴京向中央国家有关部委汇报,争取支持。为突出文化产业发展的两岸特色,市文发办还建立了常态化的赴台考察机制,叶重耕常委部长亲自带队,相关部门负责人积极参加,认真学习和吸收台湾发展文创的先进理念和成功经验,成为厦门市党委宣传部门开展常态化文化产业工作调研的一种"厦门模式",对于促进两岸文化产业的对接产生了十分积极的效应。

　　总之,通过一项项具体工作的协调推动,逐步确立了党委宣传部门在文化产业发展上的主导地位,并通过相关会议和文件予以固化、形成惯例。比如,党委宣传部门主动承担了"十二五"文化产业发展专项规划的制定工作,又比如,采取抽样调查等工作密切跟踪厦门市文化产业发展动态并形成制度化工作机制、为市委经济形势分析会提供有深度的分析报告,等等。目前,厦门市的主要经济部门都能够主动与宣传部协商沟通产业发展等事宜。党委宣传部门在宏观上牢牢把握住了产业发展的主动权和主导权,印证了"有为才有位"的基本道理。党委宣传部(市文发办)也因此被市委确定为厦门市文化创意千亿产业链的牵头部门,在市政府相关部门配合下统筹推动全市文化产业发展工作。再比如,由于党委宣传部门在文化保税平台建设方面的前瞻性规划和实践探索,自然在自贸区的文化保税贸易平台建设中承担牵头单位的作用。实践表明,只有积极作为、主动作为,党委宣传部门在产业发展领域的作用才能彰显,与各相关政府部门的工作关系才能在互动中协同;也只有在项目实施和服务企业的实际工作中才能更深地介入文化产业发展、更大力度地推动文化产业发展。

四、提高认识、提升能力:产业发展工作的体会与思考

　　通过这三年多来的实践,宣传部对文化产业发展工作有如下四个方面的体会或思考。

　　一是文化产业发展工作并非单纯的经济工作。文化产业发展工作是党的文化工作的重要内容。文化产业不同于一般的工业或服务业,是我国经济社会发展的战略性产业,在产业属性上具有意识形态属性和经济属性,在产业功能上具有推进产业转型、城市转

蓝皮书

型和社会转型的作用,文化产业的管理体制和机制必须体现文化产业、文化企业和文化资产的特殊性。无论在理论层面还是在实践领域,文化事业和文化产业只是运行方式的差别,而承载的精神内容是一致的。习总书记强调:要把握好意识形态属性和产业属性、社会效益和经济效益的关系,始终坚持社会主义先进文化的前进方向,始终把社会效益放在首位,无论改什么、怎么改,导向不能改,阵地不能丢。习近平总书记还指出,经济发展再不能简单地以国内生产总值增长率论英雄,要以提高经济增长质量和效益为立足点。经济与文化的交融既增强了经济发展的可持续性,又有效增强了文化的竞争力。作为当下文化发展的主导方式和形态,文化产业发展要有战略意识,要对民族复兴伟业形成有力支撑,要着力推动国有文化企业树立社会效益第一、社会价值优先的经营理念。由此观之,宣传部不能简单地把文化产业发展工作视同一项单纯的经济工作,而应该从文化发展的高度、从意识形态工作的高度、从适应经济发展新常态的高度来全面把握文化产业的基本属性及其内在的发展规律。

二是发展文化产业应当有一个综合性的统筹协调部门。文化产业是一个众多产业门类的集合,是一个庞大的产业集群。文化产业发展非一部门之责,也非某一个行政部门能够有效推动。成立由市委或市政府主要领导担任组长并由多个部门参加的协调领导小组及其办公室是比较有效的发展体制和机制。

三是党委宣传部门主导文化产业发展工作是基于文化产业特性的制度安排。党委宣传部门主导文化产业发展工作的体制机制已在全国普遍确立,整体运行比较顺畅,体现了文化产业的基本特征。十七届六中全会后,市委决定在市委宣传部增设文化改革发展处,并同步成立厦门市文化改革发展工作领导小组,下设办公室

（简称"市文发办"），挂靠在市委宣传部，日常工作依托文化发展改革处。客观地说，这种体制具有临时性，市文发办也还是一个临时性常设机构，但现阶段在推动厦门市文化事业繁荣、文化产业发展工作中发挥了重要的综合协调和指导作用，充分体现了党委宣传部门既会"虚功实做"又能"硬功实干"的宣传工作新常态。

四是宣传部门的干部要有"本领恐慌"和"能力恐慌"的意识，全力提升服务文化产业发展的能力和水平。早在 1939 年，毛泽东主席就说过："我们队伍里边有一种恐慌，不是经济恐慌，也不是政治恐慌，而是本领恐慌。"习近平总书记在中央党校建校 80 周年庆祝大会暨 2013 年春季学期开学典礼上的讲话中重提"本领恐慌"问题，并指出"从总体上看，与今天我们党和国家事业发展的要求相比，我们的本领有适应的一面，也有不适应的一面。特别是随着形势和任务不断发展，我们适应的一面正在下降，不适应的一面正在上升。"如今，时代在变化，环境在变化，形势也在变化，宣传思想领域的广大干部也必须主动适应新形势、新变化，适应宣传思想工作的新常态，常怀"本领恐慌"、"能力恐慌"的忧患意识和进取精神，不断加强学习，"以学广才"。大家要努力吸收中华优秀传统文化精华，坚持古为今用、推陈出新，为文化产业发展注入新活力；要认真学习科技发展的最新成果，养成"互联网思维"，推动文化与科技融合，以"互联网＋文化创意"的模式探索文化产业发展新路径；要"走企业、入园区、接地气"，俯下身子向文化企业家、文化创意人才和广大文化工作者学习，改进作风，提升服务意识、提高服务能力，营造良好的营商环境，满足文化产业发展的新要求；要睁眼看世界，努力了解世界上不同民族的历史文化，积极借鉴世界优秀文化成果，把握国际文化产业发展的新趋势，服务于福建自贸区建设，把文化开放提高到一个新水平。党委宣传部门在文化产业发

蓝皮书

展进程中发挥主导作用是宣传思想工作新常态的具体体现,不是权力边界的拓展,而是责任使命的叠加。面对新形势、新任务,我们要加强学习、勇于任事、敢于担当,常怀"本领恐慌"的忧患之心,积极主动地向实践学习、向书本学习、向群众学习,才能在时代变革中适应新常态,推动新发展。

执笔:戴志望 卓秋黎

2015 年 7 月 8 日

蓝皮书

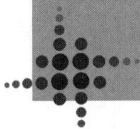

提升海峡两岸龙山文化
创意产业园区功能的研究

◎ 提升海峡两岸龙山文化
创意产业园区功能研究课题组

　　龙山文创园自 2009 年项目建设至今,园区总产值达到近 60 亿元,而其中的文化产业产值比例高达 90%。园区先后获得"福建省十大重点文化产业园区"、"中国创意产业最佳园区奖"等荣誉称号,成为福建省唯一获"龙腾奖"殊荣的文化创意产业园区,同时入选国家级闽台文化产业试验基地。但随着国内外文化创意产业的不断发展,龙山文创园目前仍处于起步、探索、培育和发展的初级阶段,仍然存在着一些困难和问题,严重束缚和制约了文创园的进一步开发和提升。

　　一是旧厂房的土地所有权调整不易,需要进一步整合。旧厂房的改造历来都是"老大难"的问题,其中尤为旧厂房的产权问题最为棘手。因此,建筑旧厂房的土地所有权调整是制约龙山老工业区转型为文化创意产业园的最大难题。经过多年的改制,多数厂房产权的多次变更,现业主趋向多元化,有国有、民营、集体和外来台资等,结构十分复杂。目前,随着老工业区改造的需要,龙山文创园主要通过产权置换、租赁、收购、拆迁、自我转型等多种方式进行改造旧厂房的产权,虽然取得了一定的效果,但是仍然困难重重。

　　二是文创产业链完整性不足,需要进一步调整。文化创意产

蓝皮书

业链不同于传统产业链,是以创意为核心、以市场为导向的价值创造链。目前,龙山文创园的文化创意产业链完整性不足,虽然定位核心竞争力为"时尚"文化产品,但是"时尚"产业链延伸远远不够,急需再有效整合,这已成为制约龙山文创园发挥核心竞争力优势的重要短板。目前,尽管已经有 260 家各类文创企业入驻龙山文创园,并且逐渐形成了文化产业与时尚设计、工业设计、环保等产业不断融合的文化创意产业链,但是由于各企业分散在区内的小片区,企业间的沟通、凝聚、整合不畅。这既是龙山在发展中因厂房产权调整而必然存在的问题,也是文创园区在开园初期企业扎堆入驻,没能有效选择的必然结果。

三是高素质复合型文创人才缺乏,需要进一步引进。事实证明,团队的精诚合作、顺畅沟通才是产生创意的关键因素。龙山文创园不仅需要时尚大师,更需要拥有更多的高素质复合型的文创产业人才,因此,如何加速形成高端人才集聚是龙山未来进入高速发展期的关键所在。目前,龙山文创园在吸引文创大师入驻方面成果显著,先后吸引国际知名时装设计师、我国设计师最高奖"金鼎奖"获得者计文波大师,台湾设计大师杨奉琛、曹源龙,大陆设计大师陆志成、李金仙,备受全球时尚界关注的"厦门帮"新锐时装设计师上官喆、刘小路等,都将各自的工作室陆续搬到龙山文创园,既提高了龙山文创园的知名度,也增强了时尚创意氛围。强将带强兵,在吸引大师的同时,实现高素质复合型文创产业人才集聚到龙山,才是最终的目的。吸引人才集聚,更要考虑到人才的就业、生活、培训、饮食、住宿等配套的公共基础设施,龙山在这一方面还需要更多的努力。

龙山文创园未来发展优势与分析

虽然龙山在未来发展上还面临许多制约因素,但是,龙山文创园也拥有一些特殊发展优势来突破制约因素的束缚。

其一,两岸的发展战略趋势"双借力",必将加速龙山文创园的进一步发展。

发展产业需要充分借力才能实现加速发展。展望海峡两岸经济发展形势和当前文创产业发展大趋势,龙山文创园的发展正处在两岸发展战略的双重叠加效应之中。

一方面,当前大陆文化产业旺盛,需求强劲,人民在满足物质需求之后,对精神的需求日益高涨,供需严重不平衡。国家制定的"文化强国战略"已经激发了一大批文化产业的供给力量,越来越多的企业、人才投入到文化创意产业中来,但是依然无法满足人民的精神需求。龙山借助国内文化产业发展大势,经验运筹有方,必然会取得飞速发展。

另一方面,厦门市正陆续出台新的战略规划及产业升级计划,并由此加速推动产业、城市与社会三者转型,而这正可为龙山加速发展提供必要的指导和更多政策支持,而且也会加快"龙山模式"的完善和推广。同时,厦门市将建设"国际旅游岛"作为城市的长期发展战略,正加速发展服务业。文化产业作为服务业的重要组成部分,必然会得到大量鼓励政策的支持。因此,龙山文创园的未来发展借力厦门市的城市发展战略,亦必然进入加速发展的轨道。

其二,"时尚"文化和对台前沿的区位优势,必将使其极具竞争优势。

厦门市拥有服装产业较强实力,因此将"时尚"文化作为文创园的核心竞争力,是明智之举。开园伊始,龙山文创园便将吸引创意设计类企业作为"主攻"方向,服装设计中心吸引了安踏、九牧王等入驻,另外,随着一批模特经纪公司、服装培训公司等时尚行业的入驻,文创园在时尚产业方面的产业链条已经日渐清晰,逐渐产生规模效应。目前,集时尚、艺术、教育、投资、创意产业、金融等于一体的大型综合性企业集团——格瑞国际集团与龙山文化创意园正式签约启动项目合作将使龙山文创园的"时尚"文化竞争实力大大增强。

龙山地处厦门中心岛核心城区,厦门又是大陆对台开放的最前沿,海峡两岸文脉相同,同根同源,因此,龙山拥有承接台湾文创企业向内地转移的最佳地理环境优势、人文优势。另外,"龙山模式"获得的大量优质厂房改造更为台企提供了极佳的落户条件,加上通过整合优化各类资源,以及对龙山文创园区道路、停车场等基础设施的建设,还有着力打造的设施齐全、功能完备的文化创意公共服务平台,都使得龙山在吸引台企入驻方面,非常具有竞争力。

其三,"龙山模式"和"合伙办公"创业商务平台形成最强"两翼",必将助推龙山文创园的繁荣发展。

一件事物能够繁荣发展,内因是关键。龙山文创园未来发展最大的优势是其自身具备的两大"羽翼":"龙山模式"和"合伙办公"创业商务平台。

经过两年的有效实践,逐渐总结出来的"龙山模式",是一条推进老旧厂房改造利用、推动城市有机更新、促进产业转型升级的新路子。未来我们沿着这条路不断前进,必然带来龙山文创园战略规划的扎实落实、更多的企业入驻、更多的人才集聚,龙山文创园的竞争力就会更强。

"合伙办公"创业商务平台将是对小微企业入驻龙山文创园最具有吸引力的地方。今后,厦门市思明区对文创类初创小微型企业将提供"1+1群"服务,同时,龙山文创园将对小微企业实行"合伙办公",让创业者直接拎包入驻,以降低企业发展成本和风险。

这两大"羽翼",一方面不断扩展文创场所,另一方面不断吸引文创企业入驻,龙山文创园的发展将越来越好。

其四,八大优惠扶持政策,撬动财政政策杠杆,必将加速提升龙山文创产业集聚效应。

出台财政优惠政策一直是政府推动产业集聚发展的重要途径。财政政策拥有"四两拨千斤"的杠杆作用,政府通过优惠政策向目标产业倾斜,发挥财政的杠杆作用,以一定的财政支出鼓励目标产业发展,吸引社会资本大量流入目标产业,最终促进产业集聚,加快产业发展。因此,自开园伊始,龙山文创园便陆续得到思明区政府的财政优惠政策支持。

当前,龙山文创园基础发展日渐完善,思明区政府再次为龙山发展提供非常优惠的财政政策,出台《鼓励扶持龙山文化创意产业园发展若干规定》,提出"八大福利",对旧厂房改造、重点鼓励创意设计和数字新媒体两类企业入驻、小微文创企业入驻、"大师级"文创人物入驻、在园区举办大型文化创意活动、园区内文创企业或项目获国际级或国家级奖以及文创产业项目贷款等均可以得到不同程度的奖励、补贴或补助,甚至免费入园。此次优惠政策力度之大、范围之广,在龙山发展史上都是前所未有的,即使对比其他文创园的政策优惠程度,也是有过之而无不及,必然会再次掀起文创企业入驻浪潮,从而加速龙山的文创产业集聚。

蓝皮书

对龙山文创园进一步提升与发展的几点建议

文化创意产业本身就是新旧的交融、传统与创新的融合。如何挖掘民族本土特色,展示城市文化精髓,是文创园持续发展的重中之重,对此,龙山文创园要认真借鉴国内外文创发展经验,转变观念,找准差距,发挥优势,挖掘潜力,推进发展。

一是要围绕"管理红线"创新,打破土地产权制约发展的束缚。历史遗留的龙山老工业区土地产权问题复杂难解,特别是围绕"土地红线"的产权问题仍然比较突出,制约着文创园整体设计规划的实施进度,因此,土地产权问题亟待突破。如何解决,座谈中,我们也听到了一些非常好的意见,比如设置土地使用权的"管理红线",将土地使用的用途收归文创园指挥部统一管理,这样既可以规避土地产权的复杂难解,也可以有效实现龙山文创园的整体规划和设计的落实。目前,由于政府推动龙山文创园的发展,很多原有企业看到这一机遇,也参与进来,利用拥有土地厂房所有权身份,擅自改建改造来发展文化创意产业,已经出现违反原有整体规划设计用途的建筑改造现象。我们认为该意见确实可行,希望有关部门能够采纳,赋予龙山指挥部土地使用"管理红线",及时纠正违反设计的乱改乱建现象,使得龙山文创园能够真正按照设计初衷得到最佳落实。

二是要完善公共基础服务设施,打造最现代的时尚办公社区。产业园是一大批企业的集聚,成千上万的企业汇聚在一片小区域内,自然就形成了一个"办公社区",社区的公共基础设施构建的是否完善,社会生活、氛围是否有吸引力,将直接影响社区人员的归属感。因此,园区基础设施与休闲配套设施的完善,如免费 wifi 全覆盖,增咖啡馆、瑜伽健身馆、健身房、设计师驿站、媒体发布中心等配套设施,要以方便生活、娱乐生活、快乐生活为内涵,来构建人人为园区的生活氛围。

另外,我们还要根据创意产业园区的规模以及功能定位,进行园区的主体结构以及相关配套设施的规划与建设。"时尚"是龙山文创园的主打品牌和核心竞争力,公共基础设施服务的完善也应该以现代时尚为主题。因此,在整体基础设施服务布局上,龙山文创园应该采用富有极具创意同时兼具高品质的时尚生活的风格,努力打造低密度、高品质、具有良好时尚气息的办公空间,从而构建"友邻商务"模式的办公社区。

三是要完善融资平台服务,为孵化平台提供资金保障。产业园区最初由支持和孵化新建高新技术企业而兴起。国内外的经验表明,建设文化产业孵化器是文化产业园区实现产业化促进功能的重要手段和载体。龙山文创园的小微企业孵化平台设置在龙山时尚中心,思明区政府和龙山文创园指挥部为小微企业孵化做了大量政策扶持和鼓励,如提出"合伙办公"理念、"1＋1群"企业服务、入园奖励等。但是对于小微企业来讲,孵化平台是一个庞大的系统工程,其中最重要的还是小微企业融资平台的搭建。

参照当前金融系统提供的服务,完善融资平台的有效途径有以下几点:其一,质押贷款:知识产权在文化创意产业中占有很大的比重,因此,文化创意小微企业可以将知识产权作为质押物品,来获取短期发展急需的资金,如将著作产品和著作权当作企业可抵押的产品,为融资提供担保。其二,集合担保的银行贷款:企业经过长期的发展,渐渐成为集团公司,在集团公司的内部又分成几个相互独立的个体,内部个体向银行进行借贷时,集团可以以自己的名义为这些独立的个体进行担保,使它们顺利地获得资金。因此,龙山文创园可以作为一个集团,来为各个小微企业担保,以获取银行贷款。其三,融资租赁:文化创意企业资金规模较小,但是对设备的要求是很高的,这些设备的技术含量必须过硬,高要求的设备价格也很高,企业无法支付高昂的费用,融资租赁可以帮助企业解决这一难题。

四是要构建创意教育平台,打造高端文化创意人才梯队。众所周知,人才对于创意产业园区的持续健康发展至关重要。因此,如何建立良好的人才平台,为创意人才培养、工作、生活提供良好的环境,是龙山文创园未来建设的重点工作之一,因此,我们要切实大力培养高素质的"四型"文化产业人才,即国际型、复合型、创新型、实用型人才。龙山文创园之前走的是以大师为引领,邀请国际知名文创设计大师、服装设计大师入驻,从而带动人才集聚的道路。这一思路是有时效的,可以短期内提高龙山的知名度和吸引力,但是从长远看,后劲不足。

今后,思明区加强龙山文创园人才集聚方面的工作,还需要从以下两个方面加强:第一,培养,即创意教育平台建设:首先,创意人才的培育要从儿童抓起,要加强学龄前儿童家庭教育的创意意识,然后,根据现有条件建立各种面向不同人群的创意人才培训基地,最好把基地设在龙山;其次,鼓励各种企业和各级行政部门设置内部的创意开发研究机构。第二,选拔,即通过评选构建高端文化创意人才梯队:建立全市性乃至面向全国及国际的创意作品与创意人才的评比、表彰机制,通过对创意产品进行的评选和激励,打造一支高端文化创意人才的队伍,形成领军人才、大师人才、新锐人才的梯队,重点培养创意管理人才、创意设计人才、市场营销人才等。总之,人才集聚要始终坚持本土培养和人才引进相结合,才能找到龙山文创园所真正需要的高端文化创意人才。

五是要加强入驻企业管理,选择优质企业培育扶持。产业园区要有一定的规模和企业密度,企业之间要有较高的关联度,才能突出有限的支柱产业方向。随着文创园的进一步发展,入驻的企业会越来越多,如何突出龙山文创园的特色,增强核心竞争力和发展潜力,是现在必须考虑的问题。因此,加强企业管理,严格入区标准,择优遴选符合时尚文化的优质企业进行培育扶持,打造产业链网络,是重要的解决之道。

针对龙山文创园的特点,目前以时尚文化为中心,一大批围绕时尚文化的创意企业入驻文创园,如果不能及时加强企业管理,引导企业整合并购升级,势必会造成企业之间的恶性竞争,破坏龙山文创园的整体招商引资环境。目前逐渐显现的时尚产业链条上,优质企业需要重点培育和扶持,同时加强相连企业的业务的沟通交流,形成特色的园区产业链网络,以此拉动整个园区的发展。

执笔:金本模　刘力争　王　哲

2015 年 11 月

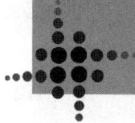

厦门市文化创意产业基地与旅游业融合发展的设计与思考*

◎ 厦门大学课题组

  旅游业一直是厦门市的重要产业之一,因为滨海城市的美丽风光、西洋风格的独特建筑、闽南的乡土人文、表演艺术、饮食文化等都吸引着世界各地的游客前来。然而,在厦门市旅游业繁荣的同时,其局限性也逐步凸显。随着旅游业的高速发展:首先,厦门本岛地域狭小,旅游资源有限,旅游产品开发平面化,因而无法长时间留住游客。大多数游客只在厦门停留两天一夜或更短时间。其次,厦门市的旅游资源高度集中在鼓浪屿岛和少数旅游景点,导致上岛游客人数过多,少数旅游景点爆满,游客们的能源消耗和生活垃圾给环境带来了极大负担。最后,随着全国旅游业水平的提高,游客们已摆脱数年前"饥不择食"的低层次旅游,而厦门旅游缺乏深度上的发展,逐渐满足不了游客对优质体验的要求,旅游业的口碑开始受到影响。以上几个问题已经对厦门旅游业的发展形成了阻碍,不容小觑。究其根源,厦门旅游业的问题主要在于旅游资源的表面开发已经饱和,需要深入开发来推动旅游业的进一步发展,摆脱"资源禀赋型旅游业"的发展瓶颈,增加旅游业的"文化含金量",减轻对自然资源、历史人文资源的损耗。

---

* 由于篇幅的关系,本文采用时已做了删减。

　　针对旅游产业需要升级和优化的问题,最直接的方式就是将旅游和文化创意产业结合,以增加旅游业的"文化含金量"。这一发展途径已经在全国的许多城市的实践中被证明是有效的,无论是在原旅游景点基础上嫁接文化创意产业,抑或是在文化创意产业相对集中的区域开放旅游,都是借助两个产业的融合发展,一方面提升和深化旅游业的"文化含金量"和旅游品质,另一方面刺激和实现文化创意产业消费,推动文创产业发展。遵循前一路径者如广西桂林结合山水自然风景区和文艺表演所创作的《印象刘三姐》实景演出;上海新天地以中西融合、新旧结合为基调,将上海传统的石库门里弄与充满时代感的新建筑融为一体的历史风貌景观作为"背景",赋予其休闲娱乐、文创演艺、购物旅游的典型文化创意街区的新活力。遵循后一路径者如北京的大山子艺术区,在被弃用的原国营798厂等电子工业的老厂区打造出一个"798艺术区"并引申出的一种文化概念,即LOFT时尚居住与工作方式,成为北京都市文化的新地标和国际旅游热门景点;江苏宜兴推出让游客体验"陶都"制陶的文化体验服务;江苏无锡将影视基地三国城开发成为旅游景点等,都提升和促进了当地的旅游业发展。遵循后一路径者还有一个值得称道的成功案例是厦门的曾厝垵,这个全国最文艺的渔村探索出一条"城中村"转型升级和基层社会治理的新路子。"目前,曾厝垵聚集了1300多家不同商业形态的旅馆和特色文艺小店,年旅客流量超过1000万人次,居民年均收入约5.5万元。"

　　本课题组选取了几个文创基地(包含官方建设的文创基地、企业投资的文创基地和民间文创力量自然形成的集聚区)作为案例研究对象进行实地调研和比较研究,尝试对厦门文创基地与旅游业的结合现状做出详细的调查,提交可信的报告,并在社会科学研究基础上对未来的前景做出预测,重点针对政府在文化创意产业与旅游业融合发展模式中的定位提出相关的意见建议。

蓝皮书

一、厦门市文创园区和旅游业结合的现状和前景

厦门现有文创产业与旅游产业的融合模式主要有延伸、重组和渗透三种类型(具体如表1所示):

表1 厦门市文创产业与旅游产业融合模式

融合模式	融合含义	文化创意旅游产品	实例
渗透型	文创产业延伸到旅游产业	创意住宿、创意餐饮、主题公园等	曾厝垵最文艺渔村、鼓浪屿民宿及创意店铺等
重组型	文创产业和旅游业通过节庆和会展进行产业重组融合	节庆活动、会展	厦门国际动漫节和金海豚动画作品大赛、海峡两岸文博会等
延伸型	将文创元素渗透到旅游资源和旅游产品中;在文化创意产品生产基地打造旅游功能	实景演绎、文化创意产业园区、美术馆等	海沧乌石浦油画村、园博苑实景演出、海峡两岸龙山文创园、海峡建筑设计文创园、联发华美空间文创园、沙坡尾艺术西区等

课题组从文创基地研究出发,选择四个文化创意园区进行问卷调查,获得大量翔实的第一手资料。四个文化创意园区是:海峡两岸龙山文创园、海峡建筑设计文创园、联发华美空间文创园和沙坡尾海洋文化创意港艺术西区。

按调查问卷的设计内容逐一比较分析如下:

1. 园区管理层面的调查

(1)园区的基本情况

海峡两岸龙山文创园成立于2009年,由思明区政府主导推

动,以国有企业作为园区的建设主管单位。园区占地31.4万平方米,入驻企业450家。其中,国营1家,民营443家,股份制5家;有申请专利授权的企业121家,有创意或设计获奖的企业14家;从事工业设计企业10家,从事旅游产品设计企业2家,从事其他文创设计企业320家。园区内员工4700人,其中,管理人员占比10%,从事文化创意设计人员占比80%。园区内企业业务范围涉及的主要地区有福建、北京、广东、台湾等。2014年,园区的主营业务收入为135000万元,2015年1月－5月收入为80000万元。

海峡建筑设计文创园于2014年正式运营,由湖里区政府主导推动,以民营企业和个人混合制作为园区的建设运营单位。园区占地3万平方米,入驻企业60家。其中,集体1家,民营55家,股份制1家,外商独资企业3家;拥有自主品牌企业1家,有申请专利授权的企业3家,有创意或设计获奖的企业10家;从事工业设计企业1家,从事旅游产品设计企业1家,从事其他文创设计企业28家。园区内员工600人,其中,管理人员占比10%,从事文化创意设计人员占比55%。园区内企业业务范围涉及的主要地区和国家有福建、北京、广东、浙江、河南、香港以及马来西亚等。2014年,园区的主营业务收入为5.6亿元,税收2200万元。

联发华美空间文创园作为国家级文化产业园示范项目于2014年2月立项,由联发集团有限公司主导推动,其下属厦门联发商置有限公司投资开发统一运营。2015年3月,一期"创意办公中心"已经交付使用,二期"时尚商业街区"也指日可待。园区用地面积4.2万平方米,建筑面积5.6万平方米,入驻企业65家,均为民营企业;拥有自主品牌企业58家,有申请专利授权的企业37家,有创意或设计获奖的企业30家;从事工业设计企业5家,从事旅游产品设计企业8家,从事其他文创设计企业45家。园区内员工1000人,其中,管理人员占比15%,从事文化创意设计人员占比20%。园区内企业业务范围涉及的主要地区有欧美、中国大陆和港澳台地区等。

沙坡尾海洋文化创意港艺术西区于 2014 年设立,园区投资主体为沙坡尾海洋文化创意投资有限公司。艺术西区面积约 0.6 万平方米,入驻企业 16 家,均为民营,拥有自主品牌。其中,从事工业设计企业 2 家,从事旅游产品设计企业 2 家,从事其他文创设计企业 12 家。园区内员工 30 人,其中,管理人员占比 30%,从事文化创意设计人员占比 50%。园区内企业业务范围主要面向厦门本地。2014 年,园区的主营业务收入为 600 万元,2015 年 1 月—5 月收入为 300 万元。

(2)园区文化创意产业、设计服务业和旅游融合的现状和前景

海峡两岸龙山文创园对外开放,园区年接纳游客达 10000 人次,来访的人员主要有:公务员、青少年。今后有以"时尚/工业设计/创意设计"为园区旅游主题,将园区创意文化产业、设计服务业和旅游融合的设想。主要融合路径为:打造青少年实践基地、对散客开放、实施前店面后工作室模式、园区内开设创意和设计产品零售店、支持企业设立游客互动工作室等。同时,园区有意进一步拓展,设想的主要途径有:扩大园区面积、争取更多政府政策支持、帮助企业引进人才、帮助企业融通资金、帮助企业做大规模、增加园区服务项目。

海峡建筑设计文创园对外开放,园区年接纳游客达 8000～10000 人次,来访的人员主要有:公务员、青少年、散客。希望以旅游业带动园区的发展,今后有以"设计与生活"为园区旅游主题,将园区创意文化产业、设计服务业和旅游融合的设想。主要融合路径为:接待旅游团队、打造青少年实践基地、对散客开放、进行网络宣传营销、实施前店面后工作室模式、园区内开设创意和设计产品零售店、支持企业设立游客互动工作室、设计游客体验节目等。同时,园区有意进一步拓展,设想的主要途径有:扩大园区面积、争取更多政府政策支持、帮助企业引进人才、帮助企业融通资金、帮助

企业做大规模、增加园区服务项目。

联发华美空间文创园对外开放,接纳的对象主要有公务员、青少年、散客,还有来自时尚圈、媒体圈的访客。今后有以"时尚展示发布"为园区旅游主题,将园区创意文化产业、设计服务业和旅游融合的设想。主要融合路径为:接待旅游团队、打造青少年实践基地、对散客开放、进行网络宣传营销、实施前店面后工作室模式、园区内开设创意和设计产品零售店、支持企业设立游客互动工作室、设计游客体验节目等。同时,园区有意进一步拓展,设想的主要途径有:扩大园区面积、争取更多政府政策支持、帮助企业引进人才、帮助企业融通资金、帮助企业做大规模、增加园区服务项目。

沙坡尾海洋文化创意港艺术西区对外开放,接纳的对象主要是散客。今后有以"年轻文化"为园区旅游主题,将园区和旅游融合的设想。主要融合路径为:对散客开放、进行网络宣传营销、园区内开设创意和设计产品零售店、支持企业设立游客互动工作室、设计游客体验节目等。同时,园区有意进一步拓展,设想的主要途径有:扩大园区面积、争取更多政府政策支持、增加园区服务项目。

(3)关于文创园区与旅游融合发展的主要问题

海峡两岸龙山文创园认为,主要问题是园区场地限制、旅游营销手段不足或缺失与旅游业互惠互利的方式;海峡建筑设计文创园认为,主要问题是缺乏必要的政府政策支持和园区场地限制;联发华美空间文创园认为,主要问题是旅游营销手段不足或缺失与旅游业互惠互利的方式和产品市场不够成熟;沙坡尾海洋文化创意港艺术西区认为,主要问题是缺乏必要的政府政策支持和园区场地限制。

(4)关于园区文化创意产业、设计服务业和旅游融合的环境

海峡两岸龙山文创园认为,要有优秀的文化创意和设计企业、优惠的税收及相关政策、良好的服务平台、完善的产业集聚区、专项扶持资金、成熟的产业融合模式、非同质化的旅游专题设计;海

蓝皮书

峡建筑设计文创园认为,要有优秀的文化创意和设计企业、优惠的税收及相关政策、良好的服务平台、成熟的产业融合模式;联发华美空间文创园认为,要有优秀的文化创意和设计企业、优惠的税收及相关政策、良好的服务平台、非同质化的旅游专题设计;沙坡尾海洋文化创意港艺术西区认为,要有优秀的文化创意和设计企业、优惠的税收及相关政策、良好的服务平台、专项扶持资金。

(5)对政府推动文化创意和设计服务业与旅游业融合的建议

海峡两岸龙山文创园提出:一要鼓励挖掘、保护、发展中华老字号等民间特色传统技艺和服务理念,支持设计、广告、文化软件工作室等各种形式小微企业发展。推动创意和设计优势企业根据产业联系,实施跨地区、跨行业、跨所有制业务合作,打造跨界融合的产业集团和产业联盟。二要加强全民艺术教育,提高人文素养,推动转变消费观念,激发创意和设计服务消费,鼓励有条件的地区补贴居民文化消费,扩大文化消费规模。三要完善有利于创意和设计发展的产权制度。鼓励文化创意和设计企业、高等院校和科研院所开展知识产权交易,促进知识产权的合理有效流通,促进文化创意和设计商品化、产业化发展。四要扩大文化类人才培养规模,提升文化类人才培养层次。优化专业设置,鼓励普通本科高校与科研院所加强专业(学科)建设和理论研究。鼓励高校与文化创意和设计服务领域行业企业、科研院所合作共建特色优势学科。海峡建筑设计文创园提出:政府提供相应的惠及政策,园区相关产业搭建平台。沙坡尾海洋文化创意港艺术西区提出:加强对文创品牌和文创人才的关注与宣传。

2.园区企业的调查

本课题组对园区企业的调查主要侧重于文创和设计服务业与旅游业融合的意义、企业视角下目前厦门市创意和设计产业园区发展存在的问题、文创和设计服务业与旅游业融合的困难、融合最需要的环境,最后是企业心声——希望政府开展哪些工作支持文化创意产业和旅游业融合发展。

海峡两岸龙山文创园共收回调查问卷 20 份,海峡建筑设计文创园共收回调查问卷 18 份,联发华美空间文创园共收回调查问卷 12 份,沙坡尾海洋文化创意港艺术西区共收回调查问卷 10 份。

梳理以上 60 份企业调查问卷,课题组归纳如下:

(1)关于文创和设计服务业与旅游业融合是否有意义

对于这个问题的回答,除了两个企业,都选择"是"。这两个企业选择"否"的原因一个是企业性质以慈善为主,一个是企业不倾向过度"商业化"。

(2)企业视角下目前厦门市创意和设计产业园区发展存在的问题

选项得票依次是:

31/60　园区只是空间上的集聚,没有形成真正的服务平台;园区的优惠政策没有体现;市场开拓不够,客群不稳定。

28/60　园区产业定位不清楚。

25/60　中小企业生存受融资条件制约。

24/60　园区同质化严重。

4/60　园区商业比例过高。

(3)文创和设计服务业与旅游业融合的困难

选项得票依次是:

18/60　企业原创能力不足。

17/60　企业经营理念问题。

15/60　园区没有相关鼓励政策。

12/60　知识产权保护问题。

9/60　相关高端人才缺乏。

7/60　企业核心竞争力不强。

6/60　场地不足。

(4)融合最需要的环境

选项得票依次是：

48/60 良好的公共服务平台。

41/60 有一定的专项扶持资金。

35/60 完善的产业集聚区。

32/60 完善的知识产权保护制度；优惠的税收及相关政策。

30/60 优秀的文化创意和设计企业（团队）。

29/60 成熟的产业融合模式。

（5）希望政府开展哪些工作支持文化创意产业和旅游业融合发展

选项得票依次是：

43/60 完善产业规制政策，创造产业融合平台，如主题文创园区或专业设计园区。

35/60 建立产业融合的公共服务机构。

34/60 制定产业融合发展的税收优惠政策。

29/60 培育产业融合的高端人才。

22/60 加大引进具有较高服务水平的文化创意和设计服务企业（团队）。

21/60 设立产业融合发展专项扶持资金。

14/60 建立实现产业融合的企业主体机制（产业集团），拓展产业融合发展的空间。

13/60 搭建信用担保体系，营造良好的投融资环境。

12/60 进一步完善知识产权保护制度。

10/60 进一步加强市场规范体系建设。

二、海峡彼岸台湾的文化创意产业的成就和主要做法

台湾文化创意产业起始于20世纪80年代，至90年代中期步

入繁荣期。"台湾的文化创意产业以其稳健的增长态势与厚积薄发的创意实力,成为亚洲区域创意设计重镇和全球华人创意设计的领航者。"①台湾文化创意产业的发展一方面得益于台湾社会的民主开放、多元文化、教育普及程度高和人才资源充沛;另一方面显然是借力于行政力量的及时介入和有效推动。

厦门市文化产业"十二五"时期发展的定位首要目标就是成为"两岸文化产业合作的示范区",因此有必要了解台湾,学习台湾,借鉴台湾发展文化创意产业的成功经验。厦门市与台湾一衣带水,五缘共享,因此台湾发展文化创意产业的成功经验不仅可以为厦门市所吸纳,而且最有条件在厦门得到提升和拓展。本课题组通过对台湾发展文化创意产业的过程的深入研究和走访在厦台商企业,认为台湾的以下主要做法值得厦门市借鉴和仿效。

(一)产业概念:准确定义,划分层次,有针对性扶持

1.准确定义:将文化产业聚焦到文化创意产业

台湾将文化创意产业定义为"源自创意或文化积累,透过智慧财产的形成与运用,具有创造财富和就业机会之潜力,并促进全民美学素养,使生活环境提升之产业"。接近文化创意产业的原始定义。准确定义的意义涉及行政推动的分工,还涉及出台扶持政策的针对性。早在1995年,台湾"行政院文化建设委员会"在文化产业研讨会上就号召"文化产业化,产业文化化",得到政界、学界和商界的普遍认同;2009年,发布"创意台湾——文化创意产业发展的第二期方案"(简称为"创意台湾"或"文创二期"),既是对"文创一期"的肯定和经验总结,也是"文创一期"的进一步扩展和延伸。十余年不遗余力地推动,一方面彰显政府发展文化创意产业的决

---

① 李凌.沪台创意产业发展比较研究[J].台湾研究集刊,2013(6).

心和支持力度;另一方面,政府的支持也逐步由大文化产业聚焦到文化创意产业。2010年,台湾当局颁布了"文化创意产业发展法",以法律文书明确表达政府意图,针对文化创意产业的特性和发展需求,规划文化创意产业的全方位整合和推动机制,创造台湾的"文化奇迹"。

2.划分层次:构建创意产业的生态体系

在"文化创意产业发展法"所界定的13项创意产业的基础上,台湾还设有一些核心产业的周边产业,以及作为产业环境的外围产业。这些产业在台湾构建创意产业的生态体系中承担了基础性的工作,成为创意产业的铺垫或载体,如观光旅游业、小区营造、会展业、文化产业教育等。

创意产业生态体系的构建一方面保证了政府支持由核心向外围延伸,重点保障对核心创意产业的支持力度,也顾及应用核心产业的周边产业和产业环境建设的外围产业;另一方面突出了创意产业之服务于经济和创意生活的内涵,通过塑造全产业链有效实现创意产业内容价值的最大化:创意产业贴近现实生活,延伸服务,走进社区。

3.公民美学:政府和民间良好互动

台湾当局为发展文化创意产业营造政策环境可谓千方百计,举全台湾民众之力。本着"创意为王"的发展理念,强调原创价值,至于形式和路径则不拘一格,推动"公民美学",发掘民间创意和想象力。打造创意生活,构筑创意街区,开办艺术银行,把文化创意作为一种生活方式、生活品位,让创意产业贴近生活,服务于生活,美化优化生活。

打造创意生活:台湾向来注重文化传承和积累,打造创意生活也将文化特色与创意设计注入传统文化或叠加在传统文化上,人文、历史、社会甚至政治在台湾都可以演化为创意元素,融入日常生活(产品和服务)。这样,一方面突出了当地文化特色,依然是有情感维系的产品和服务;另一方面赋予了产品和服务新的内容、新的生命,成为独特品牌,在同类产品和服务的竞争中突出了优势。

构筑创意街区:台湾推动文化创意产业,打造创意生活有一项重要内容是"新故乡社区营造计划",主要目的是为了整合"人、文、地、景、产"五大社区发展面向。构筑创意街区的结果是:走在台湾的街区,随处都是文化创意旅游景点,随时可以感受人文积淀。

开办艺术银行:台湾自 2013 年 3 月开始启动艺术银行计划,2014 年 4 月正式挂牌运营。"美丽的空间自己去创造,自己的艺术家自己去疼爱"是艺术银行最重要的宗旨。通过购入和出租台湾本土艺术品在公共空间展示,既在美术馆之外开辟生活美学空间,又不与民间艺廊争利。作品进入公众视线,不仅活络了艺术市场,更可以让潜力十足的新兴艺术家有机会被发掘。台湾艺术银行不以营利为目的,因为租金费率仅为购入价格的 0.4%。"文化部"认为,台湾艺术银行的第一个十年就是做好"蚌壳养珠"工作。作品采用征集的方式,艺术家或其代理人提出申请,再由艺术家、产业界、专家学者等组成评选委员会评选。参选的艺术家必须是本土人士,年龄不限,作品要能反映台湾多元文化特色。艺术银行一年里就累积了 195 位艺术家共计 346 组作品,其中 172 件作品已分别在台北、桃园、台中及高雄等地与艺术爱好者们见面。

(二)政策环境:以"创意台湾"为目标,制定法律,政府担责,创新发展

在"文创一期"取得经验后,"文创二期"提出"创意台湾"的整体发展目标。为实现这一目标,首先,在组织架构上,台湾成立了多部门的"文化创意产业推动小组",整合各项管理事权。其次,设立基金:2009 年"行政院"列支 10 亿元新台币成立"地方产业发展基金";同年,成立"文化观光部",提拨专项"观光发展基金"300 亿元新台币,并将文化预算提高到总预算的 4%。

蓝皮书

2010年，"文化创意产业发展法"出台，令台湾各级政府对发展文化创意产业的支持有法可依，行政化上升为法制化。"文化创意产业发展法"开宗明义，台湾"文化创意产业之发展，依本法之规定"，旨在"为促进文化创意产业之发展，构建具有丰富文化及创意内涵之社会环境，运用科技与创新研发，健全文化创意产业人才培育，并积极开发岛内外市场"。

"文化创意产业发展法"努力营造扶持台湾文化创意产业发展的政策环境，把塑形"创意台湾"作为各级政府的重要使命，责成各级政府从补价差、提供创作育成展演设施、政府采购加分到公益广告空间支持发展文化创意产业，体现扶弱扶小，扶持个人；从开课、教学活动到预算补助、发体验券引导、资助青年养成美学意识和消费习惯；从捐赠列支费用或损失、人才培训减免捐税到自用机器设备免征进口捐税，再到关注偏远地区和弱势团体。新成立"文化观光部"，提拨专项"观光发展基金"，更是以政府之力直接推动了文化创意产业和旅游业的融合发展。

（三）文创基地与旅游结合的案例推介：台南林百货

到台湾，台南人一定会推荐你去"林百货"，它是台南的"客厅"，台南新摩登时代的窗口，述说一个"新生春芽"的台南新故事，台南人告诉你：台南的新生活运动在此开展。

1. 林百货的前世今生

林百货为日本人林方一所投资创办。1932年12月5日，林百货正式开幕，是当时台湾第二家大型百货公司，也是南台湾最大的现代百货公司。1998年，林百货被列为台南市定古迹，产权归市政府所有。

2013年，林百货古迹修护完成，由台南市政府文化局展开经营权的委外作业，经过公开评选之后，由高青时尚股份有限公司取得委外经营权，相隔81年后，林百货以台南文创百货店的形态获得新生,成为高青时尚股份有限公司百分百投资的文创事业体。

2.林百货的文化创意旅游

林百货是高青时尚股份有限公司积极参与地方文化培育与文创产业的起点,作为城市产业的一环,投入全新的想象并结合地方特色与人才,被打造成一个新的台南文化窗口,面向世界。林百货的定位是老台南人的生活记忆,商场设计便是以"台南生活"为主题,走进林百货就像走进台南人家,充满浓郁台南当地文化气息。

林百货打造了包含视觉、听觉、味觉、触觉、嗅觉及感觉的"文创六重奏",因此,林百货重新开幕当天就来了逾万人,因为是古迹,规定馆内限同时容纳470人,队伍排成长龙。现在,每天到访的游客依然络绎不绝。

三、促进厦门市文创园区和旅游业融合的意见建议

基于本课题组的研究和调查,我们建议如下:

(一)完善对文化创意产业的支持政策,把文化旅游产业作为文创产业的周边产业或外围产业加以扶持

本课题组建议厦门市根据《厦门市"十二五"文化发展专项规划》,落实国务院《关于推进文化创意产业和设计服务与相关产业融合发展的若干意见》,借用台湾采用的文化创意产业概念,进一步明确厦门市重点发展的文化创意产业范围。借鉴台湾"文化创意产业发展法",拟定出台《厦门经济特区文化创意产业发展条例》,同时,把文化旅游产业作为文创产业的周边产业,或者产业环境的外围产业。

（二）建设平台载体，扩大文创基地，鼓励创意设计产业集群和文化旅游产业集群共生共荣

《厦门市"十二五"文化发展专项规划》重点发展的创意设计产业集群、文化旅游产业集群、动画影视产业集群和数字内容产业集群可以融合发展，共生共荣。创意设计产业、动画影视产业和数字内容产业实际上都是广义的文化创意产业，文化旅游产业则就是文化创意产业和旅游产业的融合发展所衍生的新的产业。拟定中的《厦门市"十三五"文化发展专项规划》要把鼓励、推动文创产业和旅游业融合作为产业发展方向纳入其中，以利动漫网游、创意设计、数字内容与新媒体等新兴业态的文化创意企业进一步聚集发展，形成定位明确、客户群稳定、旅游内容丰富、文化与科技结合、设施完备、主题差异化发展的有规模、有质量、有品位的文化创意产业平台和文化创意旅游基地。

大力扶持文化创意产业发展，促进文创园区和旅游业融合发展，政府要根据产业规划布局，鼓励各园区搭建资金融通、软件资源和设施设备共享、产品展示和销售、产权保护、创新人才育成等"亲产业"的公共服务平台；鼓励各区重视打造全国性、国际性的市场交易和商业运营平台，在土地资源配置、体制机制创新、税收减免等方面给予倾斜；还要利用本市的对台优势，搭建好两岸文化产业交流交易平台，做大做强海峡两岸（厦门）文博会、海峡两岸图书交易会、厦门国际动漫节等文化展会等，推动两岸文化产业对接，共同发展。

（三）引导创意文化、旅游业与金融合作，涵养文化创意产业和旅游产业融合发展的金融生态

文化金融合作是我国文化产业发展的显著特点和重要成果，其间需要财政的支持。

本课题组认为，应尽快出台促进文化创意产业和旅游业融合发展的金融扶持政策,加强政府财政引导,促进文化、旅游与金融合作,涵养厦门市两业融合发展的金融生态,保证厦门市打造"两岸文化合作的示范区"和"区域性创意设计之都"过程中文化创意产业和旅游产业均蓬勃发展的资金需求。

要把有限的财政资金支持主要用于支持内容创新的创意产品生产,提供低成本的公共服务,支付贴息、贴租、代付保险等;要建立财政资金与银行信贷配合发放的合作机制,出台针对银行支持文化创意产业的激励措施;加强金融服务,建立完善文化创意和设计服务企业的无形资产评估体系;鼓励银行业金融机构支持文化创意和设计服务小微企业发展;鼓励金融机构创新金融产品和服务,增加适合文化创意和设计服务企业的融资品种,拓展贷款抵(质)押物的范围,完善无形资产和收益权抵(质)押权登记公示制度,探索开展无形资产质押和收益权抵(质)押贷款等业务;支持金融机构选择文化创意和设计服务项目贷款开展信贷资产证券化试点;出台针对民间资本进入文化创意产业以及民间资金捐助文化创意事业的鼓励政策;支持符合条件的企业上市,鼓励企业发行公司债、企业债、集合信托和集合债、中小企业私募债等非金融企业债务融资工具;建立社会资本投资的风险补偿机制;鼓励各类担保机构提供融资担保和再担保服务;鼓励保险公司加大创新型文化保险产品开发力度,提升保险服务水平;政府引导,推动设立文化创意和设计服务与相关产业融合发展投资基金;积极引导私募股权投资基金、创业投资基金及各类投资机构投资文化创意和设计服务领域。

(四)推动文化创意产业与旅游业融合寄希望于青年,要特别关注重青年企业家的成长及其事业发展

文化创意产业的核心力量是人才,文化创意产业的主力构成是青年。有创造性的青年企业家应该被视为主流经济发展战略的中心部分,正是他们能够把创意和人力资本转换为初期的成长和可持续的发展。

1.青年的特质和文化创意产业、旅游业的特性天然具有双向互动的特点

(1)文化创意产业的创造群体主要是青年。文化创意产业是依靠创意人的智慧、技能、天赋等,借助现代高科技对文化资源进行创意与提升,通过知识产权的开发和运用,产生出具有高附加值的产品,具有创造财富和就业潜力的产业,是在全球化的消费社会背景下发展起来的。作为一种新兴产业,其核心是创意,灵魂是文化,支撑是科技。所以,有知识、有文化、有创意是年轻人最大的资本。他们正在人生和事业的起点,他们面前有着无限的可能性,并勇于去承受一定的风险。

(2)文化创意产业的消费群体主要是青年。创意产业的增长和拓展与青年文化相互影响。当前,25岁以下的年轻人占世界人口的43%,今天的小年轻就是明天的具有消费能力和交涉能力的消费者。这个事实任何商家都不能不重视、不能不被影响。

(3)文化创意产业的传承群体主要是青年。表象上,年轻人的表达倾向于对传统的习俗和社会现状提出尖锐的批评,因此,青年文化被贴上离经叛道的标签。实际上,青年文化对传统习俗和社会现状的抗议伴随着对未来的期望,因此孕育着对新生活和社会变革的诉求。年轻人的非主流声音通常难于为主流思潮和媒介所接受,而创意文化产业则给了年轻人一个平台,让他们能以大众流行的形式表达出他们的丰富想象力和无限创意,转变为经济和社会的生产力源泉,并且传承下去。文艺青年今天创造的艺术和生活方式就是明天的文化遗产。可见,现在对青年文化创意产业的支持和投资,就如同风险资本投资于一个创造发明企业的早期阶段一样,未来势必带来资本权益的巨大增长。

(4)青年文创力量和旅游业天然结合起来。创意小店、主题公

园、游乐场、文化旅馆、咖啡室等都是成长于网络时代的青年们浪漫旅游场所。这些场所把"小清新"亚文化、时尚潮流等同简单的衣食住行的生活必需的物质或传统服务嫁接起来贩售,具有其独特时代特点的文化消费方式。他们是这种文化消费方式的主要推手和受众,并形成"创意(创造)—消费—创意(创造)"的蓬蓬勃勃的自循环。

2.政府可以从多方面引导、支持青年文创企业家的发展

政府可以从多方面引导、支持青年文化创意企业家的发展,归纳起来有组织学习知识和技能培训,提供网络和集群等公共平台服务,帮助企业产品创新和公司治理,协助企业的产品和服务进入市场,方便企业的融资和投资,知识产权保护等几个方面:

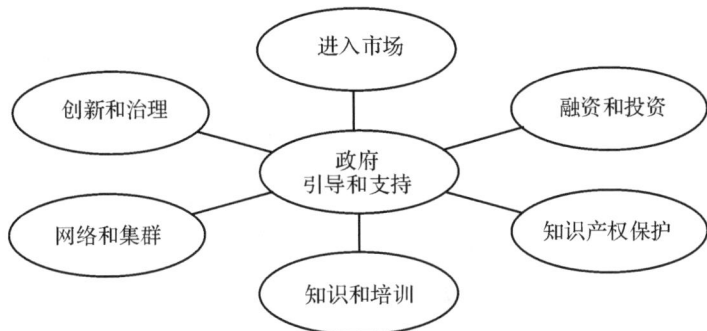

图1 政府引导支持青年文创企业家的入口

国内外的经验表明:创业园区和孵化器是年轻人创业起步和小微企业成长的"梦工场",能从企业孵化、项目融资、成果转化、产品市场等方面给予最有成效的支持。对于怀抱创新梦想的青年人和年轻的青年文化创意企业而言,也是如此,亟须专业的文化创意产业创业园区和孵化器。

厦门市在发展高新技术和软件产业的实践中创业园区和孵化器一直在发挥着十分重要的作用,厦门市也拥有非常成功的创业

园区和孵化器运作经验,在国内享有盛誉。2014 年 7 月 31 日,科技部火炬中心网站公布 2013 年度 504 家国家级科技企业孵化器的考核评价结果,厦门市高新技术创业中心和厦门市软件产业投资发展有限公司两个孵化器在"2013 年度国家级优秀(A 类)科技企业孵化器"榜上题名。

本课题组建议,结合即将到来的《厦门市"十三五"文化产业发展专项规划》的制定,厦门市委宣传部、文广新局和统计局再次组织对厦门市文化创意产业青年人才发展现状的调查,并根据人才总量需求及其构成对厦门市建立文化创意产业的青年人才储备、培养、引进、激励等的机制提出建设性的意见;利用各种可以利用的场地和空间,开辟、建设青年文化创意产业园区和孵化器,完善各种公共服务平台,吸引有创意的青年进驻,方便其发展文化创意事业;利用对台区位优势和五缘文化,深入探讨两岸青年联手创意产业的产学合作前景,引进台湾文化创意产业青年才俊到厦门创业,借力台湾的文化创意产业院校、专业提升厦门的美学教育、培训,引进台湾文化创意产业育成中心和孵化器,真正将厦门打造成"两岸文化产业合作的示范区"——两岸青年文创合作的示范窗口;鼓励大中专院校参与文化创意事业,让广大青年成为"美丽厦门·共同缔造"的新生力量,让文化创意产业成为"美丽厦门·共同缔造"的有力推手和强劲引擎。

最后,本课题组认为:一方面文化创意产业覆盖面广,学科交叉多,可以变幻无穷;另一方面,文化创意产业引领文化消费,却容易为商业化所左右。换言之,文化创意产业可以高雅也可以低俗;可以人文也可以商业;可以提升一个城市的品位,也可以让一个城市堕落。文化创意产业是一把双刃剑。因此,厦门市促进青年开展文化创意产业的政府政策和金融支持的设计(类似于顶层设计)要能正确引导产业的发展方向,在市场和政府的博弈中既要激发市场活力,又要确保政府有效弘扬健康的主流文化。这是一窝蜂发展文化创意产业的中国城市所普遍被忽视的问题,相信厦门市可以率先破题。"美丽厦门"这一国际性港口风景旅游城市应该开拓创新,提供建立在文化创意产业基地上的旅游或者文化创意旅游,满足广大青年消费者的健康文化消费和高尚精神生活追求。

课题组成员:陈　劼　张小博　戴　犇　蒋　莉
胡雪盈　危耿威　林璐琪
执笔:陈　劼
2015 年 11 月

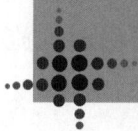

以文化产业为支撑,做强做大厦门市文化资产的对策研究

◎ 厦门市财政局
厦门大学课题组

一、厦门市文化资产的发展现状及主要特点

厦门已逐步形成包括文化创意、新闻出版、印刷复制、图书发行、影视制作、动漫网游、文化旅游、演艺娱乐、文化会展和艺术品产业等在内的综合性文化产业格局。厦门市文化产业的发展呈现出"传统文化产业门类发展总体平稳、创意设计产业总体情况良好、数字内容与新媒体产业发展迅猛和重点文创园区发挥产业集聚效应"等特点。

近些年来,厦门市文化产业取得了巨大的进展。2014 年,全市文化创意千亿产业链建设有序推进,文化产业整体态势逐月向好。2014 年上半年,厦门市文化产业实现主营业务收入 387.82 亿元,拥有资产 827.72 亿元,吸纳就业人员 20.52 万人,实现增加值 107.55 亿元,比去年同期增长 9.2%,厦门市文化产业增幅比同期 GDP 增速高出 0.4 个百分点,占 GDP 的比重为7.9%[①],文化产业支柱地位明显。

表1　2011—2013 年厦门文化产业主要指标发展情况

年份	资产总计 (亿元)	主营收入 (亿元)	从业人员 (万人)	增加值 (亿元)
2011 年	697.63	739.49	13.82	180.82
2012 年	812.18	859.48	20.23	217.03
2013 年 前三季度	823.13	529.36	20.55	159.05

在区域分布上,思明区的文化产业发展在厦门市的文化产业发展格局中占据重要的地位。2012 年,思明区文化产业的资产总计 328.10 亿元,占全市文化产业资产总额的 40.40%,主营业务收入 347.60 亿元,占全市的 40.44%,文化产业增加值占全区GDP 的比重为 11.29%,比全市的占比高出 3.5 个百分点。

表2　2012 年厦门市各行政区文化产业发展情况

	资产总计 (亿元)	主营收入 (亿元)	从业人员 (万人)	增加值 (亿元)	占 GDP 比重 (%)
全市	812.18	859.48	20.23	217.03	7.70
思明区	328.10	347.60	7.91	95.83	11.29
湖里区	135.80	143.10	3.64	38.42	5.44
海沧区	96.70	102.80	2.65	26.64	6.64
集美区	73.50	77.80	1.84	18.57	5.03
同安区	53.26	56.37	1.41	12.18	5.89
翔安区	124.82	131.81	2.78	25.38	8.93

---

①　数据来源:厦门市统计局,统计分析;http://www.stats—xm.gov.cn/tjzl/tjfx/201408/t20140827_24588.htm.

(一)文化事业类

近年来,厦门市高度重视发展文化艺术事业,不断突出文化艺术建设的战略地位,初步形成文化与政治、经济、社会和谐发展的良好局面。

1. 表演艺术团体

表演艺术团体是厦门文化事业的重要组成部分。目前,厦门市共有剧团数6个,即小白鹭民间舞团、厦门市歌仔戏剧团、厦门市金莲升高甲戏剧团、厦门歌舞剧院、厦门市南乐团和同安歌仔戏剧团。从演出规模来看,2013年,文化表演团体国内演出场次为649次,共实现营业收入7982万元,同比增长3.34%,演艺市场开始进入快速发展的新时期。

表3 2010－2013年厦门市文化表演团体发展情况

年份	2010	2011	2012	2013
演出场数（场）	992	904	655	649
观众人数（万人）	64.00	55.26	47.85	46.43
营业收入（万元）	6149	8954	7724	7982

2011年,厦门市国有文艺院团改革转制工作正式启动。三家国有文艺院团,即市歌仔戏剧团、歌舞剧院、小白鹭民间舞团开展了转制工作,盘活文化资产。小白鹭民间舞团是我国第一个专业的民间艺术表演团体,代表着民间舞蹈的国家形象,是厦门市一张亮丽的城市名片。2011年4月26日,厦门小白鹭歌舞剧院有限责任公司和厦门歌仔戏团有限责任公司在厦门市文化艺术中心成立。厦门市歌仔戏剧团成立于20世纪50年代,由著名的"福金春"和"群声剧团"合并而成,在闽南、台湾以及东南亚享有较高的

声誉,是福建省重点剧团之一,2011 年改革划转为厦门歌仔戏研习中心。

厦门市的群艺馆、文化馆等相关艺术团体作为厦门传统文化产业的重要组成部分,近年来稳定发展。2013 年,厦门市群艺馆、文化馆合计 8 个,组织文艺活动 642 次,收入达 4017 万元。演艺活动日渐成为大众文化消费的重要内容,演艺产业所具有的社会和经济效益逐步释放。

表 4   2010－2013 年厦门市群艺馆、文化馆发展情况

年份	2010	2011	2012	2013
举办展览个数(个)	79	87	120	153
举办文艺活动次数(次)	409	410	441	642
总收入(万元)	2488	3879	4058	4017
利润	61	730	189	183

2. 公益性文化场馆

近年来,厦门大力推进基层文化建设,其中公益性文化场馆建设有长足发展。据统计,截至 2013 年,厦门共拥有 23 个博物馆,10 个公共图书馆,7 个公共文化馆。全市建有文化馆办团队 13 个、文化活动基地(示范点)15 个、未成年人文化活动基地(示范点)13 个、农民工文化活动点 1 个,举办各类群众文化培训项目 63 个、培训班 111 个。

表 5   厦门市公益性文化场馆基本情况汇总

机构	数量	2013 年度基本信息
博物馆、纪念馆	23 个	博物馆文物藏品 25874 件;总收入 3497.5 万元
公共图书馆	10 个	图书总藏量为 503.61 万册;总收入 8464 万元
公共文化馆	7 个	153 次展览、642 次文艺活动、300 次培训班,实现收入共计 4017 万元

"十二五"期间,厦门市公共图书馆建设管理日新月异,逐步跨入高新技术管理运用阶段,数字化建设取得实质性进展。除了 10 个公共图书馆外,2013 年岛内还建成并投用了 55 个"街区自主图书馆"。此外,厦门市积极对接加入国家图书馆专网,成为全国第一个与国家图书馆实现专线网络连接的副省级城市。此外,公共图书馆在服务领域不断拓展,2012 年,公共图书馆建立直管型、托管型和联办型分馆 72 家,联网分馆 57 家,汽车图书馆 3 家,流通点 264 个,100% 行政村建有农家书屋,与 2010 年相比,数量上均有了较大幅度的增加。① 全市 39 个镇(街)和 482 个村(居)共 521 个基层点,公共电子阅览室与共享工程基层服务点 443 个,文化信息共享工程建设服务点资源实现 100% 全覆盖。

表6 厦门市公共图书馆基本情况

年份	2012	2013
总收入(万元)	9020	8464
馆藏图书(万册)	397.38	455.71
馆舍总面积(万平方米)	8.29	8.55
图书流通量(万册)	583.54	690.57
读者流通量(万人)	623.81	749.71

3. 公益文化事业

近年来,厦门大力推进基层文化建设,全市 6 个区全部建有区级文化艺术中心,39 个镇(街)文化站的设置率 100%,功能完备率 94.8%;482 个村(居)的文化活动室设施率 89.8%,功能完备率 83.2%。市文化馆组建的馆办团队 13 个,基层文艺队伍 1241 支,比上年增长 43.1%,平均每个村(居)2.4 支,民间艺术边沿团体

---

① 截至 2010 年年底,全市共设立公共图书馆直属分馆 12 家,联网分馆 38 家、汽车图书馆 3 家、集体用户 100 家、分馆流通点 53 个。

20 多个。2012 年,群众文化单位举办舞蹈、乐器、表演、摄影等艺术培训 98 期。市、区两级文化部门举办重大文化艺术活动 5 项,组织开展各类展览 70 余场,开展送文化下基层活动 45 场次。

在文物保护方面,截至 2012 年年底,厦门市有国家级文物保护单位 7 个,省级 22 个,市级 132 个,涉台文物保护单位 63 个,申报第八批福建省省级文物保护单位 25 处。2013 年,全市共有博物馆、纪念馆 23 家,其中公办 19 家,其余 3 家为民办性质,博物馆文物藏品 25874 件;总收入 3497.5 万元。

(二)文化产业类

1.传统文化产业

传统文化产业一直是厦门市文化产业的支柱,主要包括新闻出版发行、广告、报业、演艺、印刷、古玩艺术、会展等,比较优势明显,当前继续保持着平稳较快发展的趋势。下面将简要介绍一下几大传统行业的发展现状:

(1)新闻出版发行

2013 年,厦门市出版企业共有 314 家(含批发企业和零售单位),共有印刷企业 763 家,发行报纸 7 种、期刊 26 种、连续性内部资料性出版物 35 种、侨刊乡讯 12 种,具体出版发行总体情况如表 6 所示。作为报业领头羊的厦门日报社 2013 年总资产近 8 亿元,全年总营业收入近 4 亿元,已连续五届在中国报刊广告投放价值排行榜中获得"城市日报十强"第一名。出版社方面,厦门市出版发行行业呈现良好的发展态势与厦门市文化体制改革紧密相关。鹭江出版社 2013 年实现营业收入 2650 万元;厦大出版社实现利润 1172 万元,总资产达 9094 万元,净资产为 3582 万元。

表7　2012—2013年厦门市出版发行产业总体情况一览表

	2012 年		2013 年	
	种数	数量（万）	种数	数量（万）
期刊出版业	26	64.83	25	82.24
综合	1	0.44	3	61.4
哲学、社会科学	9	7.14	8	7.26
自然科学、技术	11	45.61	9	8.73
文化、教育	4	9.24	4	2.45
文学、艺术	1	2.4	1	2.4
报纸出版业	7	23 186.42	7	23 138.04
综合	4	22 958.78	4	22 878.84
专业	3	227.64	3	259.2
音像电子出版业	23	11.5	68	5.75
录音制品	2	0.15	60	3.25
录像制品	11	8.7	8	2.5
电子出版物	10	2.65	0	0
合计	56	23262.75	100	23226.03

（2）广播影视

近年来，经济环境与政策环境不断改善，厦门市广播、电视、电影产业不断崛起，基本情况见表7。广播、电视产业稳中有升，厦门电视台被评为2013年度全国公益广告制作播出示范单位。广播电视产业领域不断拓宽，厦门卫视实现全国九省市落地，受众面扩增至5亿，成为厦门市首个常态化全国性宣传平台。截至2013年年末，电视、广播和微波共实现事业收入65305万元，比2012年的48923万元增长33.48%。而电影产业随着经济发展与居民消费水平的提高发展迅速。截至2013年年底，实现年度票房18957.4万元，增长了30.69%，占全省26.47%。

表8　厦门市广播电视、电影基本情况汇总

类型	数量	2013年度基本信息
电视台	4座	节目时长8052小时
广播电台	2座	节目时长32818小时
微波站	1站	微波线路长度144.6千米
电影院	27家	放映场次达252126次，票房18957.4万元

（3）会展业

近年来，厦门市会展业快速发展，已跻身中国会展名城的行列。会议业方面，2013年全年，全市共承接50人以上的各类商业性会议4146场，其中国际性会议32场。规模以上会议95场，比去年增加10场，增幅11.8%。其中1000人以上会议56场，比上年增加11场，增幅达24.4%。举办各类外来会议4146场、参会人数80.6万人次，分别比2008年增加2502场、51.7万人次。展览业方面，全市全年共举办各类展览184场，比上年增加24场，增幅为15.0%。展览总面积160.4万平方米，较上年增加22.4万平方米，增幅达16.2%。规模以上展览共10场，展览总面积达73万平方米。投洽会、台交会、文博会、海西汽博会、游艇展等品牌展和专业展规模均有较大幅度的增长。会展经济总体效益237.16亿元，其中纳入重点服务业调查的19家会展企业总收入8.13亿元，实现利润总额1.32亿元，营业利润率15.4%，高出全市重点服务业平均水平6.3个百分点。其中，国际会展、金泓信展览营业收入超亿元，凤凰创意、建旅商务会展、会展集团、励诚会展营业收入超5000万元。

蓝皮书

表9 2005－2013年厦门市展览面积发展情况

年份	2005	2006	2007	2008	2009	2010	2011	2012	2013
厦门展览面积（万平方米）	42.4	47	53	62.7	85.75	108.5	126.4	138	160.4
增长率（％）	9.28	10.85	12.77	18.30	36.76	26.53	16.50	9.18	16.23

2. 新兴文化产业

伴随着信息科学技术的发展,文化产业不断衍生发展新业态。新兴文化产业是相对于传统文化产业而言的,与现代科学技术相融合的文化产业,具有环境污染少、资源消耗低及高附加值、高关联度的特征。新兴文化产业日益兴盛,尤其以文化创意产业最为突出。厦门历史包袱不重,当代文化气息浓厚,有着适于培育新兴文化创意产业的土壤。经过近几年的发展,厦门市文化创意产业逐渐形成自身特色,包括数字内容与新媒体、动漫网游、创意设计、演艺娱乐、高端艺术品等新兴业态的文化企业已形成聚集发展态势。2010 年,文化创意产业实现增加值 124.55 亿元,比上年同期增加 12.90 亿元,占全市 GDP 的比重为 6.1％,对 GDP 增长的贡献率为 11.58％。2011 年,文化创意产业实现增加值 180.72 亿元,比上年同期增加 56.17 亿元,占全市 GDP 的比重为 7.1％,对 GDP 增长的贡献率为 11.7％,从业人员数增长 12.8％。2012 上半年,其实现增加值 89.49 亿元,比去年同期增加 18.59 亿元,增加值占 GDP 的比重达 7.7％。

目前,厦门重点打造文化产业园区,其重点文化产业园区有海峡两岸龙山文化创意产业园、国家级闽台（厦门）文化产业试验园、厦门软件园二期、厦门软件园三期、火炬高新开发区、沙坡尾海洋文化创意港。各区根据自有资源,形成自身产业优势,走差异化路线,具体情况见表9。

表 10   新兴文化产业区域布局

市辖区	重点新兴产业区
思明区	龙山文化创意产业聚集区;软件园二期数字内容产业聚集区 香山——观音山休闲娱乐产业聚集区
湖里区	湖里文化创意产业聚集区;厦金湾文化休闲旅游聚集区
集美区	集美学村艺术创意产业聚集区;集美科技基地的数字内容与新媒体产业聚集区
海沧区	天竺山休闲养生文化度假区;海沧文化艺术品产业聚集区
同安区	以文化科技主题公园为依托的文化旅游产业; 以厦门华强文化科技产业基地为依托的数字内容产业
翔安区	农家乐文化旅游区;大嶝对台文化交流产业区

为使文化创意产业成为厦门市经济增长提速的重要动力,厦门市制定并实施了两个"531"战略规划,第一个"531"计划,是指在"十二五"期间重点培育 50 家市重点文化企业、30 个重点项目、10 个重点文化产业园区和聚集区;第二个"531"计划,是指为打造文化创意产业千亿产业链,重点发展 5 个产业门类,包括数字内容、基于移动互联网的新媒体、文化创意和设计服务、艺术品展示交易和演艺娱乐;重点建设 3 大产业平台,即文化保税平台、艺术品展示交易平台和数字内容集成平台;努力建成 1 个示范基地,即国家级文化和科技融合示范基地。

(1)数字内容与新媒体产业

厦门数字内容与新媒体产业主要包括数字内容创意生产、数字内容集成传输和新媒体三个产业方向,涵盖动画创意和制作、网页游戏研发、手机游戏研发、数字人才培训、动漫游戏内容集成、全媒体传播、大型网站开发运营等产业范围。

厦门市从 2005 年年底开始实施有线数字电视整体转换工作,并于 2010 年完成岛内外六区城镇居民有线数字电视整体转换工作,这标志着厦门正式进入了数字电视时代。厦门广电网络现已开展互动电视、宽带互联网接入、高清电视、付费频道、数字专线等增值服务,并搭建公共信息服务平台,通过利用数据广播技术开通信息广场频道,提供各类民生资讯和政务信息。

厦门的动漫产业在短短的几年出现跨越式发展,主要得益于厦门软件园这一有形平台以及厦门国际动漫节这一无形平台。2008年12月,国家广电总局批准厦门软件园成为"国家动画产业基地"。建筑面积14万平方米的动漫游戏区位于厦门软件园核心区域,园区配备了综合性数字媒体公共技术服务平台,为动漫企业免费提供服务。此外,2010年11月,厦门市与中移动集团签署《关于中国移动手机动漫基地项目合作协议》,中移动动漫基地进一步促进了动漫业的快速发展。在总规划面积10万平方千米的厦门软件园三期中,厦门市还规划了动漫教育产业基地2.1万平方千米,总建筑面积170万平方米,总投资100亿。当前,厦门手机动漫基地聚集的数字内容企业约有200家,初步形成数字内容生产聚集圈。

(2)创意设计产业

2012年,国家统计局修订并施行新的《文化及相关产业分类标准》,对创意及设计产业进行了界定。创意及设计产业包括广告服务、文化软件服务、建筑设计服务和专业设计服务。创意设计总体发展良好,位居福建省前列。至2012年年末,厦门市从事创意及设计的法人单位有1995家,主营收入57.47亿元,实现增加值42.0亿元,增加值占全市文化产业的19.4%。创意及设计产业增加值占比情况如图1所示,其中广告业代表有东帝士广告公司、唐码博美广告公司、福建希望文化传播公司等;动漫网游业代表有4399网络公司、吉比特网络技术公司、青鸟动画公司等;设计业代表有合道工程设计公司、佰地建筑设计公司、凤飞服饰设计公司等①。

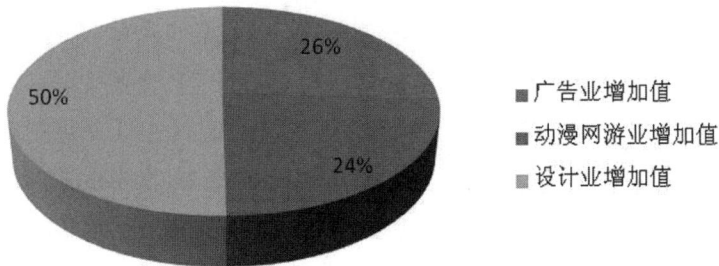

图 1　创意及设计产业增加值结构

2013 年 8 月，海峡两岸建筑设计创意产业园（简称"龙山文创园"）建成，现有入驻企业约 260 家，就业人数约 2000 人。截至 2013 年年底，园区总产值约 60 亿元，其中文化产业产值约占总产值的 90％。园区创意设计应用面积达 6.5 万平方米，主要引进市工业设计协会等。文化创意生活街是文创园的配套设施的一个重要部分，已入驻多家企业。龙山文创园以及根深智业文化创意产业园、闽台文化产业园通过专业设计师集群的洞察力和市场导向力，整合资源，为促进创意设计产业的持续发展提供平台。

创意设计产业作为新兴产业虽然面临着良好的发展机遇与发展势头，但也存在着一些问题。尽管厦门市的创意及设计产业众多，但小而散，竞争力还不够。特别是广告业，2012 年，平均就业人数为 5 万，规模还较小。此外，专业人才的缺乏也是导致不少创意设计企业沦为了"代工厂"或"加工车间"的重要原因。2011 年，《厦门市文化产业人才队伍建设调研报告》指出，厦门市各企业对

---

① 数据来源：厦门市统计局，统计分析；http://www. xm. gov. cn/zfxxgk/xxgkznml/gmzgan/tjfx/201308/t20130819_706221. htm。

蓝皮书

人才的引进与需求主要集中在专业技术人才,尤其是创意设计人才,占调查企业的 64.1%。

（3）高端艺术品产业

近几年,高端艺术品产业在工艺美术品产业中逆势发展。据抽样调查结果显示,2014 年 1—9 月份,厦门工艺美术品产业总营收出现大幅下滑,降幅高达 33.36%。其根源在于一些典型的传统工艺品生产企业营收出现严重下滑,而高端艺术品则市场呈现蓬勃发展的良好态势,行业资金、人才和项目加速向厦门聚集,据保守估计,该市场规模达到 10 亿以上,增速在 15% 以上。2014 年 11 月,保利厦门 2014 年秋季拍卖会作为福建地区史上最大规模的拍卖会,首拍以 2.4 亿元的成交额完美收官,彰显了厦门高端艺术品市场的巨大潜力。

目前,在市文化改革发展工作领导小组办公室的牵头下,厦门市正大力推动"厦门国际艺术品交易（金融）中心"、"海峡收藏品交易中心"等重点项目建设。其中,厦门国际艺术品交易（金融）中心拟建设成为国内首个覆盖艺术品拍卖、艺术品商场、艺术品基金、艺术品银行、艺术品交易所、艺术品物流、艺术品鉴定评估、艺术品修复或复制、艺术家创研基地、艺术品展览馆、艺术品培训学校等全产业链的国际性艺术市场平台,总用地面积 138000 平方米,预期 2015 年 8 月开始海内外招商,2017 年投入使用。专业化的"文化艺术品保税区"的建立为艺术品交易提供覆盖保税、投融资、展示、拍卖、交易、担保、典当、仓储、鉴定、修复等全产业链的专业服务,已成为厦门打造与国际接轨的艺术品金融交易平台,实现国际化、多元化艺术品交易模式的一大"跳板"。在艺术品综合服务方面,厦门美斯艺术品服务有限公司去年年底在保税港成立,公司前期投资 3 亿元,致力于承接艺术品展览、销售、仓储等业务;后期计划在厦门建立高水准的艺术品仓储物流中心,进一步拓展高端艺术品仓储物流服务。

由此可见，厦门市传统工艺美术品产业迫切需要通过创意设计和跨界融合的模式转型升级，重获市场。其次，艺术品交易不同于其他产品，存在着鉴定难、评估难的现象，这也是目前艺术品交易这一产业方向需要重点解决的问题。再次，高端艺术产业的发展离不开高端艺术综合人才，但当前艺术教育领域做得还不够，大力培养艺术管理优秀人才是消除高端艺术产业发展阻力的关键。

（4）演艺娱乐产业

演艺娱乐包括演艺娱乐节目研发、表演和综合服务三个产业方向。近年来，厦门演艺娱乐业发展较快，除了传统的专业团体表演和演出市场，娱乐市场也表现活跃，城市居民的文化品位不断提高。厦门现有厦门文广传媒集团、天视文化有限公司、灵玲马戏有限公司、闽南神韵演艺公司以及闽南大戏院、厦门歌舞剧院、小白鹭、爱乐乐园等知名演艺娱乐企业。据 2013 年的数据统计，厦门拥有演出经纪机构 20 多家，歌舞娱乐场所 300 多家，共计吸纳从业人员约 1.2 万人，已形成环筼筜湖、海湾公园的歌舞娱乐、咖啡、酒吧等文化休闲聚集区，举办了白海豚音乐节、观音山沙滩文化节、海峡摇滚音乐节等品牌活动。

厦门市目前已经是国内重要的现代影视产业基地、两岸影视产业合作试验区和国际影视产业转移的重要承接地。2013 年，国龙联盟投资股份有限公司在厦门建设国龙两岸影视文化基地。

二、厦门市文化资产做大做强的制约因素

厦门文化产业通过近几年的深入改革发展，规模从无到有，质量由低到高，在厦门经济社会发展中的作用日益凸显。尤其在"十二五"时期，厦门文化创意千亿产业链建设扎实推进、引人注目，重点文化产业园区的集聚效应已有显现，重点文化产业项目建设取

得突破,龙头文化企业发展取得积极成效。在此过程中,厦门市更加明确其文化产业的发展定位,逐步优化文化产业的发展战略,在差异化发展中厦门市文化产业的改革发展愈发凸显其自身的特色。在总体趋势向好的情况下,厦门文化产业发展还是面临着一些阻碍其做强做大的制约因素,主要体现在以下几方面。

(一)文化资产做大做强之体制制约因素

"十二五"期间,厦门市作为全国文化体制改革工作先进地区,继续深入推进文化体制改革,使得支持文化改革发展的政策环境更加优化,文化管理体制和文化经营体制充满活力,取得了醒目成果。在此期间,厦门市对出版发行、广播电视、表演艺术等行业大力推进事业单位转企改制进程,加快公司制、股份制改造,整合相关资源,推动文化资源向优势领域和优势企业集中,取得了积极成效。但在做大做强本市文化资产的目标和要求下,一些体制性制约因素仍然存在。

1.国有文化资产管理体制亟待完善

随着厦门文化体制改革的深入推进,国有文化单位转企改制有序推进,厦门国有文化资产管理体制的改革相对滞后,成为做大做强厦门文化资产的薄弱环节。厦门文化资产管理体制存在以下三方面问题。一是国有文化资产产权主体分散。厦门国有文化资产产权主体分散在多个文化管理部门,使得各个管理部门的职能定位不明确,阻碍厦门国有文化资产合理流动和资源优化配置,直接影响厦门国有资产保值增值,不利于国有文化企业成为真正的市场主体。二是国有文化资产管理制度仍带有"主管主办"色彩。由于在较长时期里,没有认识到文化兼具意识形态属性和产业属性的"双重属性"特征,未建立起"管人管事管资产管导向相结合"的有效体制机制,政府主管部门不仅负责制定文化政策、完善管理制度、保障竞争公平等"管文化"职能,往往还通过建立各类文化企事业单位行使"办文化"职能，导致国有文化资产管理体制很难彻底抛弃"党政监管、管办一体、条块交叉"的传统管理框架，仍带有主管主办制度的"党政不分、管办不分、事企不分"的特点。三是尚未建立专门的国有文化资产管理机构行使出资人职权。厦门国有文化资产管理职能仍然被分散在财政、宣传、文化等管理部门之中，多头管理使得管理权限分散，层级过多，管理成本增加，管理效率低下。缺少一个权威的法定国有文化资产出资人机构，使得职权划分缺乏一个明确的制度性边界。政府在国有文化资产管理上的"越位"、"缺位"、"错位"问题没有解决，导致文化产品生产和流通环节增多，投资风险增大，阻碍了社会资本进入文化产业。

2. 文化事业单位法人治理结构亟待建立

十八届三中全会决定要求"明确不同文化事业单位功能定位，建立法人治理结构"，"推动公共图书馆、博物馆、文化馆、科技馆等组建理事会，吸纳有关方面代表、专业人士、各界群众参与管理"。厦门在建立文化事业单位法人治理结构上面临以下几方面难点。一是政府职能转变。建立事业单位法人治理结构要求实现"管办分离"，要求政府从"直接管"转向"间接管"，将决策权交给理事会；要求从微观管理转向宏观管理，不干预具体事务；从行政管理转向法治治理，通过制定法律法规或规章，明确各自的权力与义务，使事业单位成为独立事业法人，能够自主行使权利。为此，政府需要克服运用行政手段进行管理的传统模式，需要重新划分政府部门和文化事业单位法人治理结构中的理事会、管理层之间的权责，理顺各方面关系。二是避免改革只流于形式。建立法人治理结构的模式和框架并不难，难在要真正触及事业单位管理体制、人事体制、财务体制等深层次的内容，才能真正解决管理体制的核心问题，理顺事业单位所有者和经营管理者之间的关系，避免干部管理任命权限、财政拨款和经费管理方式等与法人治理结构出现不相适应。三是文化事业单位的改革动力不足。在相当长的时间里，

蓝皮书

文化事业单位都是以政府附属部门运行,多采用机关行政管理模式,行政化倾向十分严重,养成了一定惰性,对改革缺乏主动和热情。由于对法人治理结构认识的缺乏,加之目前还处于法人治理结构建立的起步阶段,有些单位和个人对改革影响存在顾虑,对建立法人治理结构缺乏主动性和热情,也在一定程度上给厦门建立文化事业单位法人治理结构带来难度和障碍。四是缺乏法制建设保障。现阶段,政府在文化领域的法制化管理程度不高,规范政府在文化领域行为的法律法规体系尚不健全,导致厦门建立文化事业单位法人治理结构缺少法律法规依据。在事业单位法人制度方面,厦门也仅有《事业单位登记管理条例》作为规范,使得厦门文化事业单位法人治理结构的建立缺少法律的支撑和保障。

(二)文化资产做大做强之产业制约因素

1.文化产业结构有待优化升级

文化产业分为核心层、外围层和相关层三个层次。从"十二五"时期文化产业发展的整体情况来看,厦门文化产业结构呈现了逐步优化的趋势。但从表11的资料可以看出,厦门市文化产业构成中,核心层发展仍显不足,文化服务业相较制造业比重偏低,市文化产业结构还有进一步改善空间。文化产业核心层(包括新闻服务、出版发行、版权服务,广播电视、电影服务,文化艺术服务,以及文化创意和设计)增加值合计为12.15亿元,占文化产业增加值的5.6%;外围层(包含文化信息传输服务、文化创意和设计服务、文化休闲娱乐服务)增加值合计为61.15亿元,占文化产业增加值的28.18%;相关层(文化产品生产和辅助生产)的增加值为143.72亿元,占文化产业增加值的66.22%。由此可见,在厦门市文化产业的三个层次中,相关层占比最高,而核心层却最低。

表 11 厦门市文化产业构成情况

项目	增加值 (亿元)	占比 (%)	就业人数 (万人)	占比 (%)
文化产业增加值合计	217.02	100	20.23	100
(一)核心层	54.15	24.95	2.93	14.48
1.新闻出版发行和版权服务	7.08	3.26	0.54	2.67
2.广播、电视、电影服务业	4.43	2.04	0.19	0.94
3.文化艺术服务	0.64	0.29	0.12	0.59
4.文化创意和设计服务	42	19.35	2.08	10.28
(二)外围层	19.15	8.82	1.49	7.37
5.文化信息传输服务	10.82	4.99	0.53	2.62
6.文化休闲娱乐服务	8.33	3.84	0.96	4.75
(三)相关层	143.72	66.22	15.81	78.15
7.工艺美术品的生产	10.09	4.65	1.69	8.35
8.文化用品的生产	55.82	25.72	5.79	28.62
9.文化专用设备的生产	41.09	18.93	4.37	21.60
10.文化产品生产的辅助生产	36.72	16.92	3.96	19.57

文化产业是国民经济中生产具有文化特性的产品和服务的集合体。文化服务业是文化产业的核心部分,而新闻服务、出版发行和版权服务、广播电视和电影服务、文化艺术服务构成文化服务业的核心层,核心层的发展水平是衡量一个地区文化产业发达与否的重要标志。

2012 年,厦门市文化服务业核心层增加值占比仅为 24.95%,其就业比重仅为 14.48%,劳动生产率为 18.48 万元/人。而相关层实现增加值比重大,占全市文化产业增加值为 66.22%,从业人员占全市文化产业从业人员 78.15%,劳动生产率仅为 9.09 万元/人。由此可见,文化服务业核心层的劳动生产率比文化制造业更高,因此,提高核心层在文化产业中的比重,能够使厦门文化产业整体劳动生产率提高,推动文化产业结构进一步升级。

2.文化产业布局有待合理改善

"十二五"期间,针对厦门市文化产业布局分散化发展的局面,厦门市以城市总体规划为指导,充分发挥各区现有资源和产业优势,推动各区在文化产业发展上实施差异化发展战略,明确各区重点发展的产业门类和环节(如表12所示)。总体来看,各区发展的中长期趋势是好的,从短期来看,尚存在一些问题。

表12 厦门市各区重点发展的文化产业门类

文化产业门类	思明区	湖里区	海沧区	翔安区	集美区	同安区
创意设计 *	√	√			√	
文化旅游 *	√	√	√	√	√	√
影视传媒(包括动画影视 *)						
数字内容与新媒体 *	√				√	√
演艺娱乐	√					
艺术产业	√		√			
文化会展	√					
文化休闲	√	√				√
文化制造业				√		√

注:打 * 的文化产业门类属于厦门市"十二五"文化产业规划所确立的全市重点发展的四大产业门类。

第一,厦门市各行政区之间文化产业发展程度悬殊较大。如图2所示,思明区在厦门市文化产业分布上占绝对主导地位,其文化产业增加值占全市增加值总额的44.16%,其余行政区的文化产业发展则相对滞后,集美区和同安区的文化产业还处在起步阶段,其增加值占全市文化产业比重不足10%。

第二,城区内文化产业结构单一,城区间互动协作不足。按照

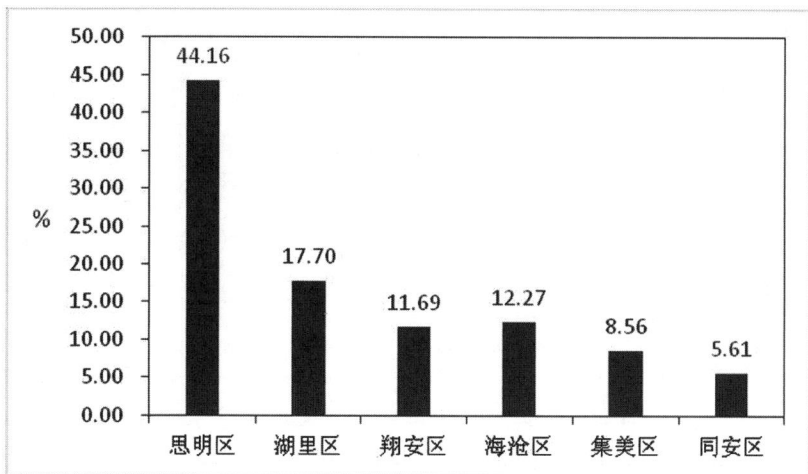

图 2　厦门市文化产业的区域分布

厦门市"十二五"文化产业规划确立的全市重点发展的四大产业类型——创意设计产业、文化旅游产业、动画影视产业和数字内容产业，不同行政区现有文化产业类型和涉及领域差异较大。以湖里区为例，湖里区具有区位空间优势，其商务和生活配套服务相对完善，交通便捷，正迎来老工业区转型升级的契机。2012 年湖里区文化产业增加值为 38.4 亿元，其中文化产品制造业包括厦华、松下等试听电子类企业，文化贸易类包括森宝集团等办公用品销售企业，这些企业经济贡献率达六成以上，但属于文化产业外围层，不属于文化产业的重点关注和发展的领域。可见，湖里区的高附加值、高成长性的企业数量不多，文化产业结构相对单一，文化服务业比重与其中心城区的地位不相符。另一方面，城区之间相互促进、优势互补、协调发展的新格局尚待建立；城区间良性互动的有效机制和互惠互利的协作机制也尚待探索。

第三，文化产业园区的集聚效应尚待凸显。"十二五"期间，厦门市在政府整体规划和引导下，各区正以本区地理、环境、交通、品

蓝皮书

牌等资源和产业优势,大力推进产业园区的建设(如表13所示),以整合资源、完善文化产业链条,通过空间文化资源集聚实现产业集聚,取得集聚效应。目前,较多园区还处于建设初期,多数企业的文化产业组织形式还处于小规模状态,缺少集约化发展的大型集团,产业规模效益不佳。要从"资源整合"走向"产业化发展",不仅要理顺和完善产业链,还需要依靠更长时期的发展和相关政策发挥作用。

表13 厦门市各区"十二五"重点打造园区

区 域	重点打造的园区
思明区	鼓浪屿艺术岛、环筼筜湖综合性文化产业聚集区、前埔文化会展旅游产业聚集区、龙山文化产业聚集区、软件园二期数字内容产业聚集区、香山-观音山休闲娱乐产业聚集区
湖里区	湖里文化创意产业聚集区、五缘湾文化艺术旅游产业聚集区、厦金湾文化休闲旅游聚集区、乌石浦-枋湖文化产业聚集区
海沧区	环蔡尖尾山闽南佛教宗教文化旅游区、天竺山休闲养生文化度假区、海沧文化艺术品产业聚集区
翔安区	闽台戏曲大观园、洪山山地汽车主题体育公园、吕塘戏乡农家乐文化旅游区、大嶝对台文化交流产业区
集美区	影视产业聚集区、影视文化旅游目的地、集美科技基地的数字内容与新媒体产业聚集区、集美学村艺术创意产业聚集区、灌口汽车城和双龙潭生态运动主题公园
同安区	以文化科技主题公园为依托的文化旅游产业、以厦门华强文化科技产业基地和软件园为依托的数字内容产业

(三)文化资产做大做强之经营制约因素

目前,厦门文化企业以中小企业为主,缺乏有实力、有影响力、有竞争力的龙头企业。究其原因,一是缺乏有效的经营管理制度;

二是缺乏专业的资本市场运作。

1. 缺乏有效的经营管理制度

第一，厦门国有文化企业管理制度不完善，具体来说，主要体现在以下两方面：一是国有文化企业权责不清，制约机制缺失。厦门国有文化企业在建立现代企业制度的过程中采取"双向进入、交叉任职"的领导体制。具体来说，党委成员通过法定程序进入董事会、监事会和经理班子，董事会、监事会、经理班子中的党员可以依照有关规定进入党委会。但这一创举在实际的文化企业领导体制中发生了扭曲，如两套人员交叠过多，未形成明确的职能划分与界定；党委会、董事会与经理层成员高度重合，决策机构和执行机构不分离，难以相互制衡。二是有效问责、激励机制缺失，难以激发管理层的动力。一方面经营失败往往只会影响个人的升迁，不用承担民事责任，其经营风险可以较大程度上转嫁给国家；另一方面，国有文化企业经营者是按照行政方式任命并且参照公务员的规定进行考核，与具体的经营绩效并不相关。

第二，民营企业管理制度落后。部分中、大型文化民营企业采用家族式管理，其经营理念根深蒂固。一方面，企业的控制权、经营权掌握在家族人员手中，外来管理层并没有话语权；另一方面，缺乏有效的监督机制，权力得不到制约，企业制度流于形式。此外，决策权高度集中，缺乏科学合理性。中小型民营文化企业的决策没有科学合理的制度做支撑，权力集中在老板身上。更为严重的是，在决策过程中，管理者并没有经过认真的市场调研，缺乏事实依据，决策失误的风险较大。

2. 缺乏专业的资本市场运作

要做大做强厦门文化企业，推动文化产业升级发展，仅仅依靠自身的积累是远远不够的，要从内升式发展向外延式发展转变，要通过资本市场和社会资本相结合。资本运作不仅是指国有资本向社会资本开放，更重要的是，要把它作为资本配置市场化的基本形态和必然途径。如果把创新转型和资本运作比作文化企业做大做强的两个引擎,厦门文化企业在资本运作上仍显不足,不论规模大小、所有制性质,共同面临的难题便是企业投资主体、融资结构、资本主体单一等。厦门国有文化企业主要依靠内升式增长,依靠原有的业务优势;厦门民营文化企业,因其投资风险大,无法引起社会资金的青睐。

(四)文化资产做大做强之保障体系因素

1. 文化金融保障体系存在的制约因素

古人云:"兵马未动,粮草先行。"资金便是现代经济的"粮草",对文化产业来说,更是如此。当前,厦门文化产业相对其他产业来说,起步较晚,发展不成熟,在融资渠道、规模和工具上还存在一些难以解决的问题。

(1)文化产业融资困难

由于文化产品创作、培育及成型的周期比较长,前期需要投入大量的启动资金,影响投资回报的不确定性因素较多,投资风险较大;另一方面,文化企业所有的创意或知识产权,由于缺乏无形资产评价机制,不确定性地给企业融资带来较大困难。厦门市大多文化企业规模较小,缺乏相应抵押品,同时由于企业较多初建不久,缺乏品牌和信誉,也缺乏稳健的经营和持续稳定的现金流,从银行贷款到市场融资都面临较大困难,具体体现在以下方面:

第一,文化企业直接融资难度高。股票是企业直接融资的重要途径,可以弥补间接融资可得性差、融资成本高等弊端。但是如果企业想要取得股票融资资格,必须得满足主板、中小板或创业板上市要求。主板、中小板上市需要满足的要求为:发行前 3 年累计净利润超过 3000 万人民币;发行前 3 年累计净经营性现金超过 5000 万人民币或累计营业收入超过 3 亿元;无形资产与净资产比例不超过 20%。创业板上市需要满足的要求为:最近两年连续盈利，最近两年净利润累计不少于 1000 万元；最近 1 年盈利，最近 1 年营业收入不少于 500 万元，最近 1 年营业收入不少于 5000 万元，最近 2 年营业收入不低于 30%；最近一期期末净资产不少于 2000 万元，且不存在未弥补亏损。可见，无论是主板、中小板，还是面对中小型高成长企业的创业板，所规定的上市门槛对厦门文化企业现有财务状况来说依然很高。文化企业上市难，不仅影响了企业的发展，还限制了其兼并重组、做大做强的可能性。此外，虽然文化产业发展前景良好，但风险投资机构和文化创投公司对产业特点和具体情况并不熟悉且考虑到资金难以撤出等风险，也增加了文化企业获得金融资源的难度。

第二，文化企业间接融资规模小。首先，处于起步阶段的文化产业具有"轻资产"性质。其资产大多是包括著作权、商标权、专利权等在内的无形资产，能够用作抵押的固定资产很少。而且厦门银行的业务较为传统，金融创新不足，传统的金融产品难以发挥重要作用。其次，文化产业的投资风险较高，银行为了规避风险，不愿意发放贷款给文化企业。对中小文化企业来说，运营不规范、市场前景不明朗等问题更为严重，因而它们从银行获得资金的可能性也会更小。再次，文化企业与银行相比处于劣势地位，缺乏议价能力。文化企业即便获得了银行贷款，所接受的条件也更为苛刻，如存在审批手续复杂和贷款利率高等难点。最后，文化企业间接融资的标的物主要是著作权、商标、专利权等无形资产，无形资产能否保值是衡量投资风险的一个重要指标。目前，厦门文化产品侵权盗版行为依然存在，这不仅不利于文化产业的繁荣发展，也增加了银行等金融机构的投资风险，直接导致文化企业融资难、成本高等问题。

（2）金融中介机构缺失

保险、咨询、评估等中介服务对文化产业寻求投融资来说是必不可少的。大多数文化企业由于规模或财务问题，获得间接融资的难度较大。如果文化企业的贷款能够得到担保机构、保险机构的担保，其融资能力和规模将大幅上升。但目前，厦门文化产业处于起步阶段，担保机构在文化企业的融资中没有发挥应有的作用。此外，以著作权、商标、专利权为代表的无形资产在文化企业中所占的比重很高，向银行贷款也应采用以无形资产为标的质押贷款模式，这对无形资产的评估要求很高。可惜的是，厦门评估机构在这方面缺乏经验，大大削弱了以无形资产为标的质押模式的融资能力。

2. 文化财税保障体系存在的制约因素

(1) 文化产业财税政策缺乏系统性

近年来，我国越来越重视文化产业的发展，采取了包括财税政策在内的一系列措施，涉及的税种包括：增值税、营业税、企业所得税、个人所得税、房产税、城镇土地使用税、车船使用税和关税。第一，文化产业财税政策主要以相关部委颁布的部门法规为主要形式，政策具有即时性、针对性等特点。但它缺少统一规划、条块分割，影响了产业链的完整性。如，处在产业链上下游的企业所面临的财税政策并不衔接。第二，由于政出多门，相关的文化产业的财税政策之间相互矛盾。这不仅造成文化企业无所适从，还造成了企业间税负不公等问题，影响了文化产业的长远发展。此外，文化产业的财税政策的执行需要多个部门的协调配合，通常会涉及厦门的国税局、地税局、财政局和海关等行政单位。缺少统一的协调机构，这些跨系统的部门相互合作的效率比较低。第三，存在着对文化创意产品的重复征税问题。文化产业资产大多体现为著作权、商标、专利权等无形资产，高水平的人才投入往往占文化创意产品成本的绝大部分，但是企业在纳税时并不能对这些投入实行抵扣，较其他行业相比存在重复征税问题。

(2) 财税政策支持文化产业力度不大

首先，如表 14 所示，厦门市公共财政对文化方面的支出在

2011—2013 年期间逐年上升，财政支出的比例保持在 2% 左右，但在 2013 年之前都没有超过当年地方税收的收入增长率。表 15 显示，在财政扶持方面，厦门市文化产业在专项资金安排上略显不足，不仅不如北、上、广、深等一线城市，与武汉、杭州、南京等副省级城市也存在差距，低于同省福州市。由此可见，现阶段亟须建立文化方面的公共财政投入稳定增长机制，以保证公共财政对文化建设投入的增长幅度高于财政经常性收入增长幅度。

表 14　厦门市公共财政在文化领域的投入情况

年份	地方税收收入总额（万元）	财政总支出（万元）	文化支出总额（万元）	地方税收收入增长率（%）	文化支出增长率（%）	文化支出占财政支出比例（%）
2011	3707718	3890726	81963	54.68	40.49	2.11
2012	4229089	4609779	87374	14.06	6.60	1.90
2013	4905996	5167402	101794	16.01	16.50	1.97

表 15　文化产业专项资金投入情况

单位：亿元

城市	北京	深圳	武汉	杭州	南京	福州	厦门
年投入	5	5	2	1.52	0.5	0.3	0.2

其次，相对于厦门文化产业重点领域发展规划期限而言，相关财税政策适用期限偏短。如对新引进、具有独立法人资格、从事文化产品生产和文化服务的大中型文化企业或企业集团（或地区总部），凡符合规定条件的，自符合条件之年度起 3 年内，根据其符合条件年度在厦缴纳营业税和企业所得税的情况，给予一定额度的财政资金奖励。对新办的从事创意策划与设计、数字娱乐与网络

服务、新媒体研发与应用、影视创作与制作、艺术品生产与培训、电子出版、文化会展以及演艺、文化中介等具有独立法人资格的文化企业，自获得第一笔收入所属纳税年度起连续 3 年，给予一定额度的财政资金奖励。可见，财税政策的时效只有 3 年，时效之短，不足以支撑文化企业发展。

再次，税收优惠政策支持文化产业力度小。对新办的从事创意策划与设计、数字娱乐与网络服务、新媒体研发与应用、影视创作与制作以及开拓市场的文化产业至少需要 5 年，前 3 年属于企业的投资阶段，能够赢利的可能性较小。但税收政策规定新办企业免征 3 年的企业所得税，这项政策对主营业务属于上述文化产业门类的企业基本不适用。反观，高新技术企业和外商投资企业是从获利年度起，第一年和第二年免征企业所得税，第三年至第五年减半征收所得税。文化企业相对高新技术企业而言，减税幅度较小，税收优惠政策不明显。

最后，对文化产业从业者没有给予适当的税收优惠政策。目前我国针对文化产业从业者，唯一的税收优惠政策是针对稿酬，可以减征 30% 的个人所得税。此外，文化工作者的收入波动性较大，适用比较高的边际税率，抑制文化产业从业者的工作积极性。

（3）财税政策公平性不够

一方面，目前，厦门文化产业财税政策主要偏向于经营性文化事业单位和财政部门拨付事业经费的文化转制企业、包括 50 家重点文化企业在内的大中型文化企业。大量中小型民营企业并没有享受到同等的待遇，不利于厦门文化产业公平竞争，还抑制了文化产业的繁荣发展。另一方面，文化产业税收优惠政策范围过窄，不利于中小文化企业和大型文化企业的竞争。如，增值税优惠政策适用于一般纳税人，而厦门多数中小型文化企业并不具备一般纳税人的资格，无法享受增值税相应的税收优惠政策；大多数财税优惠政策主要针对处于产业链的上游企业，如研发和设计，并不适用于中下游产业链上的文化企业，如文化的运营和文化衍生品的生产。

3. 文化人才保障体系存在的制约因素

文化产业是人才密集型产业，对人才依存度很高，人才及其创新创意是文化产业的核心生产要素。虽然近年来厦门文化产业人才供给有明显改善，但与实际需求相比，厦门人才缺乏、原创不足、研发能力落后等问题仍然存在，制约厦门文化产业跨越式发展。

人才总量不足，结构性问题突出。2014年，厦门文化从业人员共20.23万人，明显少于长沙、北京、上海、广州、深圳文化产业从业人员。从行业分布上看，厦门文化产业分布不均匀，动漫网游、创意设计、数字内容与新媒体、影视创作等新兴业态领域人才极度缺乏。此外，厦门高层次、复合型文化产业人才比较紧缺，特别是领军人物稀缺，尚未形成文化产业的精英团队。第二，人才市场存在无序竞争状态，在游戏产业领域，甚至出现相互挖墙脚的恶性竞争现象，影响厦门文化企业的平稳发展。第三，高校培养与文化产业需求脱节。厦门相关高校的文化产业专业起步晚，师资力量不强，同时培养人才偏重理论学习，忽视创新能力和实践能力的培养，无法满足厦门文化产业发展对高素质、复合型人才的需求。

4. 文化法制保障体系存在的制约因素

现阶段，厦门在文化领域的法律制度供给与文化产业发展的实际需求相差甚远，尤其在知识产权保护、文化市场监管、网络信息传播等方面，法律制度的缺失已成为制约文化产业可持续发展的瓶颈，建立健全文化法制体系，为文化产业大发展、文化事业大繁荣提供有力的法律保障已迫在眉睫。

第一，地方性立法少，重规章轻法律，重管理规范轻权利保障。厦门市虽然出台了多项文化产业政策助推本地文化产业发展，但尚未充分利用地方立法权，根据厦门文化产业发展的现实需求制定具有针对性、系统性的法律法规，无法适应日益发展的文化创意

蓝皮书

产业的多样性和复杂性的需要。此外,厦门市出台的多项文化产业政策多以零散分散的规范性规章为主,缺少综合性的文化产业促进法规,缺少以法规形式来明确文化产业中经营者的权利义务、政府的权责范围、法律监督和法律救济等,为文化产业发展中的金融、财税、人才等方面提供法律保障。

第二,知识产权保护法制体系不完善,阻碍文化创新产业的跨越式发展。创新是文化发展的血液,厦门市打造文化创意千亿产业链离不开知识产权法律体制的保驾护航,但从现阶段厦门知识产权保护立法的实践情况来看,知识产权保护法制体系建设明显落后于厦门文化产业整体发展速度,知识产权保护方面的地方立法比较薄弱,一些侵权行为悄然滋生且有愈演愈烈之势,知识产权保护已成为厦门文化创意产业发展的瓶颈。一是,著作权、商标权、专利权等权利是文化创意产业知识产权保护的主要权利类型,也是文化企业间接融资的标的物。但目前,厦门针对这些知识产权的地方立法尚处于空白,行政保护力度不足,侵权盗版行为时有发生,这不仅会大大打击文化工作者的创新和创作动力,不利于维护自主创新品牌的竞争力和影响力,还会导致文化企业融资难、成本高,不利于文化企业做大做强。二是,厦门文化企业在实施知识产权战略方面能力不足,大部分文化企业内部未建立专门的知识产权管理部门,也缺乏专门从事知识产权管理的专业性人员,致使厦门文化企业的知识产权保护能力较弱,企业的知识产权管理战略和保护战略无法满足文化创意企业的发展需求。三是,厦门知识产权管理服务体系尚不健全,知识产权公共信息平台、知识产权交易运营平台、专门的知识产权管理机构和维权中心的建立任重道远,知识产权中介机构普遍数量少、规模小,知识产权评估机构普遍缺乏,知识产权拍卖体系尚未建立,远不能满足文化产业可持续发展的需求。

第三,针对新兴文化产业领域的相关法律法规的建设相对滞后。随着厦门动漫产业、文化创意、数字内容以及基于移动互联网的新媒体等文化产业领域迅速发展,随着厦门文化和科技、文化和金融、文化和信息、文化和旅游等产业融合加深,国家层面的文化基本法律已不能满足地方性文化产业发展的多样化和复杂化对法律制度完善的需求,亟须更具有针对性的地方性文化法制体系的建立。尤其是网络立法方面,厦门的法律体制建设还不健全。目前只有国家层面的《信息网络传播权保护条例》《关于加强网络信息保护的决定》等法律法规对网络信息传播进行规范,针对内容管理的法律法规缺失,互联网下,文化产业发展缺乏良好的法制环境。

三、做大做强厦门市文化资产的对策建议

(一)加强领导,统筹协调,进一步优化文化发展环境

首先,加强文化事业和产业发展的组织领导。全面贯彻党的十八大、十八届三中全会精神和习近平总书记系列重要讲话精神,以及省委、省政府决策部署,紧紧围绕建设社会主义核心价值体系,提升厦门市文化软实力、推进文化体制机制创新、推动文化事业全面繁荣发展。各级党委政府需站在战略全局高度,把握文化发展规律,健全领导体制和工作机制,切实担负起推进文化改革发展的政治责任,牢牢树立文化与发展两者都要抓、都要紧的观念,把文化改革发展纳入经济社会发展的总体规划,与经济建设、政治建设、社会建设、党的建设统一研究部署,统一组织实施,统一督促考核。

其次,建立相关部门密切配合、统筹协调,企业和各种社会力量积极参与的工作体制和格局。市、区两级成立由党委或政府主

要领导担任组长的文化改革发展领导小组,加强对文化改革发展的领导、指导和协调;加强宣传、发改、财税、科技、国土、旅游、工商、经发、贸发等相关部门的配合,统筹协调全市文化体制改革和文化产业发展的各项工作。各区参照市级建立组织领导机构,形成市区两级联动的推进机制。

最后,根据市文化事业和产业发展的总体目标,有关各区和重点行业牵头部门制订中长期规划,并且据此制订年度工作计划,明确年度工作目标、任务、步骤和措施,通过任务分解,落实各重点行业和各行政区的发展规划,并定期对各区和各行业年度工作计划完成情况进行考核。

(二)推进体制机制创新,进一步激发文化发展活力

1. 创新文化资产管理体制,实现主管主办制度和出资人制度的有机衔接

建立新型国有文化资产管理体制,就是要按照管人、管事、管资产、管导向(简称"四管")相结合的要求,出台统筹"两个效益"的国有文化资产监管办法,探索建立主管主办制度与出资人制度有机衔接的体制机制,既确保文化企业坚持正确导向,又确保国有文化资产保值增值。

改革总体思路如下:按照"政事分开、政企分开"的原则,以资本为纽带,建立政府与国有文化企业的新型关系,理清宣传部门、出资人机构、主管部门和企业的权责边界。宣传部门通过出资人管理的平台对国有文化企业生产实施导向管理;出资人机构按照现代企业制度的要求,承担企业运营中的资产基础管理、重大事项管理、与资产相关的重要人事安排管理;主管部门在实现企业出资人管理和现代企业制度框架的基础上参与管理,推进企业改革发展和管理创新,改变当前企业单位事业化管理模式,建立法人治理机构,赋予企业日常运营中人、财、物等资源配置自主权,解放企业

生产力,通过政府管理体制改革和企业运营机制转换,建立与社会主义市场经济相适应、与宣传文化导向管理相衔接的国有文化企业国有资产管理体系。

首先,应推动成立厦门文化资产管理专门机构(如,正在拟建的厦门市国有文化企业国有资产监督管理领导小组办公室,简称"文资办"),加强指导和督促,尽快成立以出资人管理为内容的文化资产管理新体制,实现国有文化企业国有资产专业化管理。其次,以资本关系为纽带,做实出资人管理机构,按照"四管"相结合的原则,明确出资人对企业的管理权限。出资人机构应依据《企业国有资产法》以及宣传文化导向管理的要求,对企业实施综合管理,承担以下具体工作:第一,负责资产基础管理和制度建设;第二,负责与资产管理相关的企业负责人管理;第三,负责企业重大事项管理。再次,以出资人管理为平台,加强文化传媒的导向管理。国有文化企业的特殊性就在于具有意识形态属性,要始终把社会效益放在首位,始终坚持正确导向。最后,按照现代企业制度的要求,建立以企业董事会、经理层和监事会为核心内容的法人治理机构,明确出资人责任,构建决策、执行、监督相互分工、相互制衡的现代企业运行管理机制。由董事会对出资人机构负责,代表出资人负责企业的改革与发展,制定企业发展计划和财务、审计等基本管理制度,决定企业年度运营目标,按规定对企业重大干部任免、重大项目投资等事项进行决策。

2.建立文化事业单位法人治理结构,实现文化治理体系和治理能力现代化

建立厦门市文化事业单位法人治理结构是深化文化体制改革,推进厦门市文化治理体系和文化治理能力现代化,实现"文化强市"的不二选择。根据中共中央办公厅、国务院办公厅印发的《关于加快构建现代公共文化服务体系的意见》,按照关于深化文化体制改革和推进事业单位分类改革的要求,厦门市要进一步理

顺政府和公益性文化事业单位之间的关系,探索管办分离的有效形式。政府要进一步落实公益性文化事业单位法人自主权,强化公共服务功能,增强发展活力,发挥公共文化服务骨干作用;要全面推进人事制度、收入分配制度、社会保障、经费保障制度改革;创新运行机制,建立事业单位法人治理结构,推动公共图书馆、博物馆、文化馆、科技馆等组建理事会,吸纳有关方面代表、专业人士、各界群众参与管理、健全决策、执行和监督机制;完善年度报告和信息披露、公众监督等基本制度,加强规范管理。这具体可从以下几处着手:

建立厦门市文化事业单位法人治理结构,关键在政府。主管部门应解放思想、转变观念,真正转变政府职能,理顺政府与公益性文化事业单位的关系,认真落实"政事分开、管办分离"的各项举措,使政府职能真正向文化事业发展中的政策调节、社会管理和公共服务"归位"。政府应寻找管理文化事业的权力本位,把权力由"办文化"向"管文化"归位,形成政府宏观管理、文化事业单位自主发展、社会力量积极参与的格局。

建立厦门市文化事业单位法人治理结构,基础是社会力量。政府应进一步简政放权,减少审批项目,吸引社会资本投入公共文化领域;鼓励和支持社会资本通过投资或捐助设施设备、资助项目、赞助活动、提供产品等方式参与公益性文化事业单位的公共文化服务;通过委托或招标等方式吸引有实力的社会组织和企业参与公共文化设施的运营;通过鼓励和引导社会力量参与公益性文化事业单位的建立、管理、运营和服务,培育文化治理意识,激发文化治理的参与热情,提高文化治理的参与水平和能力,巩固建立文化事业单位法人治理结构的社会基础。

建立厦门市文化事业单位法人治理结构,重点是完善内部机制。建立文化事业单位法人治理结构是一种新实践,不能照搬国外做法。政府在对国内建立文化事业单位法人治理结构试点单位和先行单位的实践经验和问题作出总结和分析的基础上，进一步完善厦门文化事业单位法人治理结构的内部机制；优化理事会组成，在政府委派、行业选派的基础上，合理利用理事社会招募形式，使公众参与公益性文化事业单位管理；逐步将目前非决策型理事会转变为决策型理事会，建立独立的监事会，实现分权制衡。

3. 推行政府和社会资本合作模式，实现政府职能转变

为实现厦门文化产业大发展、文化事业大繁荣，厦门需要加快建设厦门大剧院、万人以上的综合体育馆等一批代表城市文化形象的大型公共文化体育设施。在这个过程中需要解决两个问题：一是政府资金不足；二是管理成本高、运营效率低。在当前，文化大发展需要在加大公共文化设施建设和地方政府债务压力较大共存的情况下，将政府和社会资本合作模式（简称 PPP 模式）引入文化事业产业建设领域成为首选之策。PPP 模式允许政府通过特许经营权、合理定价、财政补贴等收益约定规则，由政府公共部门与社会中标企业组成的公司签订特许合同，由公司负责融资、建设及经营。这种融资形式不仅能够解决上述政府所面临的资金不足、管理效率低的问题，为公共文化服务建设拓宽融资渠道，还能使政府将精力更多地放在监管上，顺应政府职能转变的需要，提升文化公共管理效率和资金使用效率。

厦门市应鼓励在文化公共领域引入社会力量，加大政府购买服务力度，充分利用和创新 PPP 模式的运作方式，主要有以下几类：(1) 建造、运营、移交（BOT）；(2) 建造、拥有、运营、移交（BOOT）；(3) 建造、移交（BT）；(4) 建设、移交、运营（BTO）；(5) 建造、拥有、运营（BOO）；(6) 重构、运营、移交（ROT）；(7) 设计、建造（DB）；(8) 设计、建造、融资及经营（DB—FO）。此外，厦门市应鼓励金融机构对 PPP 项目提供金融支持，从而将 PPP 模式推广运用在完善公共文化设施建设、推动公共文化服务均等化、文化遗产保护利用等公共文化服务体系建设的各方面，健全文化基础设施

蓝皮书

和公共文化服务网络,提高厦门公共文化服务总体水平。

(三)优化产业结构和布局,进一步打造文化创意产业链

1.优化文化产业结构,推进战略重点领域发展

目前,厦门市文化产业核心层发展仍存在较大提升空间,文化产业结构亟待进一步改善。根据厦门市文化产业转型、创意产业链建设的需求,决策层面已确定重点发展的五大领域(包括创意设计、数字内容、基于移动互联网的新媒体、艺术品产业和演艺娱乐)。在此基础上,我们需要在以下几方面做好工作:

第一,大力推进厦门市文化保税区的构建,提供覆盖全产业链的专业服务。厦门独特的自然、人文魅力,以及方便快捷的交通枢纽优势,使得其在艺术品市场中的巨大潜力和重要地位逐渐凸显。在艺术品保税拍卖方面,厦门已走在全国前列,领先北京和上海。在成功实践经验的基础上,厦门市文化保税区的建设已是水到渠成,未来的发展方向是以象屿保税区为依托,以香港美斯集团和厦门华晨拍卖有限公司为市场主体,建成厦门专业化的文化保税区,为艺术品提供保税、投融资、展示、拍卖、交易、担保、典当、仓储、鉴定、修复等覆盖全产业链的专业服务,并逐渐扩展到其他文化产品,以吸引周边城市、外省市、海峡对岸,甚至东南亚收藏商家,使之成为国内最大的两岸艺术收藏品交流交易中心。

第二,大力推进文化和科技的深度融合,发展新型文化业态。厦门在文化和科技融合发展中,具有位于全国领先地位的高起点,拥有一批以动漫网游、创意设计、数字内容与新媒体等新兴业态获得全国影响力的文化企业,这为厦门市新兴文化产业集群发展集聚了强劲的发展势头。当前的紧要任务是加快厦门国家级文化和科技融合示范基地建设,实施"一基地多园区"发展战略:以厦门火炬高新区为主体,利用软件园、创业园、厦门科技创新园等园区为载体规划建设,利用现用工业厂房,高起点规划建设超过10万平

方米的孵化器，加快推进文化与科技孵化器、加速器建设，重点发展数字内容与新媒体、创意设计等重点产业集群；同时，引进一批重点文化和科技融合企业，并以骨干企业或企业集团为主体，实施重大项目带动战略。

第三，完善公共服务平台建设。厦门市应加快建设与文化产业发展相关的公共信息平台、公共交流平台、融资平台等，建立厦门文化产业统计指标和统计制度，健全厦门文化产业发展的检测、预警、预测、统计信息定期发布制度；着重建立海峡两岸文化创意产业人才创业孵化、融资中介、版权、技术、信息、展示与交易等公共服务体系。

2.优化文化产业布局，打造"政产学研资"五位一体的文化产业园区

厦门市需要进一步优化文化资源配置，科学规划产业布局，整合同城同业资源，引导区域特色文化产业有序聚集、合理布局，打造集政府、企业、高等院校、研究机构、资本一体化的文化产业园区，充分发挥文化产业园区所具有的孵化、教育培训、研发创新和促进就业的功能。文化产业园区中各主体形成一个有机整体，在建设中应协调好各方关系，形成良性互动机制，需要做好以下几方面工作。

第一，建立以政府为指导的协调机制。政府在各方协调中应起指导作用，通过各种方式和手段协调好各方关系，实现科研成果、人力资源、资本资金等要素有效流入文化企业，使科研成果能够顺利产业化，促进文化产业园区的健康发展。

第二，建立以市场为导向的资源配置体系。在"政产学研资"五位一体的文化产业园区中，文化企业是核心，能及时捕捉市场的真正需求，将市场信息传递给高等院校和科研机构，并将科研成果转化为市场所需的产品或服务，实现多方共赢。高等院校既要致力于人才培养，也要重视与政府、企业的合作，使研究成果实现产

蓝皮书

业化;科研机构既要为企业提供技术咨询、技术成果、技术服务等,也要为政府相关产业政策提供高质量的决策咨询。要充分发挥社会资本的融资支持力量,整合优势资源,形成符合市场规律、适应产业发展的灵活机制。

第三,以完善文化产业链为目标。厦门市要进一步完善"十二五"期间重点发展的产业集群建设,大力打造影视产业、动漫网游、创意设计、主题公园与休闲娱乐、艺术产业、数字出版产业、两岸文化产业、非物质文化遗产等产业园区,逐步形成相互支撑的较完善的产业链和能实现较高增值效应的价值链。建设文化产业园区过程中,应注意以下几点:一是,避免同质化竞争问题,应由产业园区管理部门制定一定的准入标准,建立园区淘汰机制,为园区间兼并整合创造条件,提高园区整体规划,加强园区管理运营能力,提高厦门市文化产业园区整体发展水平。二是,避免过于分散小规模经营的产业园区,应当充分发挥市场调节作用,对园区资源进行公开招标竞争,吸引更多更有能力的文化产业园区经营者,通过对园区不断更新淘汰,促进文化产业园区之间兼并调整,推动专业文化产业园区运营机构的发展。三是,不仅要对园区硬件建设提供政策支持,现阶段应加大对园区公共服务平台等服务支持体系建设的资源投入,加强对各种创意公共活动的支持力度,通过建立完善的文化产业园区服务支持体系,能够使更广泛的文化产业主体受益,从而提高文化产业扶持资源的利用效率。

(四)促进文化产业跨界融合,进一步提升自主创新能力

文化产业具有融合性好、成长性高、带动辐射效应强和自然资源消耗低等特点,推动文化产业与科技、金融等融合,推动文化、科技、金融资源整合,加快厦门市文化产业跨越式发展,对厦门市优化产业结构,转变经济发展方式,提升文化产业竞争力有十分重要的意义。

1. 推动文化和科技融合发展

文化创意和科技创新是现代经济增长的双引擎，也是建设创新型城市的主要手段。"十二五"期间，厦门坚持"政府引导、企业主体、多方参与、市场运作"和"原创与外包结合、招引与培育并举"的原则，推动数字内容产业在各大专业园区集聚发展，并建立起国家级文化和科技融合示范基地，以此为契机，从以下几方面进一步推动文化创意和科技创新成为厦门文化产业的两大引擎。

第一，重点推动数字内容、新媒体与移动互联网、创意设计等三大产业集群跨越式发展，加快建设一批各有特色的国家级和省级数字内容产业基地和园区，形成相互支撑、互动融合的产业链，实现高附加值效应的价值链。厦门市依托厦门广电集团、厦门报业集团、厦门外图集团、厦门三大通信运营商及其他龙头文化企业，实现数字内容在网络、手机、电视、移动多媒体等新媒体之间无缝传输，实现消费者自由"选播"数字内容；促进传统出版产业的数字化升级转型，推动新媒体、新出版的内容数字化、生产数字化和传播数字化，打造大型综合性内容投送平台，建设全媒体综合平台，构建厦门市数字出版建设示范点；整合资源，面向两岸，积极对接台湾数字出版产业，做强网游动漫出版业，壮大数字印刷产业链。

第二，在关键技术、自主创新能力、创新成果应用和新业态等方面加大投入力度，提高文化产业的科技含量和水平，提升文化产业的创新力、表现力、传播力和吸引力。厦门市加强数字化创作生产，创新云计算服务技术和模式；推进"三网融合"试点工作，发展下一代广播电视网络和新一代通信网络，面向电视机、计算机、手持终端提供基于三网融合、三屏融合的视音频传输和通讯业务，推动网络运营商与内容提供商、应用提供商、终端厂商在产业链上下游的合作。

第三，培育文化科技融合创新主体。政府要落实厦门市关于

蓝皮书

引进和设立企业研发机构的各项扶持政策,引导和支持有实力的文化科技企业、高等院校和科研院所联合建立各类文化技术研发机构和创新组织,推动跨地区跨机构合作,开展文化科技领域的前沿技术研发,深化"政产学研资"协同创新,建立科技创新成果有序流动机制,提高科技成果转化效率,引领和支撑文化科技融合产业高水平发展;进一步放宽市场准入条件,积极鼓励非公资本和境外资本以多种形式进入政府允许的文化领域;鼓励开办多种形式的科技型文化企业,大力培育一批新兴文化企业,着力引进一批跨国文化科技型企业。

第四,强化文化科技产业创新服务平台建设。厦门市加快建设一批为文化科技产业创新发展提供各类公共服务的重大平台和运营服务枢纽,以分别满足为文化科技融合提供科技基础资源共享、知识产权与科技成果对接、培训交流等公共技术服务,提供多层次资本市场、资产评估、风险控制和信息传递等投资服务,提供科技成果转化与产业化的基地和孵化器等需求。

2. 推动文化和旅游融合发展

推进文化和旅游结合早已成为厦门市政府部门和市场经营主体的自觉实践。在未来更长的时期内,厦门市应进一步以城市特色文化,以品牌商务会议、节庆和展览活动,以参与性体验性文体休闲娱乐活动,以管理规范的艺术品交易市场这四大引擎带动厦门市旅游发展。

第一,以厦门特色文化带动旅游,以旅游弘扬厦门文化。我们要充分利用厦门文化中传统与现代交融、海洋与城市交融、中西交融等特点,增强厦门旅游文化吸引力,营造浓郁的创意生活氛围。既要保护和传承闽南文化生态,推动非物质文化遗产产业化,推动和创新南音、歌仔戏等民间艺术发展,开发古寨村落、土楼建筑、乡土风情文化等民俗文化旅游,又要塑造厦门现代都市文化形象,提升音乐之城、艺术之城的魅力,推动影视、音乐、游艇、服饰时尚等新兴旅游文化产业形态的发展；增强厦门城市创意生活方式的吸引力，营造富含文化品位的创意集市、创意产品制作和展示等特色文化空间，吸引文化创意者和文化旅游消费者集聚和互动。

第二，以厦门品牌会议、展览活动带动旅游。我们要树立厦门全国性商务会议和展览举办地的品牌形象，在继续办好海峡两岸文博会、海峡两岸图书交易会、厦门国际动漫节、海峡音乐节等节事和展览活动的基础上，创新会议、展览、论坛和赛事等主题，提升各类会议、展览的数量、规模、规格和特色。

第三，以厦门体验性文化休闲娱乐活动带动旅游。比如，打造各类互动体验性强，且能成为旅游目的地的文化、体育、娱乐主题公园；以市场需求为导向，以市场主体运作，举办若干差异化定位、集聚特色的大型品牌活动；利用海滨、湖边、山间等独特空间资源发展各类高端休闲娱乐行业，利用旧厂房、旧仓储用房、老别墅、旧街区资源发展演艺吧、茶艺馆、体验馆等文化休闲娱乐业；将闽南非物质文化遗产活动融入乡村文化旅游中，丰富乡村文化旅游的内涵和深度。

第四，以厦门日益成熟的艺术品交易市场带动旅游。推广具有浓郁地方特色和鲜明文化风格的工艺美术品，如漆线雕、漆画、瓷艺等，通过建立日常性交易市场和大型展销订货会吸引旅游者和专业买家；打造全国旅游文化产品展示交易中心，聚合国内外旅游文化精品，逐步成长为全国最具影响力的文化艺术品集散地之一；近年高端艺术品拍卖积累了宝贵的成功经验，需趁势而行、凭风借力，加快构建厦门文化保税区和高端艺术品投资交易市场，举办国际级艺术品创作、展示、交易、交流活动，将艺术品交易市场与旅游线路开发设计有机融合，增强旅游文化体验性，提高旅游者的体验满意度。

第五，在推动文化和旅游融合发展过程中，还应做好以下工作：一是，加强政策导向作用，尤其是对公益性文化领域，通过资金

蓝皮书

扶持、价格补贴、保障用地等方式支持,完善公共服务;二是,加强文化旅游营销,强化厦门"生态、文明、平安、宜居、创新"的城市形象,凸显厦门现代化、国际化趋势,对文化旅游线路实行系统策划和设计,突出文化主体和差异化定位;三是,加强重点项目的营造和完善,着重打造文化主题游乐区、文化休闲娱乐街区、艺术品展示与休闲购物市场,重点完善公共文化艺术体验场馆,继续举办大型文体商务会展。

3. 推动文化和金融融合发展

以文化发展带动金融创新,以金融创新做大做强文化资产。早在 2010 年,由中央宣传部、中国人民银行、财政部等 9 部委联合下发的《关于金融支持文化产业振兴和发展繁荣的指导意见》中明确指出:对于具有稳定物流和现金流的企业,可发放应收账款质押、仓单质押贷款;对于租赁演艺、展览、动漫、游戏,出版内容的采集、加工、制作、存储和出版物物流、印刷复制,广播影视节目的制作、传输、集成和电影放映等相关设备的企业,可发放融资租赁贷款;建立文化企业无形资产评估体系,为金融机构处置文化类无形资产提供保障;对于具有优质商标权、专利权、著作权的企业,可通过权利质押贷款等方式,逐步扩大收益权质押贷款的适用范围。

厦门市应积极引导金融机构、担保机构与文化企业、文化项目对接,积极发挥政策扶持文化产业投融资活动,解决厦门文化企业融资难的问题。一是,支持商业银行创新文化产业信贷服务,对向文化企业提供贷款业务的银行等金融机构,给予适当的风险补偿。二是,鼓励银行等金融机构积极探索以无形资产质押贷款或以无形资产质押为主的组合贷款业务,为文化企业提供融资服务。三是,充分发挥民间资金优势,抓住目前外商投资看好文化服务市场的机遇,借鉴工业领域引进外资的成功经验,因势利导,加大文化服务业利用社会资本和外资的力度。四是,充分发挥每年 2000 万元文化产业发展专项资金的牵引作用,引导风险投资资金进入,为文化企业提供融资担保服务。五是，建立由政府有关部门和签订战略合作协议的银行、担保机构等金融机构共同组成的联席会议制度，定期研究文化产业融资工作，制定相关举措办法。

（五）创新文化企业经营管理战略，进一步培育骨干文化企业

1.完善法人治理结构、建立真正的现代企业制度

对于厦门已经完成转企改制的国有文化企业而言，虽然已经制定了现代企业制度，但还存在产权不清、尚未建立符合现代企业制度的法人治理结构等问题。具体来说，我们可以从以下三方面入手来完善厦门国有文化企业管理机制。一是完善法人治理结构，合理设置股东大会、董事会、监事会。为保证公司正常运转以及权力相互制衡，监事会和董事会的成员不宜互相交叉任职且需要满足《公司法》的有关规定。二是划清产权、落实出资人责任。三是创新国有企业薪酬激励体系，按照岗位对企业的贡献度和重要性进行科学评价，并建立起完整的录用、培训、考核、奖惩、晋升机制，充分调动企业人员的活动和积极性。为了最大限度地调动企业经营管理层的积极性，我们可以采取股票期权激励计划，将经营者的目标和所有者的目标绑定在一起，实现国有资产的保值增值。

对于中大型的民营企业而言，应转变家族式经营理念，由封闭性的家族经营方式转向现代企业模式。在保持产权明晰的基础上，民营文化企业可以继续保持家族控股的方式，但是家族成员要享受或承担与产权相对应的权利或义务，保证股东会、董事会、监事会权责清晰。规模不大的民营企业，可以继续保持家族经营的模式，这较现代企业模式而言在创业初期具有效率高、成效快等优势。此外，民营企业应当推进信息化管理，建立新的信息管理系统，为决策的科学性提供保障。

2. 创新资本运作模式,整合骨干文化企业资源

第一,鼓励厦门国有骨干文化企业以资本为纽带进行跨地区、跨行业、跨所有制兼并重组,提高规模化、集约化、专业化水平,做大做强一批大型文化企业和文化产业基地。厦门市要将转企改制和兼并重组结合起来,打破区域限制、行业垄断,鼓励有实力的国有文化企业跨地区、跨行业经营;选择一批实力强、前景好的国有及国有控股文化企业进行重点培育,通过注入资金、发行企业债券、资助项目开发、划转相关资产等方式给予支持,帮助其做大做强。

第二,完善厦门文化产业的投融资体制,克服文化企业融资难的问题。政府放大财政资金和配套政策的引导效应,鼓励银行、担保机构等金融机构创新文化产业信贷服务,积极探索以无形资产质押贷款或以无形资产质押为主的组合贷款业务,为文化企业提供融资服务;对向文化企业提供贷款业务的银行等金融机构,给予适当风险补偿;鼓励有关单位按规定发行信托产品,为文化企业提供融资服务;建立融资文化企业信用评级制度;支持且分类指导厦门符合条件的文化企业改制上市,积极培育一批文化产业大企业、大集团和上市企业。

第三,建立厦门文化产权交易平台。厦门市支持国有、民营文化企业以参股等方式建设产权交易中心;创新交易品种和交易方式,促进产权资源与资本市场对接;利用文化产权交易平台引入各类社会资本进入厦门文化产业,优化资本结构,提高企业的市场活力和竞争力。

3. 转变经营管理策略,促进文化企业创新转型

一是,文化企业经营者应顺应厦门文化产业转型,进而转变自身的思维方式。例如,在互联网、数字化浪潮下,应以互联网和数字化的文化生态和消费特点来理解生活方式的变动以及商业模式的特点。二是,文化企业经营者应重视科技和文化融合。经营者

应注意到在移动互联网大平台环境下的文化内容传播区别于传统的微量的精品化文化内容传播，"平台为王"的特征尤为明显。企业不仅要提升创意能力，更需要思考规模化的挑战。作为海量内容需求的大平台，需要品牌化的内容，一般的少量的创意内容对于大平台而言缺少商业价值。三是，企业经营者需要重新思考新媒体发展模式和企业自身商业模式的关系。在新媒体环境下，大平台模式、大平台结合内容的模式、小平台专业化模式和结合平台的产业链延伸模式是四种基本的发展模式；以新媒体作为主要空间的数字文化产业领域，今后将特别突出规模化和专业化。因此，任何企业都应当结合一种具体的商业模式来思考如何打造品牌和延长产业链。

（六）加强对台对外文化交流，进一步提高国际化水平

1.借助厦门自贸试验区平台，提升厦门文化贸易国际竞争力

随着厦门改革创新的不断深入推进，自贸试验区的政策红利更加凸显，因此，我们要充分利用厦门自贸试验区建设契机和"先行先试"的政策优势，对接"一带一路"战略，结合厦门对台优势和海上丝绸之路核心区优势，发展文化保税业务，创新监管政策，促进厦门文化产业新发展。

第一，加快探索在厦门自贸试验区内建设厦门文化保税区，以"文化保税"带动文化产业全产业链服务，吸引更多艺术品和资本"东南飞"。在文化保税区内，加快打造文化保税的展示交易平台和实体服务平台，建设具有仓储物流、展览展示、拍卖交易、金融保险等综合文化产业中心；鼓励对国家规定实施准入特别管理措施之外的投资，与国内其他文化保税区形成差异化发展模式，成为国内最大的两岸艺术收藏品交流中心，从而撬动厦门文化产业更大产值。

第二，创新文化服务管理体制，为厦门文化产品和服务出境通

关提供新通道。抓住自贸试验区建设契机,加快文化服务领域政府职能转变和优化行政管理,提高管理能力,更好服务文化企业。一是,在自贸试验区内加大文化产业对外资、民资的开放,减少行政审批或行政命令对市场开放的阻碍;逐步开放文化创意、数字内容和新媒体、艺术品展示交易和演艺娱乐等重点领域的外资文化企业市场准入。加快文化产品审批速度,根据"一线放开,二线管住"的原则,可在自贸区特设文化审批专用窗口,专门受理自贸区内的文化内容审批,进一步缩短文化产品内容审批周期,大大提高了自贸区内文化产品的出口审批效率。二是,提升海关监管便利化程度,不断优化文化产品及相关设备的通关流程,在进出境环节分别设立文化贸易企业专窗,采取专人专办、预约通关等新措施,有效提高文化产品出口的便利化水平。三是,完善文化市场监管体系,建立文化企业诚信管理体系,改进文化贸易统计体系,健全文化贸易知识产权保护。

第三,利用自贸区集聚的技术、资本等优质资源,提升厦门文化企业的自主创新能力和竞争力。一是,可利用聚集自贸区的国内外知名文化企业在创意、技术、经验方面的优势,推动厦门文化企业与国际创意、国际经验接轨,逐步提高其创意能力和创新水平。二是,积极运用现代科技手段进行自主创新。借助互联网新技术和现代新媒体等高科技手段,通过文化与科技的融合,开发具有高科技含量和高附加值的文化产品和服务。三是,在自贸区内探索文化与金融的融合发展,为厦门文化企业开展对外文化贸易提供融资便利。推动银行、保险、证券、担保、中介机构等金融机构与文广集团、报业集团等文化骨干企业加强合作,建立文化金融合作机制。此外,加大对民营文化创意企业的扶持力度,设立文化贸易出口专项基金,对文化创意、数字内容和新媒体等重点领域进行补贴和扶持,提高厦门文化企业开拓海外市场的积极性,从而加快厦门文化出口贸易的发展。

2. 利用厦门对台资源,拓展两岸文化交流的广度和深度

一是打造海峡两岸文化交流重要基地,拓展对台文化交流的合作领域。厦门和台湾在民俗、文化艺术等方面,具有共性。厦门应充分利用这点,大力加强民间民俗文化、文化艺术的交流合作,促进两岸文化以及文化企业的繁荣发展。如推动歌仔戏、高甲戏、南音等闽南民间艺术的交流、举办闽南歌曲大赛促进两岸歌手的交流和拉近两岸同胞的距离;可以举办"两岸文化艺术节",促进文化企业的融合。二是深化两岸新闻媒体的合作,充分发挥厦门广电集团、厦门日报社等官媒的"喉舌"功能并加强与台湾媒体的交流合作,拓展官媒在台湾岛、厦门市内台湾同胞聚集地覆盖的广度和深度。如实现闽南之声和厦门音乐在台播出的常态化。三是加强"闽台文化产业园"建设,实现两岸文化产业的对接。厦门文化产业起步较晚,在文化产业的布局上和台湾地区并不一致。因此,厦门应打造闽台文化产业园,大力引进台湾优质文化企业,使在厦企业可以学习先进的技术、管理经验等,并最终实现两岸产业的对接。由于数字内容与新媒体、创意设计、演艺娱乐、高端艺术品领域是厦门重点发展的对象,在引入台资企业时,政府要给予这类企业更加优惠的政策。四是要加大台湾和厦门在文化旅游业上的合作机制,促进两岸旅游业的共同发展。厦台具有相似的风俗文化,在闽南地域、文化、民俗等方面合作的空间很大,应建立交流合作机制,共同挖掘特色文化旅游资源。

3. 实行"走出去"战略,提高厦门文化产业的国际化水平

一是打开东南亚、海外市场并实施差异化战略。闽南语在东南亚、海外有着广大的受众群体,因此,厦门可在和台湾交流合作的基础上,着力制作面向海外、东南亚的闽南语节目。文化企业需要根据当地的风土人情,制定并实施差异化战略,满足受众特定的需求。二是聚合内外资源,搭建"走出去"桥梁。厦门在东南亚市场有着丰富的华侨资源,因此,厦门要利用这些强大的人脉关系使

文化企业在海外市场运营中得到当地政府的支持。此外,政府应为厦门文化产品"走出去"搭建多层次桥梁,通过开展"文博会"、文化创意产业发展和招商恳谈会,加大宣传推介厦门文化产业发展的力度;筹划在不同地区和国家举办高端艺术品展示拍卖活动、文化创意产业合作活动、文化交流活动等,大力将厦门特色文化产品推出省市、推出国境。三是,优秀的营销人员、完善的营销体系对市场的开发也是必不可少的。故厦门要培养一批专业、熟悉当地情况的海外营销人才并建立覆盖广、渗透力强的营销体系,成功打开当地市场。

(七)完善扶持政策,进一步推动文化强市建设

1.完善文化产业的金融政策

(1)积极发展多层次资本市场,扩大文化产业融资规模

第一,支持并鼓励文化企业间接融资。首先,鼓励和支持金融机构积极探索和开展以无形资产质押贷款或以无形资产质押为主的组合贷款业务,为文化企业提供融资服务。其次,探索适合厦门市文化产业的贷款模式。对属于本市需要重点发展的文化产业目录中的企业,政府应鼓励商业银行在国家贷款利率允许浮动的范围内给予一定程度的优惠,鼓励和支持商业银行对厦门50家重点文化企业在满足信贷的基础上优先安排贷款、简化审批程序、加快贷款进度;对厦门刚刚起步的中小文化企业,鼓励商业银行探索联保联贷等方式提供金融支持。最后,金融机构应开发多元化、多层次的文化消费信贷产品,实现"双赢"。如为文化消费提供便利的支付结算方式、开发分期付款文化消费信贷品种。

第二,支持并鼓励文化企业直接融资,分类指导符合条件的文化企业上市融资。首先,加快打造文化创意产业千亿产业链的"531"计划,重点培育50家市重点文化企业,尤其是创意设计、演艺娱乐、数字内容与新媒体以及高端艺术品领域的龙头企业。待

时机成熟之后，厦门应推荐各个领域符合条件的文化企业在国内上市并融资。其次，鼓励符合条件的文化企业通过债券融资。债券市场是企业直接融资的补充渠道，厦门应鼓励文化企业通过发行短、中、长三种不同期限的债券组合进行融资。再次，引导风险投资(VC)和私募股权投资(PE)资金投入成长性较好的文化企业。VC和PE具有高风险高回报的特征，一旦企业运营成功，就会获得高额投资回报率。这会引起市场对企业的关注，吸引社会各界资金流入文化企业。VC和PE近年来在我国取得了快速的发展，但也存在着选择短视和退出机制不健全等问题。因此，厦门应积极引导国内和国外优质的VC和PE投入成长性较好的文化企业，但在引进国外VC和PE时需要保证本市信息和国家安全。最后，推动文化资产证券化。资产证券化是以特定的资产组合或特定的现金流为支撑，发行可交易证券的一种融资形式。而文化产业资产证券化的核心资产是优质的无形资产的未来收益，与文化产业投资大、回收期长的特征耦合度高。因此，厦门应积极探索和推行文化资产证券化进行融资。

（2）加强金融中介机构建设

一是，加快厦门评估机构在文化企业评估方面的建设。文化企业固定资产少，无形资产多。如果通过无形资产质押贷款的方式向银行借款，无形资产价值的高低决定了融资的规模和成本。但无形资产的评估涉及主观判断且没有一致的标准，其难度很大，急需加快评估机构在该领域的建设。二是，鼓励和引导保险机构、担保公司、信用评级机构和银行、文化企业相互配合。保险机构、担保公司为文化企业提供贷款担保服务，降低商业银行的贷款风险，增强贷款意愿。对经批准的贷款担保项目发生的代偿损失，政府可以从文化产业发展专项资金中给予一定的补偿。信用评级机构针对文化产业的具体特征，开发适合的征信评级体系。科学合理的信用评级能够为银行分析文化企业的信用风险提供依据，进而降低银行的征信成本。

2.完善文化产业的财税政策

（1）完善文化产业财税政策体系建设

第一，梳理文化产业财税政策。虽然厦门市不具备构建文化产业财税体系的权力，但是可以分门别类梳理所有的财税政策。对于相互矛盾的财税政策，可以制定实施细则，规定文化企业所适用的政策的具体实施细则。为了更好落实这些财税政策，政府应对企业负责人和执法人员进行政策内容的培训并将财税政策公布在财政局网站上供文化企业参考。第二，构建文化产业财税政策体系。厦门应设立市和区文化产业专项资金，运用财政贴息、补助和奖励等方式扶持重大文化产业项目及企业；同时，打通文化产业的上下游链条，避免重复征税、财税政策不衔接等问题。具体操作上，相关部门应按照完善的财政政策体系估算文化企业多缴纳的税收，再通过财政补贴、补助和奖励等方式将这些资金返还给企业。第三，建立一个跨部门的协调机制，协调拥有财税政策执行权力的多个行政单位，提高行政单位的行政效率，具体可以委派熟悉各个部门业务、级别较高的公务员来承担该项任务。第四，政策扶持文化创意人才。政府应根据文化企业纳税及创意人才聘请情况，补贴文化企业因成本不能抵扣所造成的税负过重问题。

（2）加大财税政策对文化产业的扶持力度

第一，强化厦门文化产业发展专项资金管理，提高资金使用效率，鼓励设立区级文化产业发展专项资金，与市级专项资金形成配套，以奖励、贴息、资助等方式扶持重大文化产业项目及企业。第二，设立政府引导基金，采用阶段参股、跟进投资等方式，吸引国内外风险资本投向初创型文化企业，支持和引导担保机构为厦门中小文化企业融资提供担保。第三，厦门政府应加强对新引进、新办的从事创意策划与设计、数字娱乐与网络服务、新媒体与研发等具有独立法人资格的文化企业的财政资金奖励资格的认定，在认定的基础上，将财政资金奖励的期限适当延长，从而吸引更多优质的大中型文化企业入驻厦门。第四，可将科技含量高的文化企业纳入高新技术企业认定范畴，将厦门扶持高新科技企业的财税优惠政策向被认定的文化企业延伸。政府要推动厦门扶持高科技园区发展的优惠政策，向具有高科技特征的网络传媒、数字内容等高科技文化产业园区延伸。第五，加大对人才培养和实训方面的财政扶持力度，推动厦门扶持高科技人才创业的优惠政策，向文化企业人才创业延伸。市财政应安排专项资金用于实施文化产业人才培养计划，对大学生和初创业者提供租金、税收等方面的支持。

（3）加强财税政策的公平性

第一，要制定针对中小型文化企业的税收优惠政策。在保证厦门的产业布局合理的基础上，公平对待中小型和大型文化企业。为了更好地发挥税收优惠政策的效果，我们还应根据中小型文化企业的特征，"量身定制"税收优惠政策，如考虑到中小型文化企业融资难的问题，在融资方面给予更大的所得税抵扣、减免幅度、财政贴息。第二，扩大税收优惠政策的范围。小规模纳税人会计核算健全，能够提供准确的税务资料的，可以向主管税务机关申请将其认定为一般纳税人资格。针对该项制度，厦门政府可以帮助小规模纳税文化企业建立良好的企业会计制度，使其具备申请一般纳税人认定资格，帮助文化企业享受增值税优惠政策。此外，政府还要将税收优惠政策范围延伸至文化产业下游链条，如文化的运营和衍生品的生产。

3. **完善文化产业的人才政策**

第一，深入实施"文化强市"战略，大力推进文化产业优秀人才的引进和自主培养。一是，实行"以人引人、以机会引人、以活动引人、以赛事引人"的人才引进战略，并且把文化产业人才纳入市高层次人才相关政策文件的适用范围，形成包括住房、子女入学、落户等在内的文化产业人才引进"一揽子"政策，以吸引国内外优秀

蓝皮书

的文化产业人才和创业团队。二是,在引进文化产业人才方面,厦门应积极参与国际人才竞争,争取引进国际一流的艺术大师、设计大师,着力提升厦门市文创人才队伍结构。三是,充分调动高等院校、研究机构和企业等多方力量和其积极性、主动性,坚持自主培养文化人才。厦门应充分发挥高等院校"蓄水池"功能,加强厦门高等院校、研究机构和企事业单位的合作,培养能够满足厦门文化产业和文化企业发展需求的高素质、高层次、复合型人才。厦门应充分发挥文化企业"主力军"作用,针对文化产业中各类行业的特征,制定有效的培训体系和计划,使职工的培训制度化、常态化;对潜力很大的职工,应针对其特性制定个性化的培训方案着重培养。此外,市财政应安排资金支持厦门文化产业重点领域的人才培育工作,为大学生和初创业者提供低价的创业场所以及租金、税收等方面的优惠,做到"放水养鱼"。

第二,依托厦门大学、福州大学工艺美院、厦门理工学院、集美大学等院校的优质资源,建设一批文化人才实训基地,解决高校人才培养与企业实际需求脱节问题。厦门应利用"政产学研资"五位一体的发展模式,探索政府推动、校企合作的人才培养机制,实现专业和产业的"零缝隙"对接。高校可聘请业内经验丰富的人士进行合作教学,组织学生去文化企业实习并接触企业所面临的实际难题;高校应探索实行订单式人才培养模式,建立与企业对接的文化教学、实习、工作基地,为企业直接输送对口的文化人才;加强与海外高校和研究机构的交流与合作,培养具有国际视野的文化产业人才。

第三,建立科学的人才评价体系,坚持以能力、职责、道德为导向,形成正确的用人机制。厦门应不断完善文化人才激励机制,对本市文化事业产业发展有突出贡献的集体和个人给予表彰和奖励。

第四,探索建立高层次文化产业人才的信息数据库,畅通人才供需信息的发布渠道。厦门应建立高级人才信息管理协调制度，建立开放共享的高端创意人才信息库、分类人才资源信息库。文化产业管理部门应与统计部门、企业密切合作，定期统计厦门文化产业重点发展领域的人才缺口，为制定人才政策提供准确的信息和方向。

4.完善文化产业的法制体系

第一，充分利用厦门的地方立法权，加强文化地方立法。厦门应加快研究和出台一部总领式的《厦门市文化产业促进条例》，以法规的形式明确本市文化产业发展的指导思想、基本原则、发展目标，明确文化产业经营者的权利义务以及政府的职责权限、法律监督和法律救济，并在此基础上及时出台或修订各项配套政策，以法律保障为主、政策支持为辅，为促进厦门市文化产业发展提供全面的法律保障。

第二，健全厦门文化知识产权保护制度。相关部门应加快研究和制定厦门适合文化产业特性的知识产权相关法律制度，填补新兴技术领域知识产权保护的真空地带，如民间文学艺术作品的保护、网络商业秘密侵权等适用规则均须明确；加大知识产权侵权惩罚力度，如可以通过侵权赔偿的数目高额化来提高违法成本、降低维权成本；加大对自主创新品牌、核心关键技术和文化创意产业的司法保护力度。政府应提高厦门文化企业的知识产权意识和能力，鼓励在企业内部设立专门的文化知识产权部门，并引进高层次的知识产权管理人才。此外，厦门要加强文化产业知识产权公共信息平台建设，从具体制度上完善文化产业知识产权管理服务体系。如建立知识产权公共推介和商务交易平台、建立已登记著作权作品的公共检索系统、建立文化产业产权的价值评估体系等，为权利人和产业部门、文化市场之间搭建合作的桥梁和沟通的平台。

第三，加快推进与厦门文化创意产业发展、产业融合发展相配套的法律法规建设。厦门重点发展的文化创意产业包括创意设计

蓝皮书

和设计服务、数字内容、基于移动互联网的新媒体、艺术品展示交易和演艺娱乐等,亟须结合各个产业的特点,针对各行业发展需求尽快出台相关法律政策。此外,在构建厦门文化与科技、文化与金融、文化与信息等产业融合发展平台时,同样需要出台相关政策法规以明确各方权利义务,保障各方权益,使厦门文化产业能够健康可持续发展。

项目负责人:潘丽琼　陈　工
2015 年 5 月 31 日

附录　厦门市文化资产政策汇编

表 16　财税政策

类型	政策内容	文件名称	发文单位
资金奖励	对获得国际重要文化产业奖项,以及被中宣部、文化部、国家广电总局、新闻出版总署和商务部等国家部委(不含国家部委所属事业单位或其他行业组织和机构)授予文化产业方面荣誉称号的市属文化单位,经审核后给予一次性奖励 20 万元	厦门市文化产业发展专项资金管理办法(厦文发办〔2013〕1 号)	厦门市文化改革发展领导小组办公室 厦门市财政局
	对世界 500 强及全国文化企业 30 强等知名文化企业,在厦门设立的具有独立法人资格的注册资本在 5000 万元以上的文化企业,根据其实际投资和预期贡献,可予以 100 万元至 300 万元的一次性奖励		
	对新认定(2012 年及以后)的"重点文化企业"("531"文化产业载体建设工程中的"50 强文化企业")给予 10 万元的奖励		
	对新认定(2012 年及以后)的"重点文化产业园区"("531"文化产业载体建设工程中的"十大文化产业园区")给予 30 万元的奖励		
	对获国家级政府奖项且市场演出 100 场次以上的原创舞台剧,最高可给予 100 万元的一次性奖励,市场演出超过 150 场的原创舞台剧由市文发领导小组另行审定奖励额度		
	对经认定的分离设立的具有独立法人资格的创意设计企业,根据其新增地方财税贡献,最高可给予 100 万元奖励		

蓝皮书

续表

类型	政策内容	文件名称	发文单位
税收优惠	经营性文化事业单位转制为企业,自转制注册之日起免征企业所得税	关于继续实施文化体制改革中经营性文化事业单位转制为企业若干税收政策的通知（财税〔2014〕84号）	财政部 国家税务总局 中宣部
	由财政部门拨付事业经费的文化单位转制为企业,自转制注册之日起对其自用房产免征房产税		
	党报、党刊将其发行、印刷业务及相应的经营性资产剥离组建的文化企业,自注册之日起所取得的党报、党刊发行收入和印刷收入免征增值税		
	对经营性文化事业单位转制中资产评估增值、资产转让或划转涉及的企业所得税、增值税、营业税、城市维护建设税、印花税、契税等,符合现行规定的享受相应税收优惠政策		
	转为企业的出版、发行单位处置库存呆滞出版物形成的损失,允许按照税收法律法规的规定在企业所得税前扣除		
税收优惠	新闻出版广电行政主管部门(包括中央、省、地市及县级)按照各自职能权限批准从事电影制片、发行、放映的电影集团公司(含成员企业)、电影制片厂及其他电影企业取得的销售电影拷贝(含数字拷贝)收入、转让电影版权(包括转让和许可使用)收入、电影发行收入以及在农村取得的电影放映收入免征增值税。一般纳税人提供的城市电影放映服务,可以按现行政策规定,选择按照简易计税办法计算缴纳增值税	关于继续实施支持文化企业发展若干税收政策的通知（财税〔2014〕85号）	财政部 海关总署 国家税务总局
	2014年1月1日至2016年12月31日,对广播电视运营服务企业收取的有线数字电视基本收视维护费和农村有线电视基本收视费,免征增值税		
	为承担国家鼓励类文化产业项目而进口国内不能生产的自用设备及配套件、备件,在政策规定范围内,免征进口关税。支持文化产品和服务出口的税收优惠政策由财政部、税务总局会同有关部门另行制定		

续表

类型	政策内容	文件名称	发文单位
税收优惠	对从事文化产业支撑技术等领域的文化企业,按规定认定为高新技术企业的,减按15%的税率征收企业所得税;开发新技术、新产品、新工艺发生的研究开发费用,允许按照税收法律法规的规定,在计算应纳税所得额时加计扣除。文化产业支撑技术等领域的具体范围认定工作由科技部、财政部、税务总局、中宣部等部门另行明确	关于继续实施支持文化企业发展若干税收政策的通知(财税〔2014〕85号)	财政部海关总署国家税务总局
	出版、发行企业处置库存呆滞出版物形成的损失,允许按照税收法律法规的规定在企业所得税前扣除		
	对文化企业按照本通知规定应予减免的税款,在本通知下发以前已经征收入库的,可抵减以后纳税期应缴税款或办理退库		
税收优惠	在文化创意和设计服务领域开展高新技术企业认定管理办法试点,将文化创意和设计服务内容纳入文化产业支撑技术等领域,对经认定为高新技术企业的文化创意和设计服务企业,减按15%的税率征收企业所得税。	关于推进文化创意和设计服务与相关产业融合发展的若干意见(国发〔2014〕10号)	国务院
	文化创意和设计服务企业发生的职工教育经费支出,不超过工资薪金总额8%的部分,准予在计算应纳税所得额时扣除		
	企业发生的符合条件的创意和设计费用,执行税前加计扣除政策		
	对国家重点鼓励的文化创意和设计服务出口实行营业税免税		
	落实营业税改增值税试点有关政策,对纳入增值税征收范围的国家重点鼓励的文化创意和设计服务出口实行增值税零税率或免税,对国家重点鼓励的创意和设计产品出口实行增值税零税率		

蓝皮书

续表

类型	政策内容	文件名称	发文单位
税收优惠	动漫企业自主开发、生产动漫产品涉及营业税应税劳务的(除广告业、娱乐业外),暂减按3%的税率征收营业税	关于推动厦门动漫产业发展的实施意见(厦府办〔2009〕171号)	厦门市人民政府办公厅
	动漫企业自主开发、生产动漫直接产品的过程中,确需进口的商品可享受免征进口关税及进口环节增值税的优惠政策		
	动漫产品出口企业按照国家有关规定享受出口退(免)税政策,对动漫企业在境外提供劳务获得的境外收入不征营业税,境外已缴纳的所得税款可按规定予以抵扣		
政府采购	凡属本市预算管理的机关、事业单位和社会团体,在采购文化产品和服务时,鼓励采购厦门自主创新的文化产品和文化服务	厦门市促进文化产业发展的若干政策(厦府〔2008〕398号)	厦门市人民政府

表17 金融政策

类型	政策内容	文件名称	发文单位
贷款贴息	对符合支持条件的文化企业通过银行贷款实施重点发展项目所实际发生的利息给予补贴,每个项目的贴息年限一般不超过3年,年贴息率最高不超过当年国家规定的银行贷款基准利率,补贴额最高不超过实际利息发生额的80%,每年贴息额最高不超过100万元	厦门市文化产业发展专项资金管理办法(厦文发办〔2013〕1号)	厦门市文化改革发展领导小组办公室 厦门市财政局
资金补助	对纳入"厦门市50强文化企业(集团)"的重点文化企业(集团)所申报的重点项目,可按项目投资额的20%以内给予资助,最高不超过200万元	厦门市文化产业发展专项资金管理办法(厦文发办〔2013〕1号)	厦门市文化改革发展领导小组办公室 厦门市财政局
	对由厦门市范围以外引进至厦门落户的大型文化企业申报的重大项目,可按照重点企业、重大项目的标准给予补助,实行"一项一策"或"一企一策",由市财政另行安排专项资金予以补助,具体额度由市文发领导小组审定		

续表

类型	政策内容	文件名称	发文单位
投融资扶持	鼓励和引导担保机构为厦门文化企业提供融资担保服务,对经批准的贷款担保项目发生的代偿损失,参照厦门中小企业风险补偿金管理办法给予担保机构补贴	厦门市促进文化产业发展的若干政策（厦府〔2008〕398号）	厦门市人民政府
	鼓励和引导风险投资资金投入成长性好的文化企业或文化产业项目;积极推荐符合条件的文化企业申请通过国内外证券交易市场,尤其是创业板上市		
	鼓励金融机构探索开展文化企业著作权的财产权和商标、专利等知识产权质押贷款业务试点		
	鼓励和引导商业银行对符合信贷条件和从事本文所列重点发展文化产业的文化企业,可在国家允许的贷款利率浮动幅度内给予一定的利率优惠		
	鼓励和引导商业银行对有效益、有还贷能力、能增加就业的文化自主创新产品或服务出口所需的流动资金贷款优先安排、重点支持		
投融资扶持	鼓励和支持自主创新型动漫企业在境内外融资上市或发行企业债券,政策性银行对符合条件的动漫企业要提供融资支持,鼓励各类资金通过参股、控股或兼并等方式进入动漫产业	关于推动厦门动漫产业发展的实施意见(厦府办〔2009〕171号)	厦门市人民政府办公厅

表 18　其他配套政策

类型	政策内容	文件名称	发文单位
文化科技	加大对动漫原创作品、核心技术研发和产业化的支持力度,鼓励和加强对动漫产品及形象的专利申请、商标注册、软件产品登记和著作权登记等工作	关于推动厦门动漫产业发展的实施意见(厦府办〔2009〕171号)	厦门市人民政府办公厅

蓝皮书

续表

类型	政策内容	文件名称	发文单位
文化科技	将科技含量高的文化企业纳入高新技术企业认定范畴,凡经认定的企业可享受财政扶持等优惠政策	厦门市"十二五"文化产业发展专项规划	厦门市发展和改革委员会
人才优待	鼓励厦门大专院校和专门机构培养动漫、游戏相关人才。动漫企业引进的急需紧缺人才可优先享受厦门引进人才的相关优惠待遇	关于推动厦门动漫产业发展的实施意见(厦府办〔2009〕171号)	厦门市人民政府办公厅
	市财政每年安排一定的资金,用于实施文化人才培养计划,培育、发现一批业内领军人才,同时,注重发现和挖掘民间艺术人才;给予大学生和初创业者租金、税收等方面的支持,向他们提供低价的创作场所,做到"放水养鱼"	厦门市"十二五"文化产业发展专项规划	厦门市发展和改革委员会
	积极组织开展海外招聘高层次文化人才工作,参与国际人才竞争,争取引进国际一流的艺术大师、设计大师,着力提升厦门市文创人才队伍结构;深入推行厦门市文化创意风云人物评选活动,建立文化创意奖,对突出贡献的集体和个人给予表彰和奖励,不断完善创意人才激励机制		
	探索建立高层次的文化产业人才的信息数据库,畅通供需信息发布渠道,建立高级人才信息管理协调制度,建立开放共享的高端创意人才信息库、分类人才资源信息库		
	把文化产业人才纳入市高层次人才相关政策文件的适用范围之中,形成包括住房、子女上学、落户等在内的文化产业人才引进"一揽子"政策,使政策惠及文化产业人才		

蓝皮书

续表

类型	政策内容	文件名称	发文单位
土地支持	积极支持已取得土地使用权的原产权单位,在暂不改变土地用途和土地使用权人的前提下,利用工业厂房、仓储用房、传统商业街等存量房产、土地资源兴办属于本市重点发展文化产业门类的文化企业,不再征收土地出让金	厦门市促进文化产业发展的若干政策（厦府〔2008〕398号）	厦门市人民政府
	出租工业厂房、仓储用房、传统商业街等存量房产、土地资源兴办属于本市重点发展文化产业门类的文化企业的,按《关于厦门市土地收益金和房屋转租收益金征收政策的调整意见的通知》(厦府办〔2006〕103号)征收土地收益金。凡符合国家规定以及本市产业升级和城市功能布局的,3年内免收土地收益金		

执笔:潘丽琼　陈　工
2015年5月5日

蓝皮书

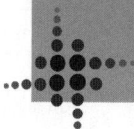

2015 年厦门市文化产业
发展情况分析及 2016 年预测

◎ 厦门市文发办

2015 年,厦门市扎实推进文化创意千亿产业链建设,文化产业整体态势向好,成为厦门市经济转型和城市转型的重要支撑。

一、厦门文化产业发展总体情况

(一)重点工作开展情况

1. 文化创意千亿产业链扎实推进

厦门市委、市政府从全市加快产业转型的需要出发,把作为文化产业核心内容的文化创意产业纳入了"5+3+10"的现代产业支撑体系,提出了加快建设文化创意千亿产业链的要求。据统计,2014 年,厦门市文化产业增加值近 280 亿元,增速近 13%,连续多年超过两位数的增长,占厦门市 GDP 的 8%以上,已经成为厦门市经济发展的一个重要支撑点。2015 年,文化产业力争实现 15%以上的增长,增加值超过 320 亿元。从抽样调查分析,1—9 月份,文化产业增加值约为 205 亿元,约占全市 GDP 的 8.8%。近年来,厦门市深入实施文化产业"531"战略,扎实推进文化创意千亿产业链的建设,取得了可喜的成绩,厦门市文化产业已经进入以文化内容产业为核心的较高发展阶段。在推动高端服务业发展、提升城市功能品位、促进经济结构转型升级等方面发挥着越来越重要的作用,文化产业已经成为厦门市经济积极向好、后劲增强的重要支撑力量。

2. 重大项目顺利推进,带动作用进一步凸显

总投资额为 12 亿元的海峡收藏品交易中心,一期的瀚斓楼主体已在 8 月份建成,预计 2016 年下半年对外营业,二期项目正按进度计划顺利推进。综合文化保税园区项目,投资额超过 10 亿元,拟选址在机场北片区,目前已进入土地出让程序;总投资为 11 亿元的文化科技项目"梦想世界"正在进行规划审核。特别是总投资额为 21 亿元的神游华夏园项目仅用一年的时间,快速落地、迅速建成,10 月初期正式对外试运营。通过重大项目的建设,进一步完善了厦门文化产业项目策划、生成、引进、落地和建设的工作机制,体现了厦门市在营造国际一流营商环境方面所做的努力。

3. 重点文化产业园区建设初见成效,探索出了符合厦门实际的发展模式

获"中国创意产业最佳园区奖"的龙山文化创意产业园实施"政府引导、多元投入"的发展模式,通过核心园区的示范带动和引导,促进周边存量房产改造,建设专业化定位的文化创意产业园。截至 2015 年 10 月,龙山文创园共投资约 3 亿元,改造厂房 17 幢,面积近 13 万平方米,现有入驻企业约 400 余家,产值近百亿元。

湖里文创园区坚持"不搞大拆大建、规范改造审批,加强示范引导,形成聚集发展"的原则,推进旧厂房改造。先期启动项目的海峡建筑设计文创园,以建筑设计为特色进行园区定位,形成了"以生活美学和当代科技为两翼,以自身深厚的设计文化为引擎"的崭新格局,吸引了海峡两岸、港澳地区及海外知名设计机构、设计师进驻园区。2014 年,园区主营业务收入 6.1 亿元,纳税 2109.74 万元。联发华美空间文创园推出"南中国时尚中心"的口号,通过注入"文化+时尚"功能,为城市战略定位和产业集聚提供

了建设载体和支撑平台。知名时装设计师曾凤飞、计文波、万一方,以及红点设计等已入驻,园区已完成招商超过80%。

沙坡尾是古代"海上丝绸之路"的重要港口之一,是厦门市宝贵的城市文化资源,坚持"土地产权基本不动、空间肌理基本不改、本地居民基本不迁、人文生态基本不变"的改造原则,对符合城市文化资源进行保护性开发利用。目前,沙坡尾艺术西区已成为文艺青年新的聚集区,创意人才创业的新基地,文化活动的新地标,文化产品创作生产的新园区。

4.招商工作成效显著,发展后劲进一步夯实

充分利用9·8投洽会、海峡两岸文博会、国际动漫节等会展活动,开展以商招商以及针对知名企业的点对点招商工作。在第八届海峡两岸文博会期间,由市文发办牵头,指导各区、管委会开展有针对性的招商工作,已取得进展,互爱互动(北京)有限公司来厦设立互联网创客基地、天润集团时尚文化产业项目等一批文化项目在文博会期间签约。据不完全统计,目前共有10亿元以上的在建、在谈项目10个,投资总额近250亿元。

(二)文化产业运行情况分析

经抽样调查,2015年1—9月份,厦门市文化产业增加值约为205亿元,增速超过13%,占第三产业增加值1224.4亿元的16.7%,占全市GDP2320.1亿元的比重为8.8%,预计可以实现年初制定的2015年文化产业增速达到15%以上和增加值超过320亿元的目标。

从产业结构来看,以动漫游戏、广播影视、新闻出版、创意设计、演艺娱乐、艺术品产业等为主的核心文化产业门类发展迅速,其产值已经占厦门市文化产业总产值的60%左右。以数字内容与新媒体、创意设计等为主的以文化和科技融合为特征的新兴文化产业迅猛发展,带动了厦门市文化产业内部结构的优化升级,成

为厦门市文化产业保持平稳较快发展的重要推动力。以印刷复制、工艺美术业及传统广告业等为代表的传统文化产业依然处于深度调整之中,由于增速断崖式下滑,从而出现了严重的负增长现象,形势较为严峻。具体行业分析如下:

1.文化与科技融合的新兴产业形成聚集发展态势

通过抽样调查发现,1—9 月份,厦门动漫网游、数字内容与新媒体等文化与科技融合型新兴业态已形成聚集发展态势。游戏平台型企业:4399 营收比去年同期比增 15%,趣游营收比增 103.22%,咪咕动漫有限公司比增 38.93%。原创类游戏企业:飞鱼(光环)营收比增 171.39%,单款新游戏拥有超过 1 个亿的用户;通营收比增 49%。截至 2015 年 7 月,美图网科技公司移动端用户已超过 12 亿,独立设备数逾 7.5 亿台,正积极布局海外市场,力争到 2015 年年底海外用户数超过 2 亿。文化与科技融合类的文化创意产业增长速度远远超过全市的平均增速,支撑作用进一步增强,在促进经济结构转型升级等方面发挥着越来越重要的作用。

2.创意设计类企业平稳增长,但两极分化

从调查统计情况看,1—9 月份,厦门市的文化创意和设计服务业同比增长约为 5.4%,但呈两极分化态势。受宏观经济下行压力的影响,一些创意设计企业特别是建筑工程设计业出现了负增长,如合道工程设计集团有限公司、佰地建筑设计有限公司、天诺设计顾问有限公司等。但以装饰设计为主的设计企业则快速发展,如智为建筑装饰设计有限公司增长 90.49%。在红点设计展、厦门国际时尚周等国际性活动的带动下,厦门市文化创意及设计服务业出现了集聚发展的态势,如海峡设计文创园 2014 年实现营收超过 6 亿元,而 2015 年预计突破 12 亿元,增速接近 100%。广告服务业 2015 年实现了止稳回升的势头,广告设计业基本实现扭亏为盈,如突破广告有限公司增长 5%,英锐营造设计有限公司实

蓝皮书

现了增速达到 8% 的目标。

3. 工艺美术品产业还处于深度调整期

抽样调查结果表明,1—9月份,厦门市工艺美术品企业的营收延续了 2014 年的下降趋势,降幅为 12.7%(2014 年降幅高达33.36%),在相当程度上影响了厦门市文化产业的增速。与 2015年上半年相比,第三季度工艺品生产企业大部分逐月向好,有望在第四季度实现持平或者小亏。从抽样调查的企业样本来看,有较高自主设计能力的企业,通过创意设计和创新营销方式,企业转型较好,比如万仟堂,在全行业较为惨淡的情况下,截至 9 月份营收同比增长了 6%,在全国一二线城市新开加盟店超过 200 家,其产品已成功进驻故宫博物院。值得欣慰的是,厦门市的高端艺术品市场呈现蓬勃发展的良好态势,一些国内顶级拍卖企业纷纷进入厦门艺术品市场。从发展趋势看,工艺品企业只有通过创意设计和跨界融合发展的模式才能摆脱困境,重新赢得市场。

4. 演艺娱乐业大幅度增长

抽样调查结果表明,1—9月份,厦门市的文化休闲娱乐服务业呈现较大幅度的增长态势,预计超过 15%,其中影视院线票房收入一枝独秀,增长业绩远好于文化休闲娱乐业的整体状况,厦门万达国际电影城有限公司实现了 33% 增速。随着神游华夏园等大型实景演艺项目的投入运营,厦门市的演艺产业将会有一个比较大的提升。

5. 会展服务业和广播电视服务等其他产业发展情况

1—9月份,会展服务业平稳增长,比 2014 年同期增长 6% 左右;广播电视服务业和印刷复制业出现较大的降幅,前三季度,厦门日报社和厦门广电集团广告营收都出现较大幅度下降。在其他产业门类方面,在全国出版发行增长乏力的情况下,厦门出版发行行业出现了逆势增长,其中厦门外图集团比增 22.32%,厦门大学出版社有限责任公司和鹭江出版社有限责任公司分别增长

10.63％和 16.8％。

二、厦门文化产业发展存在的突出问题及分析

厦门文化产业在快速发展的同时,也存在一些突出问题:一是产业结构仍然不尽合理,总体实力较弱,虽然在省内横向比较有些优势,但缺少在全国有重大影响力、能起到行业引领作用的龙头骨干文化企业;二是产业发展公共服务平台还不够健全和优化,扶持政策不具竞争力,投融资体系建设跟不上产业快速发展的需要,尚未形成良好的社会投融资机制;三是文化产业人才总量较少,尤其复合型和领军型人才缺乏。

三、2016 年文化产业发展预测

2015 年,预计增长目标为 15％,从 1—9 月的发展情况来看,前三季度增长超过 13％,略低于年初设立的目标,按照往年统计的经验,第四季度优于前三季度,年底达到 15％的目标,应该是可以实现的。经过抽样调查,新兴文化产业和创意设计等业态有望在全市经济转型发展过程中,率先发力,起到引领作用。

2016 年,随着神游华夏园、闽南古镇、华强文化科技产业基地二期等一批文化产业重大项目建成投产,海峡收藏品交易中心、互联网创客基地、自贸区综合保税平台的顺利开工建设,高端艺术品产业进一步升温,厦门市文化产业有望再次进入高速增长的快车道,力争全年文化产业实现 15％以上的增长,文化产业增加值力争超过 350 亿元。

四、2016 年文化产业发展主要措施

2016 年是"十三五"的开局之年,按照"531"发展战略和文化创意千亿产业链发展路径,根据厦门市文化产业发展的现状和特点,精心编制《厦门市"十三五"时期文化产业发展专项规划》,重点发展数字内容与新媒体、创意设计、高端艺术品和演艺娱乐产业,着力优化文化创意产业空间布局,明确产业发展方向和重点,加强与台湾文化创意产业的合作和对接,加快促进要素聚集与产业链分工协作,引导文化创意产业向特色化、差异化、集群化发展,建设好厦门文化保税区、国家级文化和科技融合示范基地,推动全市文化创意发展氛围提升、经济转型升级、城市功能优化和经济社会的全面可持续发展。主要措施如下:

一是引进和提升系列重大产业平台项目。积极引进中国数字产业年会暨国际 IP 交易与游戏产业链投资洽谈会和中国移动游戏产业高峰会在厦门长期落户,引领游戏领域的优秀企业和创意人才向厦门市聚集,推动厦门市游戏产业向"大数据、大平台、全领域、全球化"的方向发展。做强做专海峡两岸(厦门)文博会、海峡两岸图书交易会、厦门国际动漫节、厦门国际时尚周、艺术厦门博览会等平台型展会。

二是指导文化产业园区开展有针对性的招商工作。组织力量精心编制《厦门市"十三五"时期文化产业发展专项规划》,明确各区和各文化产业园区重点发展的产业门类,实现竞合效应;重点推动软件园二期、三期引进和发展数字内容与新媒体产业,推动火炬高新区重点引进和发展文化和科技融合产业,推动龙山文创园精心打造厦门市工业设计中心、龙山时尚中心、创业平台、服务企业中心等四大平台,推动湖里文创园区重点发展创意设计、时尚

产业。

三是抓好重大项目建设。厦门要加快推进海峡收藏品交易中心、互联网创客基地、自贸区综合文化保税平台等重大项目的建设,2016 年力争完成 40 亿元的固投,加快推进"梦想世界"、"国家音乐产业基地"、"国际影视数码港"、"海峡出版物流中心"等重大项目的落地和开工建设。

四是完善政策保障机制和措施。厦门市要积极开展专项调研,推动市政府研究制定扶持文化产业发展的系列政策,特别是扶持中小文化企业的创意创新和创业;联合国土、财政、税务等部门推动研究出台厦门市文化创意产业用地、人才等政策措施,加大文化产业用地倾斜力度,积极推进财税政策、投融资体制、市场准入、行政审批等方面的改革,为厦门市文化产业加快升级提供政策保障。

执笔:林宗宁　刘宏宇
2015 年 11 月

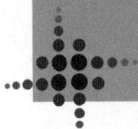

关于加强厦门市传承和发展地方戏曲工作的调研报告

◎ 厦门市委宣传部、市文广新局课题组

戏曲具有悠久的历史、独特的魅力和深厚的群众基础,是表现和传承中华优秀传统文化的重要载体。2015 年 5 月 9 日,中共福建省委办公厅、福建省人民政府办公厅印发了《关于传承和弘扬福建戏曲的若干意见》。7 月 11 日,国务院办公厅印发了《关于支持戏曲传承发展的若干政策》,确立了由政府扶持戏曲事业的方针,以政策自身的宏观性和持久性,表达国家态度和立场,部署进一步加强政策扶持,繁荣和发展我国的戏曲艺术。

为贯彻落实国务院、省委省政府的文件精神,加强闽南传统戏曲艺术的保护、传承与创新,更好地发挥闽南戏曲艺术在建设中华民族精神家园中的独特作用,厦门市委宣传部、厦门市文广新局组成课题组,深入厦门戏曲剧团实地调研,并赴上海、宁波、潮州、漳州和泉州学习考察,调查研究并学习借鉴兄弟省市支持和弘扬传统戏曲发展的具体做法,通过深入调研,比对分析,查找问题,提出相应的对策建议。

一、厦门地方戏曲的现状

(一)地方戏曲基本情况

厦门市地方戏曲有歌仔戏、高甲戏和南音。南音入选世界级、首批国家级非物质文化遗产名录,歌仔戏和高甲戏入选首批国家级非物质文化遗产名录。

厦门现有专业地方戏曲剧团三家,分别为厦门歌仔戏研习中心、厦门市金莲升高甲剧团、厦门市南乐团。舞台艺术研究机构一家,即厦门市台湾艺术研究院。长期以来,市属专业地方戏曲剧团及台湾艺术研究院主要承担着传承、保护和发展地方戏曲艺术,组织各类政府公益性惠民演出活动,送戏下基层、下农村、进校园,服务广大人民群众,以及对外、对港澳台进行文化交流等职能,在弘扬民族文化、传承保护与发展地方戏曲方面较好地发挥了示范作用。

1. 厦门歌仔戏研习中心(原厦门歌仔戏剧团)

该中心成立于20世纪50年代,由著名的"福金春"和"群声"剧团合并而成,是福建省重点剧团,属全民所有制财政差额拨款事业单位。2011年9月改制,划转为厦门歌仔戏研习中心。剧团原有人员编制80名,划转后核编制为65名。现在职人员72名,非编人员5名。其中正高级职称9人、副高级职称18人、中级职称26人、初级职称14人、工勤技师1人。国家级非物质文化遗产传承人2人,省级传承人3人,市级传承人3人。

2. 厦门市金莲升高甲剧团

该剧团前身是"天福兴"高甲戏班,1931年金门和同安莲河的艺人重组为"金莲升"戏班,1953年正式命名"厦门市金莲升高甲剧团",属集体所有制财政差额拨款事业单位。现在职人员72名,非编人员5名。其中正高级职称3人、副高级职称19人、中级职称38人、初级职称5人。国家级非物质文化遗产传承人3人,省级传承人1人,市级传承人7人。

3. 厦门市南乐团

该团成立于1954年,是我国仅有的两个南音专业表演团体之一(另一个在泉州),属集体所有制财政差额拨款事业单位,现在职

蓝皮书

人员 42 人,其中正高级职称 1 人、副高级职称 6 人、中级职称 16 人、工勤人员 2 人,其余 17 名新录用的南音专业应届毕业生因在试用期内尚未定级。国家级非物质文化遗产传承人 2 人,省级传承人 1 人,市级传承人 4 人。

厦门歌仔戏研习中心、厦门市金莲升高甲剧团、厦门市南乐团是享誉闽南、港澳台乃至东南亚以及世界华人聚集地的重要剧团。

4.厦门市台湾艺术研究院

该院是一所集两岸艺术研究、艺术创作和艺术交流为一体的艺术研究机构,也是目前全国文化系统唯一的对台文化研究基地。1987 年在原厦门市文化局剧目创作室的基础上正式成立;1993 年改为"厦门市台湾艺术研究所",2012 年更名为"厦门市台湾艺术研究院",下设研究室、创作室、舞台美术工作室、资料室、编辑部,是全民所有制财政全额拨款事业单位。现有在编人员 11 名,非编人员 4 名。其中正高级职称 2 人、副高级职称 3 人、中级职称 4 人、初级职称 1 人。

除了国有文艺院团外,厦门还有翔安吕塘戏校、同安吕实力芗剧演出团等民间戏曲院团。翔安吕塘民间戏曲学校,创办于 1995 年,是福建省唯一的一所民间戏曲艺术学校,开设有高甲戏、歌仔戏、南音等专业,培养了 200 多名曲艺人才。同安吕实力芗剧演出团目前共有导演、作曲、演职人员 35 人,在闽南、台湾以及东南亚享有一定声誉。这些民间戏曲院团在传承和弘扬地方戏曲、培养地方戏曲人才、丰富基层群众文化生活、促进对台对外文化交流等方面发挥了积极作用。厦门艺术学校戏剧科共设有歌仔戏、高甲戏、南音等专业,建校至今已为厦门市属各专业戏曲团体、民间戏曲职业剧团及新加坡、漳州等地戏曲职业剧团培养了闽南地方戏曲专业人才 400 多人。

(二)厦门传承和发展戏曲艺术的主要成效

1. 传统戏曲舞台艺术精品创作硕果颇丰

近十年来,特别是"十二五"以来,厦门高度重视地方戏曲的传承、保护与发展,在市委、市政府的领导下,厦门戏曲艺术工作者始终坚持以繁荣地方戏曲创作为己任,坚持深入生活、挖掘、整理、创新,充分发挥台湾艺术研究院剧目室的引领作用,以闽南传统文化为根基,积极推动闽南传统地方戏曲的艺术创作繁荣和发展,涌现出了歌仔戏《蝴蝶之恋》《荷塘蛙声》《邵江海》《孟姜女哭长城》《窦娥冤》《渡台曲》;高甲戏《淇水寒》《阿搭嫂》《上官婉儿》《金刀会》《大稻埕》;南音《长恨歌》《情归何处》等一批在全国、省、市有影响并获得诸多荣誉的精品剧目,荣获了"文华大奖"、"文华新剧目奖"、"文华编剧奖"、"文华表演奖"、"文华舞美奖"、"五个一工程奖"(优秀作品奖)、"中国戏剧节优秀剧目奖"、"中国曲艺牡丹奖"、"中国戏剧奖·曹禺剧本奖"、"中国舞美展大奖"、"中国戏曲学会奖"等国家级重要奖项 22 个,省级奖项 80 个,市级奖项 131 个。

这些剧目既拿到了奖杯,也收获了掌声,赢得了口碑,同时,也培养造就了像黄永碤、曾学文、朱伟捷等在全国戏剧界有一定影响的领军人才,以及吴晶晶、苏燕蓉、杨雪莉等"梅花奖"、"牡丹奖"获奖演员。

2. 传统戏曲艺术成果让百姓共享

"十二五"以来,地方专业戏曲剧团努力贴近实际、贴近生活、贴近群众,积极营造和谐的文化氛围,组织获奖精品剧目和优秀剧(节)目持续深入开展服务社会公益活动,以公益演出为平台和载体,不断丰富市民的文化生活。同时,剧团积极探索地方戏曲进课堂工作,推动地方戏曲优秀传统剧目进校园,培养青少年的兴趣爱好,培育年轻观众群体。2011 年至 2015 年 7 月,专业戏曲剧团开展"假日舞台"等公益性文化惠民演出共 1765 场,实现了舞台精品

蓝皮书

艺术成果与群众共享,培养了一批戏迷、"粉丝"群体。

3.台研院在传统戏曲创作、创新中的引领作用得到充分发挥

台研院作为文化部设立的全国性对台文化艺术研究创作交流基地,主动作为,扎实、有效地推动地方传统戏曲艺术的传承、保护与发展,引领作用凸显。近年来,台研院坚持始终以闽南文化为纽带,积极加强与台湾戏曲艺术界的交流、联络与合作,推动闽南传统戏曲的传承、弘扬、发展与创新。它在海峡两岸发表了《台湾戏曲发展状况》《两岸歌仔戏的历史渊源》《歌仔戏〈蝴蝶之恋〉的两岸合作实践与启示》等大量的学术论文,编写完成了《歌仔戏史》《高甲戏"傀儡丑"技艺的整理与研究》等多项国家科研课题和厦门市重点文化课题。它先后出版了《歌仔戏丛书》《台湾文化概述》等60多部研究专著和资料汇编,为传承和弘扬闽南地方传统戏曲做出了积极的独特的贡献。

4.闽南传统地方戏曲对台对外交流活跃,传播影响力俱增

几年来,厦门先后成功举办过第11届中国戏剧节、国际戏剧协会第33届世界代表大会、第21届中韩日戏剧节等国内、国际戏曲知名文化品牌活动,闽南地方传统戏曲艺术的国际影响力进一步得到提升。

历经11年的海峡两岸民间艺术节在对台文化交流中发挥着越来越重要的作用。2011—2014年,两岸参与活动的表演团队及专家学者共计3150人次,参与活动的两岸民众共约15.6万人次。海峡两岸民间艺术节已经成为两岸戏曲界交流艺术的重要品牌活动。

"乡音之旅"台湾中南部巡演活动被文化部、国台办称之为形式最活泼、内容最丰富、最务实、最接地气的两岸文化交流品牌。四年来,厦门歌仔戏研习中心、厦门市金莲升高甲剧团、厦门市南乐团等地方戏曲剧团,分成5个批次深入台湾中南部的社区、宫庙、乡里进行交流演出,巡演共达154场,先后历时69天,足迹遍

布台南、高雄、屏东、云林、台中、嘉义等 74 个大小宫庙及社区。

闽南地方传统戏曲培训交流合作日益活跃。2012 年,金莲升高甲剧团传承人应金门县文化局邀请,为金门县文化局举办的"高甲戏研习班"学员教戏。厦门地方戏曲艺术家们通过展演、讲座、示范、教学的形式,以互动交流的方式,将理论与实践相结合,将闽南地方传统戏曲做了全面的展示和传播。金门日报连续三次报道,台海网、厦门日报、厦门晚报、厦门卫视也纷纷报道,此次活动跨越两岸,具有历史性的意义。近年来,"乡音之旅"巡演交流活动期间,歌仔戏研习中心、金莲升高甲剧团还进入台湾中南部的中小学校,开展传统戏曲艺术校园行活动,与台湾师生面对面交流互动。高甲戏的角色模仿、民族乐器的介绍表演与歌仔戏的武生技巧教学等近距离的展示与交流,深受青少年学子们的热捧。

闽南传统戏曲的交流与传播影响力与日俱增。2012 年,厦门歌仔戏研习中心、厦门艺术学校 2009 级新加坡委培班与台湾戏曲学院合作,赴新加坡参加"两岸三地歌仔戏会演",向新加坡观众展示两岸三地歌仔戏的不同风采和艺术教育成果。2013 年,南乐团赴法参加"福建文化展示月"开幕式及"闽韵流芳"福建艺术团专场演出,借国际舞台传唱千年古韵,让世界进一步了解中国古老音乐的价值和魅力,受到当地民众的喜爱和欢迎。2014 年,歌仔戏研习中心赴新加坡开展商业性演出,取得了积极的成效。交流活动实现了"用地方戏曲缩短距离,增进友谊,密切关系"的目标。2014 年,世界闽南文化节在澳门举办期间,包括吴晶晶、苏燕蓉、郑惠兵、陈炳聪等杰出代表在内的厦门非物质文化遗产展演团表演的精选作品赢得各方好评。

此外,在厦门的对台、对外文化交流中,歌仔戏、高甲戏、南音历来都是最重要的文化品牌。如今,随着国家"一带一路"战略的实施,厦门传统戏曲艺术在我国对外文化交流中的魅力将更加凸显。

蓝皮书

二、厦门地方戏曲传承与发展存在的困难和问题

这些年,厦门地方戏曲剧团在创作生产、传承与弘扬传统戏曲艺术方面虽然取得了优异的成绩。但是,戏曲剧团的艺术创新和发展也面临着诸多困难与问题。

1.传承、保护与发展地方戏曲缺乏科学规划,统筹发展

传承、保护与发展地方戏曲是一项系统工程。从厦门的现状看,地方戏曲的传承与发展缺乏科学规划、系统推动,尚未形成有效的组织协调、统筹规划和督促落实的责任体系,与厦门经济社会发展的总体水平不相适应。

2.地方戏曲创作好剧本难求

地方戏曲创作的生产供给与市民群众精神文化需求的矛盾仍然存在。尽管出了一些优秀剧目作品,但剧本创作盛而不强,优秀精品力作不多,尤其是现实题材的好剧本难求,困扰剧团的创作生产。

3.地方戏曲人才的培养亟待加强

人才尤其是青年人才是一团之本。厦门戏曲剧团中编剧、导演、舞美、策划、营销等方面的人才还很缺乏,尚未建立优秀戏曲人才的系列配套奖励措施。

4.机制创新不足

地方戏曲是特殊的行业,舞台表演艺术是吃"青春饭"。由于现行体制、机制的制约,人才进出渠道不畅,老人不退,新人进不来。人员出入机制一直难以突破现行政策,人才队伍结构无法优化,戏曲剧团人员青黄不接的问题比较突出。

5.戏曲剧团生产条件亟待改善

由于历史原因,厦门歌仔戏研习中心(位于先锋营 1 号,系新

中国成立前的老建筑)和厦门市金莲升高甲剧团(位于育青路13号,原文化系统职工宿舍楼),目前仍拥挤在老市区内,团部排练、办公场所空间狭小,破旧不堪,且无演出场所(目前高甲剧团借用集美校委会的福南堂作为排练办公场所)。办公区域与部分家属居住区混杂在一起,安全隐患多,管理难度大,艺术生产环境差,这与厦门经济特区的形象形成强烈反差。

6.扶持地方传统戏曲发展的经费投入相对不足

(1)财政投入相对不足。一方面,由于3个地方戏曲剧团均是差额拨补单位,财政只拨80%的人员工资,没有办公经费,由此导致经费严重不足。在这种情况下,3家地方戏曲剧团都必须靠演出收入贴补职工的20%的工资差额,同时还得缴交职工社保基金、支付办公费用等。由于厦门与全国一样,演艺市场特别是传统戏曲市场发育尚处初始阶段,戏曲剧团底子薄、包袱重、经费自给力低、赢利能力弱,随着工资水平及社会保险费的逐年增长,生存压力也将日益增大,发展的瓶颈制约压力与日俱增。另一方面,创作经费扶持力度十分有限,一个剧目创作室,五个专业院团,一年重点剧目创作专项经费150万元(前几年才100万元),每个单位平均不足30万元,要创作精品力作,常常心有余而力不足。

(2)省政府扶持省直专业文艺院团的政策在厦门得不到落实。2013年以来,福建省委、省政府以及省财政厅等部门加强对省直文艺院团改革发展工作的指导,参照山东、江苏、安徽、上海、浙江等省市的做法,从政策扶持层面给予了省直六个文艺院团强力支持,特别是在惠民公益性低票价演出补贴和扶持非物质文化遗产地方剧种公益性演出方面,扶持力度较大,但由于厦门属计划单列市,都不能享受到省财政的补贴。近年来,虽然厦门财政对市属专业文艺院团的公益性惠民演出也给予一定的补贴,补贴标准也不断提高,但仍低于省里标准。

(3)社会力量进入地方传统戏曲领域的投资渠道不畅通,多元

蓝皮书

化的经费投入机制尚未形成。加大财政投入是地方戏曲走向复兴的重要举措，没有足够的财政经费扶持，对于地方戏曲来说，发展举步维艰。公共财政对地方戏曲事业发展的推力虽然有限，但毕竟能够起到一定程度的导向、示范和保障作用，能够有效地引导和带动社会资本的投入。

7.抢救、保护与研究整理力度不够

由于经费和专职人员的不足，剧团对现存的地方戏曲文献、资料的挖掘、抢救和整理工作无法进行，特别是对健在的老一辈艺术家的丰富多彩的舞台艺术实践、艺术精粹和历史记忆的挖掘、抢救和保护力度有限。

8.地方戏曲传播普及和推广未能形成合力

传统戏曲生存与发展最根本的基础是观众的培养，尤其是对年轻观众的培养。厦门地方戏曲的普及与推广未能形成合力，新闻媒体对地方戏曲艺术活动精品剧目和优秀人才的宣传力度不足。特别是利用现代传媒手段，通过网络、微博、微信等平台，更好地宣传和普及、推广地方戏曲形式单一，办法不多，戏曲的社会影响力仍然很有限。

三、加强厦门地方戏曲传承和弘扬的对策建议

根据中央的《政策》精神和省委办公厅、省政府办公厅印发《关于传承和弘扬福建戏曲的若干意见》（以下简称《若干意见》），结合厦门地方戏曲发展的实际，提出如下对策建议：

（一）深入学习贯彻落实国务院及省委省政府支持戏曲传承发展的文件精神

各级各部门要进一步认真深入学习贯彻党的十八大和十八届

历次全会精神和习近平总书记在文艺工作座谈会上的重要讲话精神，以及《政策》《若干意见》的精神，统一思想，提高认识，不断强化主体意识、责任意识、大局意识；要以传承和弘扬地方戏曲的历史担当，紧紧抓住当前难得的历史发展机遇，认真贯彻落实厦门市即将出台的《关于传承和弘扬厦门地方戏曲的实施意见》。

(二)科学规划，统筹协调发展，加强地方戏曲保护与传承

传承和弘扬地方戏曲是一项系统工程，不是一朝一夕的事，更不是一劳永逸的事，需要各级各部门高度重视，科学认真地研究对策，持之以恒地开展工作，形成合力，解决问题。因此，宣传、文化、发改、财政、人事、规划、土地等部门，要以贯彻落实《政策》《若干意见》为契机，研究制定繁荣和振兴厦门地方戏曲发展中长远规划，并与厦门经济社会"十三五"规划相衔接，统筹协调发展，为地方戏曲可持续发展创造良好条件。

(三)加大力度，改善地方戏曲剧团生产条件

要切实抓紧解决厦门戏曲剧团排练、演出和办公场所问题，改善戏曲创作生产条件：在城镇建设和城市规划中，合理布局文化特别是戏曲演出空间；在符合城乡规划、土地利用总体规划和相关保护法律规定的前提下，推动选址在集美规划新建"闽南戏曲艺术中心"（暂名），作为厦门歌仔戏研习中心和厦门市金莲升高甲剧团的创作、演出、交流和展示场所；整合优势资源共享，荟萃精华，增强辐射能力，搭建和形成传承、创新、发展的平台；与此同时，鼓励、支持有条件的民间职业戏曲剧团建设自有剧场。

(四)创新、完善戏曲人才培养机制和用人机制

1.戏曲是一个特殊的行业，人才的培养和使用有行业的特殊规律。要以创新的精神研究制定厦门戏曲人才培养计划，采取院

校培养、校团结合等多种方式培育人才。要加大对厦门艺术学校的扶持力度，鼓励其与两岸艺术院校荟萃各方优势，有效快速地培养地方戏曲人才；采取措施鼓励戏曲表演类民间艺人、非物质文化遗产传承人参与戏曲职业教育教学；探索设立"戏曲青年人才培养专项资金"和"戏曲专业人才特殊贡献奖励办法"，用于人才的培养和奖励。

2.支持戏曲剧团参照省直专业院团的做法，即30年工龄、女50岁、男55岁，可以提前退休或采用内退的方式，将有限的编制用于引进青年人才。根据戏曲院团实际需要和专业的特殊性，在编制、职称、职数等方面给予一定的灵活性，创新机制，引进急需的人才、用好人才。

(五)加大投入，支持地方戏曲可持续发展

1.加大创作扶持力度。没有好剧本是困扰地方戏曲发展的重要因素，全国皆然。不下大本钱，不会有好效果。建议借鉴上海、宁波等地成功经验，政府设立厦门地方戏曲创作扶持专项资金，重点用于扶持厦门地方戏曲创作，包括新剧目的创作和传统剧目的整理、改编，同时对优秀作品予以重点奖励。

2.鼓励和引导社会力量支持戏曲表演团体。政府鼓励和引导企业、社会团体或个人通过兴办实体、资助项目、赞助活动、提供设施、建立专项基金等形式参与扶持地方戏曲的传承发展，营造有利于社会力量支持戏曲艺术表演团体的良好环境，发挥好政府引导和社会参与的综合效益。

3.参照省政府扶持省直院团及扶持非物质文化遗产戏曲院团的办法，通过政府购买演出服务等方式，实施市属文艺院团文化惠民演出财政资助政策，扶持的标准不低于省直院团。

4.参照省政府扶持省直院团的办法，支持解决厦门三家地方戏曲剧团特殊剧种补贴经费、演职员社保基金缴交及公用经费困

难等问题。

(六)加大地方戏曲传播普及和推广力度

传统戏曲生存与发展最根本的基础是观众,尤其是年轻观众和演艺市场的精心培育,要花大力气做好戏曲的普及工作:一要加强与教育部门合作,强化学校戏曲通识教育,推动戏曲进校园,支持地方戏曲剧团到各级各类学校演出,鼓励大中小学生走进剧场,欣赏、了解地方戏曲;二要争取在各类媒体设立地方戏曲的专栏专题,加大对地方戏曲艺术活动、精品剧目和优秀人才的宣传力度,特别要充分利用现代传媒手段,通过网络、微博、微信等平台,更好地宣传和普及地方戏曲文化。

(七)加强戏曲的抢救保护与理论研究

戏曲是活态的非物质文化遗产,技艺的传承必须与资料整理、理论研究等挖掘创新,统筹规划,协调发展。一要切实落实非物质文化遗产保护的有关法律法规,对歌仔戏、高甲戏和南音项目进行分类保护,加强对地方戏曲的抢救与保护。二要以厦门市台湾艺术研究院为龙头,联合三个地方戏曲剧团,运用现代技术对各剧种的优秀传统保留剧目、现存地方戏曲文献和散落民间的各种传统戏曲珍贵史料等进行整理研究。我们要进一步做好对老一辈艺术家舞台实践和表演技艺的抢救性记录整理工作,加强对地方戏曲的发展历史、表演特色、剧本创作等的理论研究,编辑出版相关资料与研究著作。三要力争"十三五"期间每年安排30万元资金用于地方戏曲剧团的影音资料的拍摄,新创剧目的出版制作,老艺人的口述历史整理及图书资料的出版。

(八)改革创新,努力提升戏曲服务群众的综合能力和水平

市属专业地方戏曲剧团(中心)要通过深化改革、创新机制,创

作更多具有时代特征、地方人文特点的优秀作品,广泛开展戏曲惠民演出,服务中心工作。剧团要积极探索有效的管理机制,不断深化内部收入分配制度改革,完善绩效考核办法,强化激励职能;进一步规范全员聘用制度和岗位设置管理制度,科学设岗,竞聘上岗,择优聘用,形成能上能下、能进能出的用人机制,完善提升管理水平;要进一步创新宣传、营销和推广机制,大力培育演出文化消费市场,逐步实现社会效益和经济效益相统一及服务基层文化建设与拓展市场空间有机统一,不断增强剧团发展活力,充分发挥专业戏曲剧团(中心)的示范带动作用。

课题组组长:张　萍

课题组成员:林进川　廖晁诚　黄　荣　苏　璇

曾学文　吴慧颖　叶天霞　董智颖

林志杰　梁宏彦　蔡心瑀

2015 年 12 月

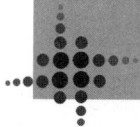

厦门文化产业集群化发展的产业布局和发展路径研究

◎ 厦门理工学院数字创意学院
课题组

一、厦门文化产业的发展趋势与现有基础

在各方面的支持推动下,厦门市文化产业发展逐渐形成自身的特色,呈现良好的发展态势,保持较快的增长速度,文化产业增加值占全市 GDP 的比重稳步提升,已经成为厦门经济社会发展的重要支撑。2014 年,全市文化产业实现增加值 280 亿元,增速为 13%,占 GDP 比重超过 8%,文化产业已经成为厦门市支柱性产业,对厦门市经济社会发展的贡献率进一步提高。

(一)厦门文化产业的发展态势

1. 新兴文化业态聚集发展、暴发式增长

目前,厦门动漫网游、数字内容与新媒体等文化与科技融合型新兴业态的文化企业已形成聚集发展态势,拥有一批具有全国影响力的文化和科技融合发展的文化产业平台,包括全国最大的小游戏平台 4399、全国最大的网页游戏平台趣游、全国最大的手机动漫平台中国移动手机动漫基地、用户量(近 10 亿)居行业第一的美图公司等。厦门市已建成:国际一流的动作捕捉摄影棚、动漫作品体验室、集成电路及 IC 设计中心、厦门云计算中心、国家 LED 检测中心等一大批文化科技产业公共技术服务平台。全市共有高新技术企业 750 家,占全省高新技术企业数量近一半;高新技术企业对工业经济增长的贡献率超过 95%,文化科技型企业对文化产业增长的贡献率超过 60%。其中动漫游戏产业产值从 2008 年的 5.2 亿到 2014 年的 80 亿元,6 年间增长了 15 倍。文化与科技融合发展的新兴业态成为厦门市经济结构调整和产业转型的生力军。

2.文化艺术产业发展迅速、潜力巨大

2012 年,厦门市提出了"探索建设文化产品保税区,打造文化企业保税政策的实体服务平台,推动高端国际文化贸易发展"的设想,并以厦门华辰拍卖公司为主体,于 2013 年 4 月在象屿保税区举办了境内关外的首届西洋艺术品保税拍卖会,成交额达 2000 多万元人民币,引起了业内极大的关注。2014 年 12 月,厦门华辰公司举办第二次艺术品保税拍卖,成交额达 9000 多万元,其中,保税的西洋艺术品拍了 2100 多万元,成交率高达 97%。2014 年 10 月,与厦门华辰合作,香港美斯国际物流有限公司在厦门成立合作公司;全球排名第三的北京保利国际拍卖有限公司(以下简称"北京保利")进驻厦门市场,成为北京保利在中国大陆参与投资的首个区域性拍卖机构,保利厦门 2014 年秋季首拍以 2.4 亿元的成交额圆满落槌。目前厦门正全力推动厦门国际艺术品(金融)交易中心建设,支持总投资 18 亿元的海峡收藏品交易中心等项目的建设;推动"文化艺术品保税区"的建设,将逐步形成文化艺术品全产业链建设。2015 年 3 月,厦门获批建设自贸区,随着自贸区内保税政策的探索和完善,将吸引国际顶级艺术品拍卖行和展览业通过厦门登陆中国,将带来国际化、多元化的艺术品交易模式。

3. 文化园区建设走出了符合厦门实际的发展模式

位于思明龙山片区的省级十大文化产业园——海峡龙山文化产业园,以及位于湖里大道边上的国家级闽台文化产业试验园核心区二期(湖里老工业厂房文创园区)和沙坡尾海洋文化创意港的建设都取得了实质性的进展。

海峡两岸龙山文化创意产业园在中国北京国际文化创意博览会及中国版权保护中心主办的"龙腾奖——2013第八届中国创意产业年度大奖"评选中,获颁"中国创意产业最佳园区奖",成为福建省首个上榜文创园区。2012年8月,龙山文化创意产业园荣获"福建省十大重点文化产业园区"。截至目前,龙山文创园共投资约3亿元,改造厂房17幢,面积近13万平方米,现有入驻企业约260家,产值近百亿元。园区正着力打造厦门市工业设计中心、龙山时尚中心、创业平台、服务企业中心等四大平台。

湖里文创园区作为闽台(厦门)文化产业园的核心部分,结合城市转型的发展机遇,从区域发展特色出发,因地制宜地推进老旧厂房改造。先期启动项目的海峡建筑设计文创园以建筑设计为特色的进行园区定位,精选招商,吸引了两岸三地及海外知名设计机构、设计师进驻。2014年,园区主营业务收入6.1亿元,纳税2109.74万元,园区聚集效应明显。二期项目拟打造时尚设计产业园区,重点引进国内外一批影响力较大、知名度较高的设计大师、名师入驻。

沙坡尾海洋文化创意港以厦门沙坡渔港文化创意投资有限公司为改造主体,坚持"土地产权基本不动、空间肌理基本不改、本地居民基本不迁、人文生态基本不变"的改造原则,维护良性生长环境,构建社区营造中心,促进产业与社区融合发展。目前,沙坡尾艺术西区逐渐成为文艺青年新的聚集区,文化创意人才创业的新基地,文化活动的新地标,文化产品创作生产的新园区。

蓝皮书

4.龙头文化企业建设取得积极成效

近几年先后开展了4批市重点文化企业评选、1次文化产业风云企业评选。2014年,评定的50家市重点文化企业营收总规模63.32亿元,税前利润为9.37亿元,纳税总额为3.09亿元;平均规模比增77.25%,平均税前利润比增21.23%,平均纳税比增24.28%。

5.重点文化产业项目建设扎实推进

据不完全统计,目前10亿元以上的在建、在谈项目8个,投资总额近200亿元。主要项目:一是位于集美区的神游华夏园项目,项目总投资22亿元,2015年8月建成,将于近期正式对外营业;二是位于同安区的厦门华强文化科技产业基地二期项目,总投资22亿元,预计2017年年底建成;三是位于湖里区的厦门国际艺术品交易(金融)中心项目,总投资15亿元,预计2017年开业;四是位于高崎机场南侧的海峡收藏品交易中心一期项目,总投资18亿元,预计2017年建成。五是位于思明区的沙坡尾海洋文化创意港项目,总投资40亿元。

(二)厦门文化产业发展存在的不足

厦门市文化产业在快速发展的同时,也存在一些问题和不足,比如:产业发展总体规模不大,缺乏有全国影响力的大型龙头企业;产业原创能力和关键技术研发能力需要进一步提升;有利于产业健康发展的政策体系、市场环境、管理模式和人才支撑体系需要进一步完善等。

1.龙头骨干文化企业不多不强。目前厦门市文化企业产值超过10亿元的并不多,而且主要集中在动漫游戏产业,还没有一家产值超过百亿的文化企业。

2.融资难。在整体经济形势面临下行压力的情况下,文化产业发展还比较平衡,但以轻资产为特征的文化企业面临融资难的问题,在有些文化产业门类还比较突出。

3.缺人才。客观地讲,厦门市文化产业人才的供给在全国来看还是比较好的。但是,从结构上来看,与实际需求相比,厦门市高级人才缺乏的问题还是比较突出。

二、"十三五"期间厦门文化产业集群发展规划与布局

厦门市文化创意产业发展可划分为三个阶段:"十一五"时期的打基础阶段,"十二五"时期的快速成长阶段,"十三五"及其后期的成熟发展阶段。

"十二五"时期,即 2011 年至 2015 年,厦门市文化创意产业完成主要布局,创意设计、影视动画、文化旅游、数字内容四大产业链的主体架构和关键平台得以建立,两岸文化创意产业合作取得实质性突破,以市场化为基础的公共管理、服务和政策体系基本成型,文化创意产业增加值年平均增长速度达到 25% 以上。

"十三五"时期,即 2016 年至 2020 年,厦门市文化创意产业亟待进一步提升,文化旅游、影视制作、高端工艺美术、动漫网游将居于全国先进水平,创意设计、演艺娱乐、数字内容和新媒体产业在海峡西岸经济区将处于龙头地位。文化创意产业在厦门经济和城市发展中将起着支柱和先导作用,国际化水平更高,两岸合作更为密切,文化创意产业增加值年平均增长速度将保持在 15% 之上。进一步把文化创意产业发展与城市发展模式转变、城市个性塑造紧密结合,致力于把厦门打造成为国际知名、国内具有重要影响力的文化创意产业中心城市和两岸文化创意产业合作示范区。

近年来,厦门市顺应国际文化创意产业发展的新潮流、新趋势,认真按照"十二五"文化产业发展专项规划,大力实施"531"文化产业载体建设,立足厦门城市特质和核心优势,形成了较好的文

蓝皮书

化产业发展基础。基于国际文化产业发展中进一步加强文化创意与科技、旅游、金融的融合趋势,根据现有厦门文化产业中文化科技产业、文化艺术产业、创意设计产业增长迅速的发展基础,以及从突出厦台产业对接的角度出发,厦门下一步的文化创意产业建设与发展应在延续已有成果的基础上,继续以完善文化产业链作为目标,以深化产业集群建设为重点,打造以骨干文化企业或企业集团、重大文化产业项目、重要文化产业园区为支撑,覆盖创意、设计、制作、集成、传播、展示、交易等环节的相对成熟的全产业链发展模式。

在产业链建设中,着重打造能顺应国际发展趋势、发挥厦门产业优势、深化对台合作对接的四大文化创意产业链及相应的七个产业集群。

(一)数字内容与新媒体产业链

1.发展定位

以打造数字内容创意生产、数字内容集成传输和新媒体开发等三个主要产业环节为核心,重点发展动漫游戏研发与集成、数字内容创作与技术、新媒体开发与运营等产业领域。深入对接台湾数位内容产业,吸引台湾先进的企业、资金、技术、商业模式来厦投资发展,延伸产业价值链,增强数字内容与新媒体产业发展的集群效应。目标是打造"全国领先的数字内容与新媒体产业发展高地"。

2.产业集群发展规划

(1)动漫网游。主要发展动漫游戏设计制作、软件平台开发、动漫游戏软件、内容衍生产品开发制造等,重点扶持发展起点高、企业实力强、作品质量好、市场运作灵的动漫游戏企业,扶持引擎开发、动漫游戏设计、制作、网络运营和增值服务,加大对题材新颖、市场看好的原创精品的扶持力度,打造海峡西岸动漫游戏中心。

（2）数字内容。主要发展满足多种媒体、多种终端需要的数字内容生产与集成服务，包括数字音视频内容服务、数字图书内容服务、数字电影内容综合服务，打造面向企业技术创新共性需求的数字内容技术创新服务平台，寻求数字内容发行服务和终端系统解决方案。整合海峡两岸数字内容行业资源，建成海西数字内容原创基地、数字内容集成中心、数字核心技术平台和运营服务枢纽，打造全国一流的数字内容生产与运营基地。

（3）新媒体。主要发展以互联网为代表的新兴媒体，具体包括：个人移动手持终端的新媒体产业（如手机电视、手机报、电子商务等各类手机增值服务）、基于数字技术的户外新媒体产业（如户外移动电视、户外 LED 电视广告屏等）、基于数字传输技术的数字电视媒体产业（如广电数字电视、电信 IPTV 等）、基于互联网络的网站新媒体产业（如视频网站、门户网站、交易网站等）。引进国内外大型新媒体企业，整合各类新媒体资源，打造适合新媒体产业发展的产业园区和孵化平台，构筑海西新媒体产业基地。

3. 重点项目与平台建设

（1）数字内容集成平台。以厦门日报社、厦门网、厦门广电中心、中国移动集团手机动漫基地、中国电信动漫移动营运中心、柯达（厦门）图文影像公司、4399 网络游戏运营中心、趣游网页游戏运营中心等为龙头，推动动画、游戏、影音视频、图书期刊等内容数字化、生产数字化和传播数字化，并打造大型综合性的多媒体、多终端内容投送与传输平台。积极对接台湾数字内容产业，构建良好经营模式，打造全国一流的数字内容、集成与运营基地。

（2）国家级文化和科技融合示范基地。以厦门火炬高新区为主体，实施"一基地多园区"发展战略，利用软件园、创业园、厦门科技创新园等园区为载体，高起点规划建设超过 10 万平方米的专业孵化器，加快推进文化与科技的融合发展。以全国最大的小游戏平台4399、全国最大的网页游戏平台趣游、全国最大的手机动漫平台中国移动手机动漫基地、用户量(近10亿)居行业第一的美图公司等为龙头,进一步引进和培育一批具有全国影响力的文化和科技融合发展的文化企业,并加快一大批文化科技产业公共技术服务平台的建设。同时鼓励民营资本参与建设专业孵化器,形成国有与民营"两轮驱动"的发展格局。

(3)深入对接台湾数位内容产业。从2002年至2012年的10年间,台湾数位内容产业的年复合增长率是15.2%,2012年比增5.58%,是台湾地区发展得比较好的产业,有内容、人才、技术三个方面的优势。台湾数字内容产业发展的远景是:成为全球数字内容产业发展的典范。按照台湾的产业分类,数位内容产业由8个次产业构成。从对接合作的角度分析,在网络游戏和数字动画方面,厦门市的实力基本到达甚至超越了台湾的发展水平,受两岸有关政策的规制,在这两个领域的合作对接很难有大的拓展,可以加强的是特定人才与创新技术引进方面的工作;作为完善厦门市数字内容产业链的重点,厦门市要力争吸引台湾"数位学习"和"数位出版与典藏"这两个领域的企业、资金、技术、商业模式来厦投资发展,延伸产业价值链,增强数字内容与新媒体产业发展的集群效应。

4.龙头企业培育及招商重点

厦门数字内容与新媒体产业现有的龙头企业见下表,下一步招商工作的重点有三个方面:一是围绕继续做强做大4399、美图科技、趣游科技、中国移动手机动漫基地等全国性平台,吸引产业链上下游企业和人才落地厦门;二要吸引台湾"数位学习"和"数位出版与典藏"这两个领域的企业、资金、技术和商业模式;三要争取引进网络游戏的国内顶级企业(如:完美世界、北京畅游、福建网龙等),打造中国网络游戏之都。

表1　厦门数字内容与新媒体产业龙头企业表

重点发展产业链	现有龙头企业	下一步招商重点
数字内容与新媒体	4399网络股份有限公司 美图网科技有限公司 吉比特网络技术股份有限公司 趣游(厦门)科技有限公司 光环信息科技有限公司 读客信息科技有限公司 新游网络科技有限公司 海峡网络(厦门)传媒有限公司 翔通信息科技有限公司 小牛网络科技有限公司 风云动画科技(厦门)有限公司 时代华亿动漫有限公司 ……	一是吸引产业链上下游企业和人才落地厦门; 二要对接台湾数位产业; 三要引进网络游戏的顶级企业。

(二)创意设计产业链

1.发展定位

以打造创意创新资源和要素集聚,创意设计与产品开发、创意成果产业化等三个主要产业环节为核心,重点发展工业设计、时尚设计、建筑设计及其他专业设计等产业领域。深入对接台湾创意设计产业,着力于全行业引进台湾的先进设计理念、运营模式及高端人才。目标是打造海峡西岸"创意设计中心""全国设计产业重镇"。

2.产业集群发展规划

主要发展工业设计、时尚设计、建筑和室内设计、园林景观设计、广告设计、品牌策划推广等,加速创意设计企业集聚,加速创新资源和要素集成,加速设计成果产业化进程,构建创意设计全产业链。坚持自主创新与引进发展相结合,做大做强一批业内领先的创意设计企业,引进和培育一批具有国际影响力的创意设计企业和大师,特别是要大力引进台湾地区的创意设计企业和人才,拥有一批具有较高知名度的创意设计品牌,逐步形成创意领先、特色鲜明、人才集聚、配套齐全、产业链条完整的创意设计产业集群。

3.重点项目与平台建设

(1)海峡两岸龙山文化创意产业园。海峡两岸龙山文化创意产业园,规划用地面积约31.4公顷,截至目前,龙山文创园共投资约3亿元,改造厂房17幢,面积近13万平方米,现有入驻企业约260家,产值近百亿元。应继续贯彻和实施"政府引导、多元投入"的发展模式,通过核心园区的示范带动和政策,引导促进周边存量房产改造建设专业化定位的文化产业园,进一步激发社会资本投资建设文创园的积极性。园区发展的定位上应落实"三个突出":一是突出创意设计特色,重点引进工业设计、时尚设计、广告设计等创意设计项目;二是突出对接台湾企业,重点集聚台湾优秀文化创意企业、项目和人才,体现"台湾原创(生活创意)"和"高端设计";三是突出文化与科技和旅游相结合的特色。着力打造厦门市工业设计中心、龙山时尚中心、创业平台、服务企业中心等四大平台。

(2)湖里文创园区。湖里老工业厂房与厦门经济特区相伴而生,是厦门城市发展的珍贵记忆。湖里文创园区作为闽台(厦门)文化产业园的核心部分,结合城市转型的发展机遇,从区域发展特色出发,因地制宜地推进老旧厂房改造,走出了一条"不搞大拆大建、规范改造审批,加强示范引导,形成聚集发展"的道路。园区的改造应继续按照先易后难、示范带动、积极推进、注重实效的方法,推进旧厂房的再造利用。在发展定位上,突出建筑设计、时尚设计的特色定位。已先期启动的海峡建筑设计文创园应突出以建筑设计为特色的进行园区定位,精选招商,形成"以生活美学和当代科技为两翼,以自身深厚的设计文化为引擎"的格局,吸引了更多两岸三地及海外知名设计机构、设计师进驻。正在推进的二期项目,应落实"南中国时尚中心"的定位口号,打造时尚设计产业园区,重点引进国内外一批影响力较大、知名度较高的设计大师、名师入驻,如知名时装设计师曾凤飞、计文波、万一方,以及红点设计等,形成时尚设计的产业集聚。

(3)沙坡尾海洋文化创意港。沙坡尾是古代"海上丝绸之路"的重要港口之一,是厦门市宝贵的城市文化资源。沙坡尾海洋文化创意港以厦门沙坡渔港文化创意投资有限公司为改造主体,总投资40亿元,计划2018年前完成。在改造中坚持"土地产权基本不动、空间肌理基本不改、本地居民基本不迁、人文生态基本不变"的改造原则,对符合城市文化资源进行保护性开发,使得传统文化得以延续传承,新的文化品牌创新建立。通过制定空间规划导则,维护良性生长环境,构建社区营造中心,促进产业与社区融合发展,继续完善为文艺青年新的聚集区,文化创意人才创业的新基地,文化活动的新地标,文化产品创作生产的新园区。

(4)深化与台湾创意设计产业的对接。这个产业门类相当于台湾5大产业的集合,即产品设计产业、视觉传达设计产业、设计品牌时尚产业、建筑设计产业和广告产业。首先,台湾广告业发展水平较高;在产业链合作环节,厦门市广告业应当努力引进台湾的广告创意和整合性全方位解决方案的服务形态。其次,在产品设计、视觉传达设计、设计品牌时尚、建筑设计这些领域,台湾均有比较优势,其中产品设计和视觉传达设计优势更加明显。由于市场需求不足、整体经济不景气以及全球化的冲击,台湾设计产业总体低迷,市场规模还很小。因此,从发展与对接的角度看,创意设计要加大厦台对接的力量,要尽快出台优惠政策,建立专业化的两岸设计产业园,着力于全行业引进台湾的先进设计理念、运营模式及高端人才。

蓝皮书

4.龙头企业培育及招商重点

厦门创意设计产业的龙头企业见下表,下一步招商工作的重点有三个方面:一是时尚设计、工业设计的知名企业和人才;二是台湾创意设计人才和商业模式;三是红点设计中国区总部等国际知名设计机构。

表2　厦门创意设计产业龙头企业表

重点发展产业链	现有龙头企业	下一步招商重点
创意设计	厦门合道工程设计集团 厦门辉煌装修工程设计有限公司 厦门绿城建筑设计有限公司 厦门佰地建筑设计有限公司 厦门智为建筑装饰设计有限公司 厦门天诺设计顾问有限公司 厦门市唐码博美广告有限公司 福建希望文化传播有限公司 厦门威扬广告有限公司 厦门凤飞服饰设计有限公司 厦门华亿传媒集团有限公司 厦门市拙雅科技有限公司 ……	一是时尚设计、工业设计的知名企业和人才; 二是台湾创意设计人才和商业模式; 三是红点设计中国区总部等国际知名设计机构。

(三)演艺娱乐产业链

1.发展定位

以打造演艺娱乐项目开发、影视节目制作、演艺表演、演艺经纪以及关联产业等产业环节为核心,重点发展高端演艺人才培养和引进、原创节目研发设计、影视拍摄和制作、音乐与民俗艺术表演以及演艺经纪、演艺网站、演艺旅游、演艺休闲度假中心等产业领域。深入对接台湾演艺娱乐产业,特别是台湾在演艺形式、演艺经纪与管理上的先进模式。目标是打造"海峡西岸区域性演艺娱乐中心""国家级数字影视产业中心"。

2. **产业集群发展规划**

(1)演艺娱乐。主要发展各类演艺活动,既包括钢琴、小提琴、交响乐、歌剧、民间舞等在内的高雅音乐艺术节目的开发与展演,也包括娱乐节目、明星演唱会、民俗表演、马戏表演、演艺酒吧等大众化流行娱乐休闲活动的创新与开展。实施差异化的政策导向,提升各类演艺团体的市场化运营能力以及演艺人才的集聚,提高演艺娱乐业的文化与科技含量,打造海峡西岸区域性演艺娱乐中心。

(2)影视制作。主要发展影视节目的内景拍摄、外景拍摄、后期制作、影视创作、影视培训、影视会展及衍生产品开发,规模化、组团化打造影视内景拍摄基地,以厦门及其周边的外景资源系统打造影视外景基地,实施国际先导路线、国内资源整合、两岸合作先行策略,锁定若干重大影视基地项目,把厦门市打造成为国际性影视城和国家级数字影视产业中心。

3. **重点项目与平台建设**

(1)神游华夏园项目。神游华夏园项目位于厦门北站南侧海翔大道与厦安高速连接线交叉口西侧地块,项目总投资 22 亿元,建筑面积 9.9 万平方米。神游华夏园区内包含神游华夏演艺剧场和神游华夏文化园两个部分。其中,神游华夏演艺剧场是一个以高科技创新手段打造演出体验空间,包含 15 项舞台工程新技术专利。在这个剧场内,使观众可以 360 度旋转并行驶移动着观看实景演出;演出内容将突出呈现闽南人文历史与最新舞台科技的完美融合。该项目已在 2015 年 8 月建成,近期将投入运营,计划年游客接待量达到 300 万人次以上,预计年收入 4.8 亿元。

(2)厦门华强文化科技产业基地二期项目。位于同安区的厦门华强文化科技产业基地正在加紧推进规划中的二期项目,总投

蓝皮书

资 22 亿元,预计 2017 年年底建成。在已有"方特梦幻王国"主题公园的建设基础上,将在对 1000 多项"非遗"项目进行艺术加工、表现创意和优化组合的基础上,整理划分出民间传说区、神秘文化区、民间手工艺区等八大分区,打造以非物质文化遗产为背景、以现代旅游休闲体验为形式的全新概念主题公园。在充分吸纳、展示厦门及闽台非遗文化的内容,体现出更加浓郁的地域特色的同时,注重传统中融入新、奇、特和科技应用,并增加嘉年华等参与性、互动性较强的项目,提升游客的体验效果。

(3)与台湾演艺娱乐业的对接。这个产业门类主要涉及台湾地区的两个产业:音乐及表演艺术产业和流行音乐及文化内容产业(出于两岸政策规制考虑,对接上暂时不把电影、电视等纳入)。一个是音乐及表演艺术领域的对接。台湾的剧团、乐团、音乐表演、民俗艺术表演等,市场化程度很高,市场推广能力和艺术表演活动筹划与监制能力很强,表演艺术与科技融合发展成了产业发展的主要形态,探索发展了"艺文+百货"这样一种跨业发展的新模式等。从完善产业链的角度分析,厦门在这个领域需要引进的是台湾艺术表演的市场拓展和活动筹划与监制等服务环节,包括"艺文+百货"这样的新商业模式。另一个是流行音乐及文化内容产业。台湾在这个行业上的亮点是艺人及模特经纪业、数字音乐、音乐串流服务和演唱会及"Live House"等新形态。厦门可以引入台湾的艺人及模特经纪服务、数字音乐平台等产业环节和"Live House"等新的演艺形态。

4.龙头企业培育及招商重点

厦门演艺娱乐现有的龙头企业见下表,下一步招商工作的重点:一是引进台湾地区音乐及表演艺术,包括剧团、乐团、音乐表演、民俗表演、艺人及模特经纪业等内容,提升市场拓展、活动筹划和监制等能力;二是扎实推进重点演艺娱乐产业项目建设,包括集美区的神游华夏园项目,同安区的厦门华强文化科技产业基地二期项目等;三是争取引进拉斯维加斯 O 秀、中国演艺集团、宋城演艺发展股份有限公司等国际国内知名演艺机构来厦。

表 3　厦门演艺娱乐业龙头企业表

重点发展产业链	现有龙头企业	下一步招商重点
演艺娱乐	厦门文广传媒集团 天视文化传媒有限公司 灵玲马戏有限公司 闽南神韵演艺公司 闽南大戏院 厦门歌舞剧院 小白鹭民间舞艺术中心 厦门爱乐乐团 ……	一是引进台湾地区音乐及表演艺术; 二是扎实推进神游华夏园,同安区的厦门华强文化科技产业基地二期等重点项目建设; 三是拉斯维加斯 O 秀、中国演艺集团、宋城演艺等知名演艺机构。

(四)高端艺术品产业

1.发展定位

以打造艺术品创作、艺术品交易和艺术品综合服务等三个产业环节为核心,涵盖艺术品创作与生产、艺术品交易与保税、高端艺术品仓储与物流、艺术品鉴定评估等产业领域。对接台湾具有产业优势的工艺产业,引进台湾工艺产品的艺术经纪人才、国际市场拓展经验及其展示交易模式。目标是打造面向世界范围的国内一流的两岸艺术品交流交易中心。

· 147 ·

2.产业集群发展规划

主要发展油画、漆线雕、石雕、高端艺术陶瓷、国画、古玩收藏品、当代艺术品、木雕、树脂工艺品、玛瑙饰品等领域,打造以艺术家创研基地、大师工作室、艺术人才培训、生产基地、艺术品拍卖、艺术品基金、艺术品银行、艺术品交易所、艺术品商城、艺术品展览馆,以及艺术品保税、艺术品仓储、艺术品鉴定评估、艺术品修复、艺术品复制、艺术品版权服务、艺术品收藏、艺术品物流、艺术品酒店等元素所构建的艺术品全产业链,成为国内最具影响力的高端艺术品的创作展示交易平台。

3.重点项目与平台建设

(1)艺术品保税与交易平台。利用厦门独特的自然、人文魅力,挖掘厦门区位优势及艺术品市场的巨大潜力。早在 2012 年,厦门市就提出了"探索建设文化产品保税区,打造文化企业保税政策的实体服务平台,推动高端国际文化贸易发展"的设想。从全国文化保税区的发展情况来看,在艺术品保税拍卖的实践层面,厦门市已经走在了全国的前列,领先北京和上海,不仅拥有华辰拍卖公司、西洋艺术品保税拍卖会等大型艺术品交易平台,近年来香港美斯国际物流有限公司、北京保利国际拍卖有限公司也已进驻厦门市场。厦门将着力推动厦门国际艺术品(金融)交易中心建设、海峡收藏品交易中心等项目的建设,以建成专业化的"文化艺术品保税区",为艺术品提供保税、投融资、展示、拍卖、交易、担保、典当、仓储、鉴定、修复等文化艺术品全产业链的专业服务,并逐步扩展到其他文化产品。同时,随着厦门获批自贸区后对保税政策的探索和完善,将吸引国际顶级艺术品拍卖行和展览业通过厦门登陆中国,将带来国际化、多元化的艺术品交易模式,厦门将逐步成为一个面向世界范围的艺术品交流交易中心。

(2)与台湾高端艺术品产业的对接。在艺术品产业领域,台湾的产业门类组要包括视觉艺术产业以及工艺品产业。一是台湾的视觉艺术产业。台湾古玩书画批发零售的货源主要来自大陆,主要市场也是大陆,而且,台湾古玩书画等艺术品市场受制于其艺术品拍卖税制,国际知名拍卖公司如佳士得和苏富比均撤出了台湾。因此,厦门市有机会利用区位优势和逐步完成的艺术品交易展示平台,将台湾的古玩书画的批发零售等主要产业内容吸引过来,与之相伴而来的还有艺术品修复、字画裱褙及鉴定等产业环节。二是台湾的工艺产业。台湾对工艺品的产品定位是生活美学,整体上看,台湾的工艺产业发展比较成熟、产业水准高、特色鲜明,与作为其上游的设计产业和作为其下游的创意生活产业紧密衔接,跨业整合发展能力比较强,明显高于厦门市艺术产业的发展水平。在产业链对接层面,厦门市要着眼于台湾工艺产业的上游的工艺设计与创作环节和下游的展示与交易环节。具体讲,就是要引进台湾工艺产品的设计理念及其知名设计师、手工艺的教学模式以及制作环节的创新技艺,引进台湾工艺产品的艺术经纪人才、国际市场拓展经验及其展示交易模式等。

4. 龙头企业培育与招商重点

厦门高端艺术品产业现有的龙头企业见下表,下阶段招商重点:一是配合厦门国际艺术品交易(金融)中心和海峡收藏品交易中心这两大龙头项目,引进苏富比、佳士得等著名拍卖行,以及国际著名的艺术品运输公司德国哈森坎普公司等,丰富艺术品产业链;二是着眼于台湾工艺产业上游的工艺设计、创作和下游的展示、交易等环节,引进台湾工艺产品的艺术经纪人才、国际市场拓展经验及其展示交易模式。

蓝皮书

表4 厦门高端艺术品产业龙头企业表

重点发展产业链	现有龙头企业	下一步招商重点
高端艺术品	厦门敦海艺品有限公司 法蓝瓷实业有限公司 华辰艺术品有限公司 万仟堂艺术品有限公司 佛星三宝香业有限公司 优必德工贸有限公司 雅特力（厦门）实业有限公司 传世艺宫（厦门）文化产业有限公司 ……	一是引进苏富比、佳士得等著名拍卖行； 二是引进台湾工艺产品的艺术经纪人才、国际市场拓展经验及其展示交易模式。

三、厦门文化产业集群发展路径研究

（一）战略抉择

1.差异性

文化创意产业融"文化"底蕴与"创意"灵感于一体，通过创意附加值实现文化产品的产业化，因此文化资源是区域文化创意产业发展的核心基础。纵观国际上成功的文化创意品牌，无一不以丰厚的文化内涵作为产品和品牌的核心灵魂，而产地的地域或民族文化更成为产品最重要的文化背书。从无印良品承载的日本的禅文化到琉璃工房蕴含的中国佛教文化，从迪士尼王国中众多的来自希腊的神话和童话故事素材到新加坡的"面包新语"中众多的闽南方言元素，可以看到，根植于地域与民族文化的文化创意产业才能发扬光大历史文化内涵，才是一座文化大市的"根"，地方特色文化资源是发展文化软实力的基础。每个地域经过长期的历史发展和文化积淀,都形成了各自独特而不可复制的文化资源,厦门文化产业集群的发展,应重在挖掘、开发和利用本地的特色资源,形成差异化,以此打造成提升文化实力的必由之路。

2.适地性

文化产业发展也具有地域性,厦门市文化产业集群发展的工作重点是以实现产业经济提升、惠民富民和推进社会积极发展为目标,应立足厦门当地的文化资源与市场条件,面向目标市场,突出自身特色,与周边地区协同发展,并在城乡建设中通过发展文化产业,使原居民、创业就业者获得更好的生产生活条件和更多的发展机会。

3.优选性

厦门文化品牌具有浓郁的闽南文化特色,厦门市文化品牌不仅有以表演艺术、音乐创作、视觉艺术、设计艺术为主要内容载体的艺术类,也有以博物馆和户外运动俱乐部为主要形式的体育类,以及致力于文化教育传承的交流类,文化品牌设计多种类别。应选择其中最有优势的产业集群重点发展,有重点有侧重,才能打造出属于厦门本地的特色文化产业。

(二)发展对策与建议

1.加强政策引导

政府的政策对创意产业的健康发展非常重要,纵观世界范围内的创意企业,大多是中小企业,而这些企业又是一些非常专业化的实体,都是知识、技术高度密集的,这也必将是今后一国或地区经济增长的基石。因此,从发达国家和地区的发展经验来看,政府必须要制定相关政策用以支持这些中小文化创意企业的发展。

除了加强对厦门文化创意产业集群的统一规划、建设协调、工作调度和创意产业企业的认定、创意产业园的申报、投融资与风险分担的机制等工作外,重点应进一步落实这些战略和政策,进一步促进文化创意产业体制的改革、治理结构的完善、有效市场机制的形成;降低准入门槛,积极吸收社会资本和外资进入政策允许的文化产业领域,参与国有文化企业股份制改造,支持文化创意产业园区及重大项目发展,促进资源整合,推动要素向园区集聚,积极引导各园区形成清晰定位,规划园区的项目布局,实现错位发展,避免同质化与过度竞争。

2. 差异定位 区区联动

文化创意产业园区是发展文化创意产业集群的载体,但是目前厦门大多数园区的投入与产出效比较低,还未形成规模效应,需要依靠政府补贴才能勉强维持。而有些园区定位雷同、目标市场相似,如厦门市湖里文化创意产业园与集美文化创意产业园,园区内的企业集而不群,企业间的产业关联性不强,无法实现产业集群的协同效应。因此一方面,应以创意产业园区为抓手,构建研发、投资、孵化、制作、培训、交易等功能于一体的完整的文化创意产业链,实现文化创意产业集群发展和产业集群效应的充分释放,进而打造成一个集各种创意元素于一体的永久性创意乐园;另一方面,把政产学研相结合模式作为有效促进厦门文化创意产业集群发展的模式,形成政府、企业、高校、中介机构、网络媒体以及创意人群相互间协同合作、专业分工的文化创意产业集群模式。

3. 两岸合作 资源互补

文化创意产业在台湾起步较早,其文化创意产业的理论基础、商业运营模式、营销基础、人才基础厚实,产业链相对完整,形成了一批有实力的文化企业和有影响的文化品牌,借鉴台湾发展文化创意产业的经验,建立海峡两岸文化创意产业合作区,促使厦门成为海峡两岸经贸合作和文化交流的先行区和重要通道,着力培育厦门成为全国重要的文化产业基地,最终实现让厦门的文化创意产业走向世界。随着《海峡两岸经济合作框架协议》的生效,厦门作为两岸交流合作的前沿平台,在推进两岸文化创意产业合作与深度对接方面具有先行先试的优势,厦门可以利用闽台文化产业示范区进行对接,架构两岸文化产业合作链条,此外,还要引进台湾知名的文化创意企业来厦门开设分支机构推进厦台文化产业的深度对接,体现厦门文化创意产业发展的区域特色。

4.培养人才 积极融资

应着力培养创意专业人才,为产业的持久健康发展提供智力支持和原动力。人才是文化创意产业发展的根本,美国、英国等文化创意产业先发国家始终都非常重视创意人才的培养,尤其是创新意识的培育,这对人才的培养和成长至关重要。从现实情况来看,发达国家常常会推出或筹备创意人才的培训项目,在项目实施的过程中培养出一批创意人才,这些人才具有强大的创新思维,同时善于运用各种先进手段和适用技术,最终能够设计出具有国际竞争力的原创型作品。结合文化创意产业的自身特点来看,产业的生命在于创意和创新,而创意和创新的来源正是在于创意人才的知识和智慧。人才最终源于培养,这就需要重视发掘和培养创新意识。与此同时,不可忽视的是,文化创意产业的发展不仅需要文化创意产业链上游的创意人才、策划人才等创意直接创造者,而且还需要大量的与文化创意产业链下游密切相关的管理人员等创意人员。

目前,厦门的文化创意人才总量不足,人才紧缺问题突出,从行业分布上看,人才相对集中在文化休闲娱乐服务业、会展业、广告业和油画业等行业,而动漫网游、创意设计、数字内容、影视创作等新兴领域人才较少。从人才学历构成来看,高学历比例偏低,高中及高中以下学历居多,不论是人才结构分布和学历结构都不能适应厦门文化创意产业发展的需要。厦门要在充分利用已有的资源之外,建立多层次人才培养格局,重视发挥高等院校优势,建立产学研运行机制,完善社会培训网络,搭建人才学习交流平台,吸

蓝皮书

引和聚集国内外的人才和智力,为厦门文化创意产业发展提供智力支持。吸引具有创意潜质的"三高人才"(高级科技创新人才、高层次经营管理人才和高技能人才)加入厦门文化产业建设大军,将其有机地组织并提升集体创造力,构建合理的人才梯队结构,进而促进创意活动更密集地发生才是促进厦门文化创意产业集群发展的关键。

另外要积极解决厦门文化创意产业融资渠道,从创意需求上来讲,创意产业本身就是一个高风险的产业,而且还强调高新技术的应用与创新。可以说,创意产业最重要的一种资金来源就是风险投资,因此,我们应积极鼓励和吸引风险投资机构和资本参与文化创意产业的投资,同时,争取设立文化产业投资基金,尝试成立专门的文化产业银行,对文化创意企业进行间接融资。

5.品牌先行 园区带动

从总体看,厦门文化创意企业规模小、布局散、竞争力弱,文化产业缺乏龙头企业的支撑和带动,产业上下游关联度不高,结构性问题还比较突出。因此,首先可以引入或培育有影响力的大型骨干龙头文化创意企业,包括内容提供商、渠道提供商和平台服务商等,形成核心文化以及智慧、创意、科技三者深度结合的特色大型企业集群,利用集群效应打造创意产业品牌,引导创意人才、信息、资金和创新等资源要素呈现地理上的集聚,构成由众多独立又相互关联的文化创意企业以及相关支撑机构依据专业化分工和协作关系建立起来的有影响的文化创意产业示范基地。其次,应大力扶持创意企业,积极引导创建领军式企业。目前,虽然我国不少中心城市都建立了文化创意产业基地,但从实际发展情况来看存在一些不容忽视的问题,突出表现在从事创意产业的企业数量虽然很多,但凝聚力并不强,这主要是由于企业之间合作较少,且发展趋同性较强,不论是发展内容还是发展模式上,都未形成发展合力。当前,政府应引导并积极推进做大做强几个有实力的中心企业,并以这些企业为核心进一步优化产业布局,优化企业服务者,这些人员是保障文化创意产业创造效益、惠及人民以及促进产业可持续发展的关键。再次也可以鼓励通过兼并重组形成文化创意产业互补合作,完善优化产业链,形成文化创意产业的竞争优势和规模效应。

还有,应以创意产业园区为抓手,构建研发、投资、孵化、制作、培训、交易等功能于一体的完整的文化创意产业链,实现文化创意产业集群发展和产业集群效应的充分释放,进而打造成一个集各种创意元素于一体的永久性创意乐园。同时,可把政产学研相结合模式作为有效促进厦门文化创意产业集群发展的模式,形成政府、企业、高校、中介机构、网络媒体以及创意人群相互间协同合作、专业分工的文化创意产业集群模式。

总之,走集群化道路是文化创意产业快速发展的途径之一,但是文化创意产业集群的形成和发展有着特定的影响因素、集聚条件、集聚模式,具有长期性和复杂性。因此,发展厦门文化创意产业集群一方面要大力加强创意(产品)的市场化、规模化和产业化,另一方面要着力推进创意产业与其他产业的融合,强调产业集聚过程中企业的分工与专业化协作,打造文化创意产业链,形成具有创新能力和竞争优势的文化创意产业集聚区。

执笔:郭肖华　李　洋

2015 年 11 月

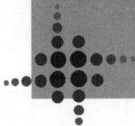

厦门市促进文化贸易特别是文化服务贸易发展的重点领域、贸易平台和对策措施研究

◎ 集美大学课题组

一、厦门市文化产业与文化贸易发展现状

(一)厦门市文化产业发展情况

近年来,厦门市致力于打造文化创意千亿产业链,着重实施两个"531"文化发展战略。

总体上看,厦门市文化产业发展逐渐形成自身的特色,形成了文化创意、新闻出版、印刷复制、图书发行、影视制作、动漫网游、文化旅游、演艺娱乐、文化会展和艺术品产业等在内的综合性文化产业格局。新闻出版和印刷复制业、古玩和艺术品产业、演艺娱乐业等传统文化产业优势仍然明显,继续保持稳步较快发展的态势;影视产业、动漫产业和文化创意等新兴产业高速发展,形成了聚集发展的态势。文化产业已经成为厦门市支柱性产业,呈现出良好的发展态势,保持了较快的增长速度,文化产业增加值占全市 GDP 的比重稳步提升,已经成为厦门经济社会发展的重要支撑。

1. 文化产业的规模与结构

2014 年,全市文化产业实现增加值 280 亿元,增速为 13%,占

GDP 比重超过 8%,文化产业已经成为厦门市支柱性产业,对厦门市经济社会发展的贡献率进一步提高。

2015 年上半年,厦门市文化及相关产业(以下简称文化产业)实现主营业务收入 417.69 亿元,比上年同期增长 7.7%;拥有资产 963.93 亿元,比上年同期增长 16.5%;吸纳就业人员 20.95 万人,比上年同期增长 2.1%。全市文化产业主营业务收入和从业人员总量位居全省第三,处于福州(527.36 亿元、25.50 万人)和泉州(489.51 亿元、24.58 万人)之后。产业规模占全省总量比重近两成,主营业务收入和从业人员占比分别为 18.9%和 19.1%。

分行业来看,文化制造业、文化批零业、文化服务业实现主营业务收入分别为 167.36 亿元、123.85 亿元、126.48 亿元;占比分别为 40.1%、29.7%和 30.3%。

在文化制造业中,电视机制造业主营业务收入占规模以上文化制造业的比重最大。2015 年上半年,在规模以上文化制造业中,主营业务收入位居前三位的行业是电视机制造 69.11 亿元,信息化学品制造 17.74 亿元和照相机及器材制造 16.38 亿元;分别占 53.3%、13.7%和 12.6%。

在文化批零业中,首饰、工艺品及收藏品批发业主营业务收入占限额以上文化批零业的比重最大。在限额以上文化批零业中,主营业务收入位居前三位的行业是首饰、工艺品及收藏品批发 50.88 亿元,文具用品批发 8.29 亿元和其他文化用品批发 4.79 亿元;分别占 69.1%、11.3%和 6.5%。

在文化服务业中,互联网信息服务业主营业务收入占重点文化服务业的比重最大。在重点文化服务业中,主营业务收入位居前三位的行业是互联网信息服务 12.01 亿元,广告业 6.51 亿元和工程勘察设计 5.36 亿元;分别占 27.1%、14.7%和 12.1%。

2.文化产业发展的主要特点

(1)新兴文化业态聚集发展

　　动漫网游、创意设计、数字内容与新媒体等新兴业态的文化企业已形成聚集发展态势,拥有一批具有全国影响力的文化和科技融合发展的文化产业平台,包括全国最大的小游戏平台4399、全国最大的网页游戏平台趣游、全国最大的手机动漫平台中国移动手机动漫基地、用户量(近10亿)居行业第一的美图公司等。厦门市已建成国际一流的动作捕捉摄影棚、动漫作品体验室、集成电路及IC设计中心、厦门云计算中心、国家LED检测中心等一大批文化科技产业公共技术服务平台。全市共有高新技术企业750家,占全省高新技术企业数量近一半;高新技术企业对工业经济增长的贡献率超过95%,文化科技型企业对文化产业增长的贡献率超过60%。其中动漫游戏产业产值从2008年的5.2亿到2014年的80亿元,6年间增长了15倍。文化与科技融合发展的新兴业态成为厦门市经济结构调整和产业转型的生力军。

　　(2)文化艺术产业发展迅速

　　从全国文化保税区的发展情况来看,在艺术品保税拍卖的实践层面,厦门市已经走在了全国的前列,领先北京和上海。2015年3月,厦门获批建设自贸区,可以预见,随着自贸区内保税政策的探索和完善,将吸引国际顶级艺术品拍卖行和展览业通过厦门登陆中国,将带来国际化、多元化的艺术品交易模式,厦门将逐步成为一个面向世界范围的艺术品交易中心。而围绕艺术品收藏和拍卖而形成的产业链有望成为厦门新的经济增长点和转型发展的重要抓手。

　　(3)文化与科技融合发展的路径进一步明晰

　　厦门市突出文化创意和科技创新的融合发展,目前已拥有一批具有全国影响力的文化和科技融合发展的文化产业平台。2013年我市获得国家级文化和科技融合示范基地称号,为文化创意产业发展注入更大活力。

　　(4)重点文化产业园区的集聚效应明显

省级十大文化产业园——海峡龙山文化产业园、国家级闽台文化产业试验园核心区二期和沙坡尾海洋文化创意港的建设与发展,吸引了众多文化企业入住,文化产业园区的集聚效应初步显现。

(5)龙头文化企业建设取得积极成效

近几年,厦门先后开展了4批市重点文化企业评选、2次文化创意产业风云企业评选。2014年评定的50家市重点文化企业营收总规模63.32亿,税前利润为9.37亿,纳税总额为3.09亿;平均规模比增77.25%,平均税前利润比增21.23%,平均纳税比增24.28%。

在文化部"2014中国文化产业重点项目"评选中,厦门市共有5个项目入选。

在文化部"2015中国文化产业重点项目"评选中,厦门市共有9个项目入选。

(6)重点文化产业项目建设扎实推进

据不完全统计,目前10亿元以上的在建、在谈项目8个,投资总额近200亿元。主要项目有:一是位于集美区的神游华夏园项目,项目总投资22亿元,2015年8月建成,将于近期正式对外营业;二是位于同安区的厦门华强文化科技产业基地二期项目,总投资22亿元,预计2017年年底建成;三是位于湖里区的厦门国际艺术品交易(金融)中心项目,总投资15亿元,预计2017年开业;四是位于高崎机场南侧的海峡收藏品交易中心一期项目,总投资18亿元,预计2017年建成;五是位于思明区的沙坡尾海洋文化创意港项目,总投资40亿元,计划2018年前完成。

3.文化产业发展存在的问题与不足

厦门市文化产业在快速发展的同时,也存在一些问题和不足,比如:产业发展总体规模,缺乏有全国影响力的大型龙头企业;产业原创能力和关键技术研发能力需要进一步提升。

(二)厦门市文化贸易发展情况

1. 文化产品出口厦门居福建首位

据厦门海关统计,2014 年福建省累计出口文化产品 101 亿元人民币,同比增长 7.2%。12 月当月出口 12 亿元,同比增长 27.7%,创单月历史新高。

对比来看,厦门、泉州、福州位居福建省文化产品出口前三甲,2014 年分别出口 33.2 亿元、30.5 亿元、20.4 亿元,同比增长 11.9%、0.1%、18%,三者合计占福建省文化产品出口总值的 83.3%。

2. 文化企业连续入选国家文化出口重点企业

国家商务部于 2007 年起在全国开展"国家文化出口重点企业"和"国家文化出口重点项目"认定工作,旨在培养、扶持一批规模较大、效益较好、具有一定国际竞争力的文化企业,促进文化出口工作,支持中国文化企业开拓国际市场,推动中华文化"走出去"步伐。入选企业和项目将获得国家和地方财政核心文化产品出口奖励。

2009—2010 年度国家文化出口重点企业,厦门仅有厦门外图集团有限公司 1 家入选。

2011—2012 年度国家文化出口重点企业,厦门市有 6 家企业入选,这 6 家企业 2011 年文化出口额达 2795 万美元。

2013—2014 年度厦门市 4 家企业获评国家文化出口重点企业,4 个项目入选国家文化出口重点项目。

3. 对外对台文化交流进一步深化

2014 年,厦门对外对台文化交流工作进一步深化,提升了厦门的文化影响力。

加快对外文化交流步伐。组织市属文艺院团厦门歌仔戏赴新加坡商业演出,推动厦门文化走向国际文化市场积极开展友城文化交流,厦门歌舞剧院受全国友协委派出访德国、荷兰、立陶宛 3 国并开展文化艺术交流活动积极配合全市外事工作,组织文艺院团参与"南洋文化节"、G20 国家海洋部长会议"海洋文化周"等外事文艺交流演出成功举办第 21 届 BeSeTo(中韩日)戏剧节,推进厦门对外文化交流。

推进厦台文化多领域交流合作。精心打造两岸文化交流合作平台,组织举办或参加海峡两岸文博会、图交会、第五届海峡两岸文化创意产业展、闽南语原创歌曲及歌手赛等涉台展会及赛事活动;建设闽台(厦门)文化创意产业园载体,促进两岸文创对接;加强厦金文化交流,指导推进闽南大戏院在金门设立票务系统,两岸演艺市场开拓取得新突破积极推进两岸新闻媒体交流合作,厦门卫视高雄演播厅正式启用,积极推动两岸图书交流,建立台版图书信息库,推动海峡出版物流中心建设,指导外图集团拓展两岸合作出版业务。

4.离岸服务外包业务快速发展

近年来,厦门在厦门自贸片区设立"厦门(海沧)服务外包产业园"和"国家级海峡两岸青年创新创业创客基地",推动中小服务外包企业集聚、创新发展。新引进雀巢研发等服务外包企业项目 21 个,引进和培育服务外包人才 3500 人。同时,政策扶持不断加大。今年来共争取国家服务外包和技术出口专项资金 1541 万元,已兑现 2015 年市级服务外包专项资金 1191 万元,并已认定、复审通过 26 家企业获得所得税优惠政策,为 20 家企业办理 100 余次离岸服务外包免征增值税业务。

2013 年,厦门市离岸服务外包合同金额约为 7.71 亿美元,同比增长 25.3%。2015 年前三季度厦门服务外包业务保持快速增长,实现离岸服务外包合同金额 9.68 亿美元、执行金额 8.89 亿美元,分别增长 21.5% 和 30.9%。

服务外包重点发展方向包括软件开发和信息技术服务、集成电路和电子电路(IC)设计、动漫游戏、云计算等。厦门市服务外包企业主要集中在软件园和火炬园,涉及的外包业务有软件研发及开发、动漫及网游设计研发、教育课件研发、医药和生物技术研发和测试、呼叫中心数据库服务等。其中,动漫产业是服务外包的重点发展方向。

作为全国发展动漫产业最早的经济特区之一,厦门被业界认为是国内动漫游戏产业最具有发展潜力的区域中心之一。

二、厦门市发展文化贸易的优势、机遇与挑战分析

(一)优势与机遇

厦门在发展文化创意产业方面有以下几方面基础、优势和机遇:

1. 文化资源丰富

厦门市共有全国重点文物保护单位 7 处,省级文物保护单位 16 处,市级文物保护单位 69 处。拥有国家级非物质文化遗产名录代表作 11 项、省级 17 项、市级 25 项。厦门市十分注重公共文化设施建设,拥有文化馆 7 个、博物馆 4 个、文物保护管理机构 6 个、公共图书馆 9 个、文化信息共享工程服务点 92 个。厦门注重保护和传承闽南文化生态,维护和创新歌仔戏、南音、高甲戏等传统民间艺术,发展保生慈济文化、福德神文化、妈祖文化等民俗文化旅游,开发古宅村落、土楼建筑、乡土风情文化等。

2. 良好的社会人文和人居环境

厦门中西文化交融,人文底蕴深厚。厦门大学、集美大学、厦门理工学院、福州大学工艺美术学院等众多高校,为文化创意产业发展奠定了良好的学术和人才教育基础。而且,厦门在发展过程

中,始终坚持实施"蓝天、碧水、绿色、宁静、洁净"五大工程,着力实施生态保护、生态修复和生态建设,先后荣获"联合国人居奖""全国文明城市""国际花园城市""中国优秀旅游城市""国家园林城市"等称号。优美的自然环境和优越的人居环境,是吸引国内外文化创意人才聚集的一大优势。

3. 坚实的经济和文化产业基础

厦门 2014 年人均 GDP 超过 1.4 万美元,按国际经验,已进入文化需求占重要地位的发展阶段。"十二五"期间,厦门市文化创意产业逐渐形成自身的特色,呈现良好的发展态势,保持较快的增长速度,年均增长超过 15%,产业增加值占全市 GDP 的比重稳步提升,已经成为厦门经济社会发展的重要支撑。

4. 自贸区建设的重大历史机遇

自贸区建设为厦门进一步加快外向型经济、促进文化贸易发展提供了难得的历史机遇。去年 12 月,国务院批准成立包含厦门在内的自贸区,这是厦门改革开放的重大历史机遇。厦门自贸区以企业需求为导向,以企业为抓手,创新政府职能,围绕深化产业合作,扩大服务贸易和服务贸易开放,推动金融创新,推进东南国际航运中心设立,创新贸易监管制度等六大方面先行先试,争取在建设区域性融资租赁业集聚区,两岸最大的冷链物流区,文化保税区等双向资金池业务,以及两岸货币清算中心,航运物流中心和全球重要的航运维修中心等取得较好的成效。

5. 海上丝绸之路核心区及重要节点城市建设的新契机

国家"一带一路"倡议,明确福建作为 21 世纪海上丝绸之路核心区,在港口物流、货物贸易、服务贸易、海洋合作、文化交流等方面与 21 世纪海上丝绸之路沿线国家和地区开展交流合作。福建自贸试验区是 21 世纪海上丝绸之路核心区的前沿平台,厦门是这一核心区的重要节点城市。

目前,厦门已确定 39 个"一带一路"重点项目,在六大领域对接福建自贸试验区发展。其中在旅游会展、人文交流领域的具体工作举措中多项涉及文化产业,这将是厦门文化产业和文化贸易进一步发展的重大契机。

6. 独特的近台区位优势

厦台一水之隔,两地文化一脉相承,方言、习俗、宗教信仰相同,经贸、旅游、文化交流、人员往来十分活跃,有近十万台胞在厦门工作生活。厦门是台商投资大陆最集中的地区之一,是两岸经贸交流最密集的地区之一,也是台胞进出祖国大陆人数最多的口岸之一,作为加快福建文化产业发展的重要平台,海峡两岸(厦门)文化产业博览交易会已成功举办八届,并已形成规模和品牌。目前,两岸文化产业合作已逐步拓展到表演艺术、新闻出版、印刷发行、网络动漫、文化旅游、文化会展等各个领域。文博会、图交会、茶博会、艺博会、旅博会、印博会、版博会、金门书展等活动已成为闽台文化贸易和产业对接的重要平台。

7. 政策支持力度不断加大

一个产业的发展,需要相应的政策扶持和引导。目前,厦门市文化产业发展和文化贸易已形成自上而下的努力推动与自下而上的积极开发相结合的格局。

首先,中央政策扶持力度大。2014年3月,国务院印发《关于加快发展对外文化贸易的意见》《关于推进文化创意和设计服务与相关产业融合发展的若干意见》,文化部、人民银行、财政部联合印发《关于深入推进文化金融合作的意见》。各项新政策给文化产品出口增添了新的动力,进一步降低企业出口压力,推动了文化产品的出口。

其次,地方政府推进措施多。福建省政府高度重视文化产业发展,为此采取了一系列措施鼓励和支持文化产品及服务出口。2014年,福建省印发《关于推动福建对外文化贸易通关便利化的若干措施》,10月出台《福建省人民政府关于加快发展对外文化贸易的实施意见》，紧紧围绕"310行动计划"（在全省重点培育10个重点文化产业园区、打造10强文化骨干企业、争取10家文化企业上市），支持平潭综合实验区建设文化保税区，推进厦门自贸区建设，发挥厦门、平潭、福州等地对台优势，建设两岸文化产业交流合作先行区。积极开展"福建省文化出口重点企业"的认定工作，多项有效举措将进一步推动福建省文化产业发展，带动了文化产品出口。

同时，厦门市也出台了一系列政策，加大财税扶持政策力度。我市出台的相关政策包括《厦门市促进文化产业发展若干政策》《关于推动我市动漫产业发展实施意见的通知》《厦门市文化产业基地和文化产业集聚区认定暂行办法》《厦门市重点文化企业认定暂行办法》《厦门市动漫产业发展资金管理办法》《厦门市文化产业发展专项资金管理办法》等，鼓励扶持文化创意产业的发展。通过设立文化创意产业专项资金，以奖励、贴息、资助等方式扶持重大文化创意产业项目及企业。支持和引导担保机构为我市中小文化企业的融资提供担保。设立政府创业引导基金，采用阶段参股、跟进投资等方式，吸引国内外的风险资本投向初创型文化企业。

（二）挑战与不足

虽然厦门文化产业及文化贸易近年来取得了一定的发展，但在文化经济总量和产业结构上尚处于相对弱的起步阶段。从文化贸易的国内外环境、竞争态势、自身不足等方面来看，厦门文化贸易的发展还面临着诸多劣势、威胁与不足。

1.发达国家文化集团所带来的冲击

现今，国际文化贸易具有极大的不平衡性，主要表现在美国文化产品的全球性扩张。目前世界文化市场上，美国占43%，欧盟占34%，日本约占10%，韩国占5%，而中国仅占不到4%。我国文化产品的国际市场占有率较低、出口规模小，与我国作为一个文

蓝皮书

明古国世界第二大经济体的经济规模很不相称。

加入 WTO 后,我国政府宏观上对原来文化产业的保护措施逐步取消,文化产业将遵循优胜劣汰的原则,进入全球化的竞争。然而,与发达国家的文化集团相比,厦门文化企业的产品质量、技术水平及商业化运作程度与国外同行相差较大,随着市场的竞争日趋激烈,厦门文化产业中那些成本高、技术水平低和管理落后的企业必将面临更加严峻的挑战。

2. 文化资源挖掘与创新能力不足

在文化资源方面,厦门(福建)有许多优势,如海洋文化、客家文化、妈祖文化、朱子文化等底蕴深厚、特色鲜明的传统文化资源。但是,目前福建对传统文化资源的开发,特别是全面系统地开发,还远远不够,传统文化主要以片面化、零碎化的方式走出国门,难以体现厦门文化的真正价值与精神。

同时,厦门缺乏文化创新能力,文化资源远未转化为产业优势。在目前的国际竞争中,我们匮乏具有创新意义且在世界范围内引起关注的艺术作品、理论成果问世,既反映了我们的理论储备不足,同时有显现出文化创新能力的不强。

厦门对外文化产品贸易以传统制造类产品输出为主,文化产品普遍深加工层次低、科技含量及附加值不高,出口以视觉艺术品为主,而运用先进信息和网络技术生产的数字化文化产品,以及真正体现我国文化内容的具有版权、著作权、专利权的创意类或原创类产品比重较小。

3. 其他省市文化产业的发展带来的威胁

随着经济社会的发展,越来越多的省市认识到文化产业的重要性,并通过制定战略规划、政策措施来发展文化产业及文化贸易。如上海、北京、深圳等省市都制定了明确的文化产业发展规划,设立了国家级的对外文化贸易中心;云南省的文化产业发展思路已形成独特的"云南模式","文化湘军"近年来也异军突起。这

蓝皮书

些地区文化产业的迅猛发展,形成产业集聚效应,吸引大量的文化企业到这些地区创业和发展,在一定程度上分流了厦门、福建文化产业发展的资金及人才资源。

4.相关文化人才缺乏

发展文化贸易,需要有一支既懂跨国经营管理与国际市场营销,又熟知国际文化运行的高素质、复合型的文化人才队伍。从文化生产创作上看,福建中青年优秀文艺人才较少,在全省乃至全国有影响的拔尖人才奇缺;从文化经营管理上看,熟悉国际惯例和规则、擅长涉外项目策划与媒介市场运作的国际营销人才,专营中国、福建与厦门文化的国际经纪人才,专营文化媒体产业资本运作的国际投资人才,了解国际市场的高层次翻译人才等高端人才都十分匮乏。一些文化企业虽有好的文化产品和服务项目,可能苦于无人运作而作罢,致使在文化产品与服务的出口方面很难有大的突破。此外,文化中介组织不足,特别是面向国际市场的文化中介贸易组织较少,缺乏与国外代理商建立广泛的良好联系,导致文化产品和服务出口渠道不够顺畅。

5.文化包装创新不足

文化消费是以消费者成长的文化背景为前提的。不熟悉文化背景,消费者就难以理解文化的精神内涵,就会对文化产品缺乏兴趣,产生文化抵制,这就是"文化折扣"现象。特别是在内容含量高的视听领域、多媒体领域,"文化折扣"现象体现得较为明显。比如,一些文化企业虽有好的文化产品和服务项目,送到国外后,由于苦于难以理解,国际反响并不热烈,致使在文化产品与服务的出口方面很难有大的突破。这在一定程度上阻碍了厦门文化"走出去"。因此,在文化贸易过程中,要格外重视文化的重新包装创新,必须要以世界各国人民都能理解的适当方式,对相关历史传统文化进行再诠释。

6. 相关政策法规不够完善

目前,我国文化产业相关政策不到位,法律法规尚不健全。例如广播电视法、文艺演出法、电影法等文化产业领域内的一些基本法律还处于不完善状态,严重影响了文化产业发展乃至文化产品的出口。由于知识产权保护不到位,越来越多的企业产品遭到侵权,但由于企业反侵权成本高、难度大、过程长,对相关政策法规程序不熟等原因,导致难以对产品知识产权进行有效保护,严重影响了企业品牌建设和创新动力。此外,虽然众多的促进政策出台,但许多政策过于原则,缺乏实施细则,如对文化贸易出口单位的税收优惠、版税优惠、收益分配优惠、出口保险、知识产权保护等方面的政策法规尚未完善和配套。

综上所述,厦门发展文化贸易具有良好的文化资源、人文和经济文化产业基础,也面临着重要的发展机遇,拥有较大的发展空间和潜力。但是,目前文化贸易规模小、贸易结构不平衡的问题仍十分突出,影响了厦门文化产品在国际文化市场的影响力和竞争力。

三、厦门市文化贸易发展的重点领域

厦门文化贸易发展的重点领域的确立,要依据厦门市文化产业的资源优势、发展现状和未来发展潜力,同时结合厦门文化贸易的行业分布、国际竞争力和发展条件。

经过多年的培育与扶持,厦门市文化产业的发展初具规模,一些具有良好发展前景的行业初步涌现。从行业分布来看,厦门市文化产业的门类齐全,国家"文化及相关产业分类(2012)"中划分的十大行业均有涉及。并且,已经形成了具有一定竞争优势的七大产业集群:创意设计产业集群、演艺娱乐产业集群、影视动画产业集群、出版发行产业集群、文化会展业集群、古玩与艺术品产业集群和数字内容产业集群等。

(一)文化产品贸易的重点领域

文化产品进出口贸易的发展重点:图书、音像制品及电子出版物、工艺美术品及收藏品、玩具等产品的进出口。

1. 图书、音像制品及电子出版物

图书、音像制品及电子出版物属于核心文化产品,是文化与思想传播的重要媒介。

已经成功举办过十一届的海峡两岸图书交易会,是经国家新闻出版广电总局批准的海峡两岸图书出版发行界加强交流与合作的一次文化盛会,是厦门对外文化产品贸易的重要平台,也奠定了厦门在全国对外图书及音像制品进出口行业的重要地位。

2. 工艺美术品及收藏品

厦门市古玩艺术品交易市场正快速扩张,厦门古玩市场已成为全国三大市场之一,形成了唐颂古玩城、闽台缘古玩城、裕鑫古玩城、东渡文化古玩城等 6 个有一定影响的古玩城。2014 年 6 月 8 日正式开业的厦门古玩城,建筑面积 16000 平方米,集古玩博览、展示、交易、物流、鉴定、拍卖为一体的主题文化中心设置时尚气派的多功能配套场所,提供学术交流、专题讲座、展品展览、鉴定和拍卖等公用活动空间。厦门古玩城的建成和投入使用,将成为海峡两岸乃至全国文物艺术品交易的中心,必将成为厦门文物艺术品交易的全新地标。

厦门市的商品油画市场,形成了乌石浦油画一条街、海沧油画一条街、明发商业广场油画市场。目前,厦门已有画师 1 万多名,从事油画进出口贸易企业 30 多家,大、中型油画制作工作室 100 多家,画廊近 500 家,销售油画颜料、生产油画布及画框的企业近 40 家。整个油画产业链年产值约 10 亿元人民币,成为全球三大商品油画基地。

（二）文化服务贸易的重点领域

厦门文化服务贸易的重点领域包括以下六大方面：文化创意和设计服务、互联网信息服务与电信信息服务（文化部分）、广播影视服务、出版服务、会展服务等。

1. 文化创意和设计服务

文化创意和设计的对外服务，包括广告服务、建筑设计服务、专业设计服务（包括工业设计、时装设计、包装装潢设计、对媒体设计、动漫及衍生品设计、美术图案设计、展台设计、模型设计等服务）。厦门市拥有了发展创意设计业的先天优势，艺术院校密度比较高，拥有相当数量的艺术设计人才。厦门市现拥有市工业设计中心、合道设计、翰卓路桥景观设计、天诺设计等一批创意设计企业，并着力推动了龙山创意产业园、根深智业文化创意产业园、闽台文化产业园等创意设计产业园区建设，促进创意设计业的集聚发展。

2. 互联网信息与电信信息服务

互联网信息与电信信息服务与文化产业的数字内容与新媒体领域密切相关，涵盖动画创意和制作、网页游戏研发、手机游戏研发、数字人才培训、动漫游戏内容集成、全媒体传播、大型网站开发运营等产业范围。

厦门市重点发展动漫产品和网络（手机）游戏的产品的进出口。

近年来，厦门市不断改善软硬件设施，大力发展数字内容生产、运营与服务，位于软件园二期的动漫网游区，配套建成了中国南部最大的公共数字媒体平台，包括集群渲染平台、动作捕捉平台和音频采集平台等，被国家广电总局授予国家动画产业基地称号。

据统计，厦门市动漫游戏产业产值从2008年的5.2亿元到2014年的80亿元，6年间增长15倍。2014年，厦门共101家企业通过动漫游戏企业认定,其中 21 家通过国家动漫企业认定,从业人员上万人。2015 年 1 月—8 月全市 105 家动漫游戏企业营业收入总额为 49.5 亿元,与去年同期相比,同比增长 38.9%。

动漫作品方面,近几年厦门市制作完成并获得发行许可证的电视动画片平均每年超 10 部,动画分钟数超 4000 分钟,其中有 17 部作品入选优秀国产动画片;厦门游戏产业同样成绩骄人,有两家公司入选国家规划布局内重点软件企业,七个游戏作品入选"中国民族网络游戏出版工程"。

新媒体动漫成为新亮点。咪咕动漫、天翼爱动漫、福建联通动漫运营中心相继入驻厦门软件园。其中中国移动手机动漫基地 2014 年产值突破 15 亿元,是国内目前最大的动漫发行平台。2015 年 1 月,整合中国移动五大内容型基地的咪咕文化科技有限公司成立,是中国移动面向移动互联网产业布局、战略转型、专业化运营的重大一步。

3. 广播影视服务

广播影视服务包括广播影视制作服务、广播影视授权服务和广播影视对外工程服务等。厦门市已成为国内重要的现代影视产业基地、两岸影视产业合作试验区和国际影视产业转移的重要承接地。2009 年,注册资金达 2 个亿的金英马影视文化股份有限公司落地厦门,发展势头良好。2012 年,总投资 50 亿元人民币、占地近 1400 亩的厦门华强文化科技产业基地正式开工。2013 年,国龙联盟投资股份有限公司在厦开始着手推动国龙两岸影视文化基地的建设,引领以好莱坞为代表和核心的欧美电影工业和技术向中国的转移,打造产业聚合的影视基地。

4. 艺术创作与表演服务

文艺创作与表演服务包括文学创作、美术创作、表演艺术以及艺术表演场馆服务等。主要包括高端演艺人才培养和引进、原创节目研发设计、音乐会、演出季、明星演唱会、马戏表演、明星秀场、电视海选,以及演艺经纪、演艺网站、演艺旅游、演艺休闲度假中心等产业范围。演艺娱乐方面,重点引进台湾地区音乐及表演艺术,包括剧团、乐团、音乐表演、民俗表演、艺人及模特经纪业等,并且争取引进国际国内知名演艺机构来厦。

5. 出版服务

出版服务与图书、音像制品及电子出版物的进出口密切相关。出版服务包括书籍报刊、音像制品、电子出版物的版权许可使用和转让,将图片、文字、音视频等信息内容运用数字化技术进行加工处理并整合应用的网络出版物的版权许可使用和转让,出版设计服务,出版印刷服务,版权和文化软件代理服务等。

6. 会展服务

会议与展览服务是指在境内外举办的各类商品、饮食服务、商业科学技术展览会、展销会、博览会、交易会、展示会等商业会展活动。在文化会展业和节庆赛事产业上,近年来厦门市的文化会展和节庆赛事活动发展尤为活跃。厦门市成功举办了中国国际投资贸易洽谈会、国际马拉松赛、中国(厦门)国际钢琴比赛、鼓浪屿钢琴艺术节、海峡两岸文化产业博览交易会、海峡两岸图书交易会、厦门国际动漫节、海峡两岸民间艺术节、郑成功文化节等一系列文化展会赛事。

四、促进厦门市文化贸易发展的贸易平台

对外文化贸易服务平台指的是为了推进文化贸易的发展而建立起来的集信息提供、政策扶持、业务推动、经营管理等多种功能于一体的综合性服务机构或管理部门。它依托具体条件设立,呈现出公司、基地、保税区、自由港等空间实体与虚拟平台演进交织的形式,其内涵和外延伴随文化贸易的发展不断变化拓展。对外

文化贸易服务平台在沟通、展示、促进中国对外文化贸易、加强其与世界的联系等方面具有极为重要的作用。

在推进中华文化"走出去"及文化贸易发展的过程中,平台和渠道一直是极为薄弱的环节和发展的瓶颈。加强对外文化贸易服务平台建设,对于促进厦门文化贸易的发展无疑具有十分重要的意义。

在厦门,以海峡两岸文博会、海峡两岸图书交易会等为代表的文化产业展示与交易平台层次不断提升,效益日渐显著。2012年,第五届海峡两岸文博会正式升格为国家级文博会,目前已经成为海峡两岸和港澳地区文化产业合作交流和投资交易的重要平台。海峡两岸图书交易会已经成为两岸出版业最重要的交流平台。此外,象屿文化保税区、厦门国际动漫节等平台也发挥着越来越重要的作用。但是,这些平台大多功能单一,而且分散,难以发挥更大的作用。为了推动厦门文化贸易的大发展,必须在这些平台的基础上,进行整合、升级、创新,打造厦门文化贸易的专业服务平台。

(一)国内对外文化贸易服务平台建设的状况与经验

随着文化经济全球化以及近年来中国文化产业、文化贸易的快速发展,对外文化贸易服务平台也应运而生、顺势发展。总体来看,发达都市圈、一线城市不仅在对外文化贸易领域走在了全国的前列,而且率先探索推进对外文化贸易服务平台建设,为其他地区的发展树立了榜样。

1. 上海对外文化贸易服务平台

上海是最早开拓对外文化贸易发展平台的城市,在政策机制创新、业务推进等方面紧随实践不断探索,取得了不俗的成绩。其平台建设主要经历三个发展阶段,具体运营环境也在发生积极的变化。

第一发展阶段(2007—2011年):平台建立,拥有良好的组织架构和运作机制,定位清晰,优势突出。始建于2007年的上海对外文化贸易服务平台,以及该平台运营实体——上海东方汇文国际文化服务贸易有限公司同时正式揭牌,上海国际文化服务贸易平台促进委员会也正式成立并入驻平台。

上海东方汇文国际文化服务贸易有限公司(以下简称汇文公司)由上海精文投资有限公司和上海外高桥(集团)有限公司共同出资组建。上海国际文化服务贸易平台促进委员会则由上海市委宣传部、上海浦东新区人民政府、上海市商务委、上海市文广局等有关部门组成。上海对外文化服务贸易平台由上海国际文化服务贸易平台促进委员会领导,汇文公司同时是上海国际文化服务贸易平台促进委员会的秘书长单位。

该平台地处上海外高桥保税区,具有得天独厚的政策、组织和地理优势。从建立伊始,就明确五大定位,即文化"走出去"渠道功能、公共服务平台功能、展示交易中心功能、国际贸易基地功能以及国际文化交流载体功能,并且充分利用上海建设国际经济、金融、贸易、航运中心以及文化大都市的有利条件,利用浦东新区综合配套改革时机和外高桥保税区"境内关外"特殊功能与政策,着力打造全方位支持国内文化企业、文化产品以及文化项目走向国际市场,及中外文化企业交流、展示和贸易的综合性、功能性服务平台。

第二发展阶段(2011—2013年):平台迎来了新的发展机遇。2011年,平台被正式确立为国家对外文化贸易基地,受到了社会各界的广泛关注。其业务围绕文化产品进出口贸易、文化品牌企业集聚、文化贸易金融政策试验、文化产品展览展示推介、文化贸易经营人才培训等展开,提供保税仓储、进出口代理、保税展示交易及拍卖等服务。由此平台的功能进一步提升,集聚效应愈加显著,越来越多的文化企业选择入驻基地。它们可以利用保税区作为海关特殊监管区域,实行进口货物进区保税的特殊政策,实现"文化保税"。

第三发展阶段(2013 年至今):2013 年国务院正式批复建设中国(上海)自由贸易试验区,这一战略决策,为上海对外文化贸易服务平台向更高水平发展提供了千载难逢的政策创新空间和有利条件。基地充分利用自贸区的开放政策和功能优势,建设打造对外文化贸易服务创新平台、信息咨询平台、展示推介平台、人才培训平台及政策试验平台等五大功能,为国内外文化企业提供国际展销、国际采购、国际结算、进出口代理、保税展示、保税租赁、保税仓储、金融投资、商贸咨询、政策研究、人才培训等全方位的服务和支持。截至目前,基地共聚集了 200 多家文化企业入驻,注册资本累计已超过 35 亿元人民币,文化市场会员总数已过百家,年税收贡献已超过亿元;2013 年度基地全年文化贸易新增总量已超过 70 亿元人民币。

2. 北京对外文化贸易服务平台

虽然北京相关服务平台建设起步没有上海早,但是发展迅速,有声有色。其平台建设除了功能拓展外,区域扩张是一大特点。

国家对外文化贸易基地(北京)暨北京天竺综合保税区文化保税园位于北京顺义区天竺综合保税区内,规划用地 235.3 亩,建筑面积 45 万平方米,由北京歌华文化发展集团与北京天竺综合保税区管委会合作建立,并由文化部正式授牌"国家对外文化贸易基地",已于 2014 年 8 月 25 日正式开园运营。

国家对外文化贸易基地(北京)暨北京天竺综合保税区文化保税园的发展目标是建设成为立足北京,服务全国,在国际文化竞争与合作格局中发挥重要引领作用的综合型文化贸易服务平台和国际口岸型产品市场、要素市场。其战略定位是首都文化创意产业功能区的示范区、国家对外文化贸易体制的创新实验区、国际化文化贸易市场、中国文化走出去的能力培养区。

根据总体规划,基地由国际文化贸易企业集聚中心、国际文化产品展览展示及仓储物流中心、国际文化商品交易服务中心三个功能区组成。三个功能区相互依托,互为补充,通过有效利用园区政策,为文化创意企业的创意制作、仓储物流、鉴定检测、展示交易提供全产业链服务。基地建设了文化保税综合服务中心、北京国际文化艺术保护中心、国家对外文化贸易基地信息中心、国际文化贸易金融服务中心、口岸型文化交易平台、人力资源服务中心六个服务平台及服务体系,为基地内外企业提供文化贸易综合服务。

3.深圳对外文化贸易服务平台

作为中国首个获得"设计之都"以及首个国家创新型城市称号的深圳,其文化产业与对外文化贸易的发展可谓如火如荼,也成为华南地区文化经济的排头兵。目前深圳对外文化贸易服务平台已经初步建立起较为完整的体系,涉及中国(深圳)国际文化产业博览交易会(国际文化贸易展示交易平台)、创意城市网络文化交流合作平台、深圳文化产权交易所(国际版权交易中心)、中国文化产业投资基金(文化创意产业国际投融资服务中心)等四大功能平台,是深圳市已在运作的成熟平台资源。

2013年12月,文化部下发《文化部关于同意将深圳创意信息港命名为国家对外文化贸易基地的批复》,明确"同意将深圳报业集团在前海深港现代化服务业合作区第九功能单元区对外文化贸易服务平台(深圳创意信息港)命名为国家对外文化贸易基地"。深圳由此成为继北京、上海之后,中国第三个拥有对外文化贸易基地的城市。基地的成立,不仅进一步夯实而且提升了深圳对外文化贸易服务平台,使其能够处于前海大发展的战略机遇制高点上,获得了广阔的发展空间。基地的运营采用"部省市合作"架构下的"平台+园区"模式,广义上的基地运营依靠文博会、文交所等9个平台加上深圳的54个现有园区(基地)以及将来增加的园区。狭义上的基地运营依靠一个市场化运营机构,这个运营机构主要运作一个核心平台和两个园区,即为文化产品从创意设计到国外销售提供全链条服务的对外文化贸易服务平台,以及深圳创意信息港、深圳保税文化贸易园。

4.经验借鉴

从上海、北京、深圳三地对外文化贸易服务平台建设的过程来看,有以下几点值得参考和借鉴。

第一,对外文化贸易服务平台的建设都经历了一个从分散到整合集中的过程。

第二,从对外文化贸易服务平台的构架来看,都采用了"'基地'(文化贸易综合服务机构)＋专业服务平台"的基本构架。

第三,功能综合。

第四,政府的参与和大力支持。

第五,作为全国经济、文化发达城市,北京、上海、深圳均面临产业升级转型的重任和压力,服务业、服务贸易,文化产业、文化贸易均成为三市产业调整和发展的重点,从而能顺应全球经济发展趋势,推动城市经济发展和对外开放水平的进一步提升。不仅如此,三地均有保税区,且同样面临升级压力。双重压力的合力成为三地文化保税区的探索和对外文化贸易服务平台建设的动因。

(二)厦门对外文化贸易服务平台的构建

借鉴北上深三市的经验,厦门应当建立综合性的对外文化贸易服务平台。构想如下:

1. 基本构架

建立"厦门对外文化贸易服务平台",以创建国家级对外文化贸易基地为参照,采用"核心(综合)平台＋园区＋专业服务平台"的构架模式,核心平台依靠一个市场化运营机构运营,加上若干对外文化产业与贸易园区,以及各具特色的专业服务平台,形成综合＋专业,产品＋服务的多层次对外文化贸易服务平台体系为文化产品从创意设计到国外销售提供全链条的服务。

核心（综合）平台定位于厦门文化贸易的公共服务平台，针对数字内容、创意设计、艺术品及授权产品、工艺美术品、文化旅游、演艺等文化贸易核心领域，完善学术研究、人力资源、品牌策略、法律援助、信息服务、投融资等支持机制。核心（综合服务）平台可以以厦门现有的文化贸易平台为基础，整合其他资源来构建。例如，可以以象屿保税区文化保税贸易平台等已有的平台为基础构建，也可以在新成立类似于上海东方汇文国际文化服务贸易有限公司的新实体来运营厦门对外文化贸易服务平台。核心平台要通过打造创意设计、动漫游戏、新闻出版、广播影视、数字出版、文化旅游、艺术品等文化产品和服务国际化高端展示推介平台，吸引国内外重要文化会展企业和文化会展中介服务机构办展和进行信息交流。

文化产业与贸易园区包括但不限于象屿文化保税区、国家级闽台文化产业试验区、厦门国际艺术品（金融）中心、国家文化与科技融合示范基地、海丝艺术品中心、文化创意产业园等。

专业文化贸易平台包括：国家海峡版权交易中心、广播影视、演艺娱乐、动漫网游等行业专业服务平台，以及海峡两岸文化产业博览交易会、海峡两岸图书交易会、厦门国际动漫节等会展平台。

对外文化贸易服务平台既要有政府的参与和助力，又要有新建公司的专业经营。

2. 功能定位与扩展

第一，全方位服务。从产品交易、版权交易、资本融合、人才交流、理论研究等不同层面，吸纳广博资源，提供全产业链服务。

第二，加快文化贸易信息平台、各类影视产权交易平台和电子商务服务平台的建设，成立影视艺术与金融创新试验基地和文化科技技术服务平台，为影视贸易全产业链发展创造条件。充分运用文博会品牌资源优势，以文博会展商、采购商资源数据库为基础,盘活国内和海外的文博会客户服务数据库,形成我国文化产品对外贸易和投资信息的服务体系。

第三,加快厦门国家级文化和科技融合发展示范基地建设,在跨境交易、结算、物流基础上探索建立文化创意产业网上贸易平台。

第四,强化资本运作,助推文化产业投融资和产品出口。建设文化创意产业金融与投资服务中心,为文化出口企业提供全方位、深层次、多元化的金融与投资服务:一是与金融机构合作探索更适合以"轻资产"为特点的文化创意产业所需要的信贷产品和金融服务创新模式;二是为文化企业开辟更为广泛的融资渠道;三是尝试通过国际信托、IPO 或发行债券等方式;四是进一步完善文化创意产业无形资产评估体系;五是为文化出口企业的产品或服务走出国门提供出口信贷支持;六是支持具有竞争优势和经营管理能力的文化创意企业通过多种形式,在国外兴办经营实体,建立文化产品营销网点。

五、促进厦门市文化贸易发展的对策措施

(一)做大做强文化产业,奠定文化贸易的坚实基础

在厦门市已经出台的鼓励扶持文化创意产业发展的相关政策的基础上,进一步完善和细化,建立扶持文化产业发展的政策体系,促进文化产业的大发展。

从文化贸易的角度看,厦门市文化产业的发展,要在扩大规模的基础上,增强文化产品的原创力,创新文化产业业态,提升文化产品的科技创新水平,大力发展具有项目特色的文化产品,加强文化品牌建设和推广,提升厦门文化产业的国际竞争力。重点解决

部分文化产品和服务与国内其他城市存在的同质化、成本高的问题,提升在国际市场上的影响力不够。

依托厦门国家级"文化和科技融合示范基地",以厦门火炬高新区为主体,实施"一基地多园区"发展战略,利用软件园、创业园、厦门科技创新园等园区为载体规划建设,培育和引进一批重点文化和科技融合企业,提高厦门文化产品的科技含量。

(二)建立政府引导作用与企业主体作用相结合的文化贸易促进机制

政府和企业在发展文化贸易中的功能与作用不同,不可替代,但二者缺一不可。在我国文化贸易处于初步发展的现阶段,必须重视和发挥好二者的作用。

发挥政府的引导作用,主要是通过政策引导,加大政策支持力度,强化服务和保障,营造对外文化贸易发展的良好环境;通过规划布局,建设文化贸易园区等,促进建立文化贸易发展的载体;通过协调指导,搭建促进文化贸易的服务平台、公共信息平台,帮助企业拓宽文化贸易渠道。建议在厦门市文化改革发展工作领导小组的全面统筹下,成立由政府相关部门和重要文化贸易服务平台企业共同参与的厦门市对外文化贸易促进委员会,作为协调常态机制,对全市对外文化贸易工作进行统筹协调和指导。

企业是文化贸易的主体,各项文化贸易业务要靠企业来完成。发挥企业的主体作用,就是要通过培育外向型文化企业、鼓励各类文化企业从事对外文化贸易业务、到境外开拓市场,形成各种所有制文化企业积极参与的文化出口格局。尤其是,要重点培育发展更多的具有跨国经营实力和国际竞争力的大型文化企业,以及促进独具中国特色和厦门特色、拥有自主知识产权和品牌效应的走出去中小文化企业形成规模。

(三)加强文化贸易平台建设,拓展文化贸易渠道

1. 加快建设厦门对外文化贸易服务平台

加快建设厦门对外文化贸易服务平台、完善各类专业性公共服务平台,包括公共信息平台、公共交流平台、融资平台等,着重建立海峡两岸文化创意产业人才创业孵化、融资中介、版权、技术、信息、展示与交易等公共服务体系,打造文化贸易综合服务体系。搭建好两岸文化产业交流交易平台,做大做强海峡两岸(厦门)文博会、海峡两岸图书交易会、厦门国际动漫节等文化展会,推动两岸文化产业对接,共同发展。

根据文化部总体规划,今后我国将逐步建立一批国家对外文化贸易基地,围绕文化产品进出口贸易、文化品牌企业集聚、文化贸易金融政策试验、文化产品展览展示推介、文化贸易经营人才培训等相关业务展开基地建设。厦门可在"厦门对外文化贸易服务平台"的基础上,筹备申报国家对外文化贸易基地,以在更大范围、更高层次上推进厦门乃至全省、全国文化产业"走出去"。

2. 进一步发挥好文化展会的贸易功能

继续办好海峡两岸文博会、福建文化精品展览交易会、海峡两岸图书交易会、"9·8"投洽会艺术品投资展、厦门国际动漫节等,积极谋划"海上丝绸之路"新闻出版广播影视交流、文化艺术品推广等项目。

3. 进一步推进厦门文化保税区建设

尽快解决厦门文化保税区存在的定位不明确、文化保税产业链条不完整、功能仍比较单一、艺术品交易政策不完善等问题。

(1)在目标定位方面。利用福建自贸区"先行先试"政策,对接"一带一路"战略,建立文化保税口岸大通关服务平台、文化保税交易制度创新平台,成为对外文化贸易的创新示范区。

(2)在功能定位方面,把文化保税区建设成为专业的文化商品

蓝皮书

仓储物流、展览展示、展会交易、拍卖交易、金融保险、博物馆、鉴定、修复、艺术长廊等功能的综合性文化产业交易中心，成为国家级文化贸易口岸。

（3）在服务目标方面，发挥对台优势，服务于海峡两岸文化投资商、收藏家，在文化保税区内，鼓励对国家规定实施准入特别管理措施之外的投资，与国内其他文化保税区形成差异化发展模式，成为国内最大的两岸艺术收藏品交流中心。

（4）在保税对象方面，以艺术品保税为切入点，逐步扩大到商品油画、网络游戏、动漫、影视、文化创意等两岸有优势的文化商品。

（5）在服务主体方面，培育或引进专业化的大型知名文化保税经营主体，包括艺术品担保公司、拍卖公司、物流公司、仓储公司、租赁公司，以及专业化的文物实验室、修复室、艺术品鉴定机构等，带动和吸引厦门的艺术品交易市场。

（6）在贸易方式方面，建立文化产品跨境电商平台，提供电子商务展示交流、保税加工、跨境支付、跨境仓储物流等全流程服务，促进文化要素、商品与服务的跨境流动。

4. 拓展海外贸易渠道

组织文化企业参加国际大型会展、贸易洽谈会，召开具有国内外影响力的知名文化贸易论坛，展示、推介文化产品和服务，为具有海外市场开拓潜力的文化企业参与重大国际文化活动提供便利。

利用我国驻外使领馆、外国驻华使领馆及中国海外文化中心和孔子学院等较具代表性的驻外文化交流机构建立并保持联系，组织文化企业积极参与中外友好文化年、艺术节等文化交流活动，加强沟通与交流，建立文化贸易的特别通道。

5. 打造文化贸易的跨境电子商务平台

发展网络新技术、新业态，借助最新的网络技术和第三方支付等成熟模式,借鉴 B2B、C2C 等电子商务运营模式,开发文化产品和服务信用认证体系,打造联通国内、国际的文化产品与服务消费的电子商务平台,帮助文化企业快速走出去。

6. 打造有国际竞争力文化经纪公司

国外对外文化贸易的发展极为依赖专业文化经纪公司。未来我国对外文化贸易服务平台同样要强化市场化的发展路径,着力打造具有国际竞争力的文化经纪公司,形成经纪公司为支撑的平台建设模式,推动对外文化贸易服务平台市场化运作的水平。

7. 强化文化与科技融合

中国对外文化贸易平台建设模式要充分考虑文化与科技的融合。利用现代科技创新服务平台建设模式,提升平台服务效率。重点工作体现在,对外文化贸易拥有不同的贸易模式,涉及跨境交付、境外消费、商业存在以及自然人流动,而平台建设要适应贸易模式的要求,不仅关注国内出口环节,同时要将平台服务进行信息化、科技化改造和创新,拓展其服务前端和服务形式,形成国内＋国外共同推进的模式。

(四)完善政策支持体系,加大支持力度

切实贯彻《国务院关于加快发展对外文化贸易的意见》(国发〔2014〕13 号)的精神、落实《福建省人民政府关于加快发展对外文化贸易的实施意见》(闽政〔2014〕55 号),以及《福建省人民政府办公厅关于促进服务贸易和服务外包加快发展十二条措施的通知》(闽政办〔2015〕105 号)、《关于推动福建对外文化贸易通关便利化的若干措施》等一系列政策措施,并根据厦门市文化贸易的目标和重点,尽快出台《厦门市人民政府关于加快发展对外文化贸易的实施意见》,进一步完善和细化相关政策措施,完善厦门市促进文化贸易发展的政策支持体系。

促进文化贸易发展的政策支持体系的重点:一是加大财税支

持力度,充分发挥财政资金杠杆作用,首先要加大各类文化产业发展专项资金和基金对文化出口的支持力度,同时可考虑设立厦门市对外文化贸易的财政专项资金和基金,进一步加大对文化出口的财政支持力度。二是落实省政府关于加快发展对外文化贸易的实施意见中的税收政策。三是强化金融支持措施。结合厦门实际,对于省政府关于加快发展对外文化贸易的实施意见中提出的强化金融服务七条措施具体细化和落实。

(五)夯实人才支撑体系

厦门文化产业和对外文化贸易发展过程中,对人才的需求日益增大。我国文化贸易才刚刚起步,随着文化产业和文化贸易的发展,人才问题始终是一块短板。尤其是缺少了解国际形势、谙熟国际市场规律、对国际文化传播有研究的专门人才和专门队伍。加快文化产业管理与文化贸易方面人才的培养,特别是培养既懂经济又精通文化娱乐业特点,既有策划经营的文化理念,同时又有现代产业意识和经营思路的复合型人才,就显得尤为紧迫。

人才培养和人才队伍建设,首先,要加强教育的重视程度,在学好相关文化贸易理论的同时,培养国际化的视野,注重自身文化的掌握。只有知己知彼,才有可能将本国文化产品国际化。其次,要建立健全文化贸易人才培养机制。实施贸易人才培训工程,安排专项资金,资助各类机构开展对文化贸易人才的培养计划。再次,要通过多种形式吸引国际文化贸易专门人才,特别是紧缺的高端人才,如熟悉国际惯例和规则、擅长涉外项目策划与媒介市场运作的国际营销人才与国际经纪人才,以及专营文化媒体产业资本运作的国际投资人才。最后,改善文化企业和文化贸易机构的治理结构,留住人才。跨国公司经过百年的发展,无论是治理、绩效、人力资源管理、个人发展等方面都非常成熟,总是能集聚全球最优秀的人才。我国文化企业在这些方面做的还不够,企业发展、人才发展是相互促进又相互制约的。一个办法是挑选优秀的文化企业大力扶持,在提供相应的政策优惠的同时,大力宣传,吸引人才,并建立人才激励计划,使企业与员工共成长。同时设立人才培养基地,为有志于从事该行业的人员提供培训的机会。

(六)大力促进服务外包产业发展

目前,服务外包已经成为厦门市文化贸易的重要方式之一。加快服务外包产业的发展,对于促进厦门市对外文化贸易有着重要意义。一是要认真落实好支持服务外包产业发展的各项政策。厦门已经出台了《厦门市进一步促进服务外包加快发展的若干意见》《厦门市服务外包公共服务平台建设资金使用管理办法》《厦门市促进服务外包产业发展专项资金使用管理办法》《厦门市服务外包示范园区认定管理暂行办法》等一系列支持服务外包产业发展的政策,形成了税收、资金、人才、公共平台、示范园区、统计等支持服务外包产业发展的政策体系,以政策引领服务外包产业的发展。二是大力发展服务外包特色产业。目前厦门市已初步形成了软件研发和信息系统运营维护外包、工业研发设计外包、供应链管理外包、维修检测外包、动漫游戏研发和运营外包、金融保险外包等服务外包特色产业和企业集聚。三是积极培育服务外包产业集聚区。厦门软件园一、二期集聚了众多服务外包企业,火炬高新区、湖里高新区、象屿保税区和海沧保税港区等也涌现一批服务外包企业,服务外包企业集聚的园区范围不断扩大。已初步形成了软件研发和信息系统运营维护外包、工业研发设计外包、供应链管理外包、维修检测外包、动漫游戏研发和运营外包、金融保险外包等服务外包特色产业和企业集聚。

课题组负责人:石爱虎

课题组成员:袁小军 梁振坤 张晓虹

周艺灵　陈树菁　王慧蓉

执笔:石爱虎

2015 年 11 月

蓝皮书

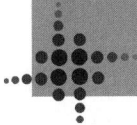

厦门市"十三五"时期发展文化旅游产业的基本路径、空间布局和产业布局研究

◎ 厦门理工学院课题组

一、厦门文化旅游产业的现状、条件和问题分析

(一)厦门文化旅游产业发展现状

《厦门市"十二五"文化产业发展专项规划》提出在"十二五"时期厦门市文化产业发展定位之一:国际知名的文化旅游目的地城市,并确立厦门市在"十二五"期间要重点发展四大产业集群,逐步形成相互支撑且比较完善的产业链,以及能够实现较高增值效应的价值链。文化旅游产业集群为重点发展的四大产业集群之一,"文化＋旅游"的发展模式是促进文化产业与旅游产业共同发展的驱动力。在"十二五"期间,厦门的文化产业与旅游业发展进一步融合,不仅类型多样化,同时也内容丰富、涵盖面广,主要表现在:

第一,建设了一批文创园区,并推向旅游市场,既为历史传统文化提供了一个集中展示和重新阐述的平台,又打造了独具特色的文化旅游目的地,并获得了良好的市场效应,使旅游业成为文化产业化发展的一种典型承载形式。如曾厝垵休闲渔村,沙坡尾海

洋文化创意港、湖里文创园区、海峡两岸龙山文化创意产业园,诚毅科技馆,以及创意市集、城市创意工坊、街头艺术等文创旅游活动。

第二,培育了一批文化旅游节庆展会赛事活动,已成为厦门休闲旅游产业发展的新优势。通过文化节庆活动平台,打造城市文化品牌,提升城市品位,开发城市资源,丰富市民文化活动,最终实现经济社会持续健康快速发展,已经成为当前城市文化旅游产业发展的一种常见模式。厦门的活动赛事贯穿全年,如国际马拉松赛、中国(厦门)国际钢琴比赛、鼓浪屿钢琴艺术节、海峡两岸文化产业博览交易会、海峡两岸图书交易会、厦门国际动漫节、海峡两岸民间艺术节、海峡两岸(厦门海沧)保生慈济文化旅游节、厦门国际海洋周、厦门国际时尚周等。其中,"中国厦门中秋旅游嘉年华"被评选为"中国节庆文化展论坛——美丽中国·最富城市形象品牌节庆"。

第三,将旅游业与演艺业相结合,打造文化旅游精品,逐步形成具有文化底蕴的旅游演绎体系。旅游文化演出不仅实现了文化艺术的传承和传播,丰富了游客的体验,而且创造了巨大的文化经济价值,并培育了一大批具备很强市场竞争力的文化旅游精品,如闽南神韵、闽南大戏院、嘉庚剧院和厦门老院子民俗风情园等。

(二)厦门文化旅游产业面临的宏观环境和发展机遇

1.宏观环境

伴随现代旅游业进入"大产业、大融合、大发展"新常态时代,我国在旅游产业发展方面制定和出台了一系列重要战略及意见措施,为文化旅游产业发展营造了良好的政策环境。如2009年9月,文化部和国家旅游局共同发布《关于促进文化与旅游结合发展的指导意见》;2013年2月,国务院办公厅印发《国民旅游休闲纲要(2013—2020年)》;2013年4月,颁布实施《中华人民共和国旅游法》;2014年,我国经济开始步入新常态发展时代;2015年,《推动共建丝绸之路经济带和21世纪海上丝绸之路的愿景与行动》颁布实施,文化"走出去"成为国家重要的宏观战略。

近年来,为落实中央支持文化旅游产业发展的政策,福建省委、省政府陆续制定出台了一系列鼓励、扶持地方文化旅游产业发展的政策与规划。如2009年,中共福建省委办公厅、省人民政府办公厅联合发布《关于加快文化产业发展的意见》《福建省文化旅游业2010—2012年发展规划》《福建省"十二五"旅游业发展专项规划》《福建省"十二五"文化改革发展专项规划》《关于加快旅游产业发展的若干意见》;2013年,省委宣传部联合多部门先后制定《福建省加快推进文化和旅游融合发展的实施意见》《关于推进文化和旅游融合发展示范工程的实施方案》;2014年4月,省政府办公厅印发《全省旅游产业发展2014年行动计划》等。2015年5月,福建省旅游局、省文化厅联合召开了2015年度文化旅游融合发展联席会议,省旅游局等五部门联合发布了2015年文化和旅游融合发展重点工作:实施文化旅游提升创新工程,加强历史文化资源保护和挖掘,培育扶持一批文化旅游基地,推动实施一批文化旅游重点项目,加快文化旅游融合产品开发力度。

总之,我国文化旅游正面临千载难逢的宏观发展环境,中央政府和地方政府都在力推文化与旅游融合发展,文化旅游产业迎来了大发展、大繁荣的发展契机,这也为厦门市文化旅游产业的发展营造了一个良好的宏观环境。

2.厦门市文化旅游产业发展的机遇

(1)融入"一带一路"战略的机遇

2013年,国家主席习近平在出访中亚和东南亚国家期间,先后提出共建"丝绸之路经济带"和"21世纪海上丝绸之路"的重大倡议。2015年3月,国家发改委等部门联合发布《推动共建丝绸之路经济带和21世纪海上丝绸之路的愿景与行动》,提出加强旅游合作,扩大旅游规模,互办旅游推广周、宣传月等活动,联合打造具有丝绸之路特色的国际精品旅游线路和旅游产品,提高沿线各国游客签证便利化水平,推动 21 世纪海上丝绸之路邮轮旅游合作。该文件将福建定位为 21 世纪海上丝绸之路核心区,厦门等16 个沿海城市列为"海丝"战略支点城市。为响应中央的倡议,厦门市于 2014 年 11 月出台了《关于贯彻落实丝绸之路经济带和 21 世纪海上丝绸之路建设战略的行动方案》,提出努力把厦门建设成为 21 世纪海上丝绸之路中心枢纽城市,选择基础设施、贸易金融、双向投资、海洋合作、旅游会展和人文交流等六大重点合作领域,制定了 18 项分解目标及具体工作举措。

(2)创新发展自贸试验区的机遇

2014 年 12 月 31 日,国务院正式批复设立中国(福建)自由贸易试验区。福建自贸区包括厦门、福州、平潭 3 个片区。为全面有效推进自贸试验区建设,国务院、福建省、厦门市先后制定了《中国(福建)自由贸易试验区总体方案》《中国(福建)自由贸易试验区产业发展规划(2015—2019)》《中国(福建)自由贸易试验区厦门片区产业发展规划》。这些文件提出,要把福建自贸试验区建设成为我国改革创新试验田、深化两岸经济合作的示范区、21 世纪海上丝绸之路核心区和面向 21 世纪海上丝绸之路沿线国家和地区开放合作新高地。

为响应中央关于设立福建自贸区的战略决策,2015 年 4 月,国家旅游局出台《关于支持中国(福建)自由贸易试验区旅游业开放意见》。该意见在扩大旅行社业开放,促进特色医疗、娱乐演艺、职业教育、旅游装备等领域进一步开放,鼓励旅游金融创新等 7 个方面支持福建自贸区旅游产业发展。

(3)实施美丽厦门战略的机遇

2014 年 3 月,厦门市正式公布《美丽厦门战略规划》。该《规划》提出把厦门建设成为美丽中国的典范城市和国际知名的花园城市,阐述了美丽厦门山海格局美、发展品质美、多元人文美、地域特色美、社会和谐美等五大美丽特质,大海湾、大山海、大花园等三大城市发展战略,以及产业升级等十大行动计划。《规划》的实施将为厦门文化、旅游产业的发展提供良好的发展环境和资源条件,同时也指明了发展的方向和工作重点,提出"提升城市品质,发展文化、旅游产业"的总体要求。

随着国家"一带一路"战略的引领,福建自由贸易区厦门片区创新发展的推进,以及美丽厦门战略的实施,厦门市文化旅游产业发展迎来了难得的历史机遇。

(三)厦门文化旅游产业发展存在的问题分析

目前,厦门的文化旅游产业发展中仍存在以下方面的问题:

(1)产业规模小,文化旅游企业较少,文化创意旅游品牌定位不够突出,创新力不足

旅游发展仍局限在传统的旅游线路上,缺乏文化旅游龙头企业引导整个文化旅游市场的发展,没有充分挖掘具有厦门特色的品牌内涵,对旅游市场影响力有限,比如 2009 年开始运营的《闽南神韵》,至今已演出 2000 多场,接待海内外游客逾 45 万余人,但与厦门整个旅游市场来比,其影响范围和覆盖面还有待提升。同时,厦门市一些新开发的文化旅游项目,存在与厦门整体旅游大环境融合不够密切等问题。

(2)文化资源缺乏有效整合,旅游价值的发挥较为局限

厦门有着丰富的闽南文化、华侨文化、宗教文化、海洋文化和创意文化等资源,拥有极富地域特色的艺术特质、文化底蕴和文化胸怀。但是,历史文化资源缺乏有效的整合,没有形成文化资源的规模效应,存在各自为政、力量分散的问题。文化资源市场化程度处于低级阶段,发挥价值不够,缺少与旅游相关产业的联动,未能形成有效的文化旅游产业链、价值链。在厦门休闲旅游开发大格

局中,厦门在文化产业产品资源产业链的挖掘和价值链的延伸上还有相当大的潜力。

(3)产业管理体制和机制不顺,市场配置资源的机制尚未形成

文化旅游产业发展带有较大自发性,缺乏整体发展规划,存在多头或交叉管理,文化主管部门和旅游主管部门在文化产业与旅游产业融合的过程中需发挥重要作用。文化产业投融资体制仍是瓶颈,文化产业发展受到资金不足的严重制约。现行文化投融资体制的弊端主要是政府为主,投资渠道单一,融资创新不足。而政府投入受预算约束,文化旅游产业发展资金存在较大的缺口。总体看,厦门市市场化的文化产业投融资体制尚未形成,文化产业市场化融资机制亟待建构。

(4)产业合作领域较为局限,文化旅游产品不够丰富

目前厦门市文化旅游产业的合作领域虽然有了长足的发展,但是缺乏深入合作,文化旅游产品较为单一,市场共享机制还有待突破。

(5)文创园的发展定位不明确,文创园区的旅游价值开发尚需提升

纵观厦门的文创园发展,因运营成本和产值的压力,经营管理者会放宽园区进入门槛,允许一些非创意类企业进驻,导致园区内文化创意生态环境被破坏,缺乏龙头企业,无法形成产业聚集。

文创园区的旅游开发是文化产业与旅游产业融合发展的典型代表,集中体现了两个产业的延伸张力,有效实现了消费群和产业空间转换。厦门在文创园区开发时旅游价值创新角度没有得到很好的体现,以沙坡尾文化艺术西区为例,就是厦门文创旅游产业融合的一个代表,但旅游功能、空间的饱和度、游客体验、基础配套(道路标识、停车场、旅游服务中心、环境卫生)等尚未同步跟进,旅游功能上仍局限于游览参观、购物、用餐,产业功能有效融合的道路还很漫长。

(6)文化旅游产业人才缺失,缺乏高精尖的文化创意旅游人才

厦门有关部门发布的一份调查显示:从行业分布上看,文化人才相对集中在文化休闲娱乐服务业、会议及展览服务业、广告业等行业,而文化艺术服务、动漫、动画和网游人才则相对缺乏。厦门文化创意人才的总体数量、个体素质及人才结构还难以与文化旅游快速发展的需求相匹配。较高层次的文化创意设计、产品策划、项目制作和运营管理人才显得尤为稀少。一来限制了文化创意旅游的深层次发展,致使其发展仅停留在表面无法深入;二来会导致城市的文化创意氛围不够浓厚,成为文化旅游发展的一大制约因素。

二、"十三五"时期厦门文化旅游产业发展战略

(一) 发展厦门文化旅游产业的指导思想

对厦门文化旅游产业的战略定位需坚持以下指导思想:以党中央"文化自信""文化强国"的相关精神和国务院关于"促进旅游业的发展"的相关政策为指引,以福建省关于文化和旅游产业的相关战略为指导,以厦门城市发展战略的要求为依据,以面向现代旅游业的发展方向和旅游市场需求为导向,借鉴国内外文化旅游产业发展经验,尊重旅游文化产业发展的内在规律,发挥厦门自身的文化旅游优势,着眼长远与可持续发展,优化产业发展环境,着力培育、提升文化旅游产业发展基础,注重产业的自我生长和自我创新能力。

(二) 厦门文化旅游产业发展的战略定位

抓住厦门被列为国家"一带一路"战略支点城市以及国家建设

"文化强国"的重大战略机遇,根据福建省"文化强省"和厦门市"美丽厦门"的发展战略部署,依托文化产业和旅游产业发展基础,以闽南文化、海洋文化等地方特色为文脉,以文化旅游创意产业为突破口,突出在"美丽厦门"城市整体形象下的"创意厦门""时尚厦门""温馨厦门""人文厦门"的城市文化旅游形象。形成以岛内的传统历史文化街区、文化旅游创意园区为核心,以环城(岛外)文化休闲旅游带为新增长点的各具特色的文化旅游产业空间架构,发挥文化旅游产业良好的产业融合性和延展性特点和优势,积极实施"文化+旅游"的产业融合、带动战略,增强城市的多元文化吸引力,形成一批布局合理、特色鲜明的文化旅游项目和较为完善的文化旅游产业体系。助推厦门市文化产业和旅游产业的转型升级,促进厦门从区域旅游目的地向海上丝绸之路战略支点城市的国际性文化旅游目的地转变,从观光旅游型的旅游城市向文化深度体验型的旅游城市转变,从景区景点型的旅游城市向全域旅游目的地城市转变,最终提升厦门的城市内涵和城市品位,为实现"美丽厦门"的战略目标做出独特的贡献。

(三)厦门文化旅游产业发展路径

1. 厦门文化旅游产业发展的战略路径

根据上述文化旅游产业发展的指导思想和战略定位,以及厦门文化旅游业的现状、问题和面临机遇等的分析,"十三五"期间,厦门文化旅游产业发展路径上,应坚持如下战略。

(1)政府主导战略。加强政府对文化旅游产业的宏观指导,加强部门协同和地区合作,充分调动各方面的积极性,整合、培育城市文化旅游产业现有的要素和资源,营造文化旅游产业发展的良好环境,通过立法、规划等手段,推动文化旅游产业基础性公共服务体系的建设。

(2)创新发展战略。以创新求发展,提高文化旅游产业自主创新的能力,文化旅游结合创意产业,提升城市旅游综合竞争力。

(3)市场化战略。大力培育文化旅游市场主体,转变政府职能,提高旅游公共服务的供给效率,回应公众差异化的旅游公共服务需求。

(4)社会化战略。组织和统筹全社会力量支持和参与文化旅游发展,提高文化旅游的社会化程度。重视行业协会、非营利性组织在补充文化旅游发展过程中政府和市场供给方面不足的重要作用。

(5)国际化战略。按国际化的标准,审视、建设文化旅游项目,推进文化旅游业与国际的接轨,提升厦门旅游产业的国际化水平。

2.厦门文化旅游产业发展的具体策略与措施

(1)鼓励对厦门旅游文化产业发展的相关战略研究,重视文化旅游产业智库和相关研究机构在文化旅游产业发展中的重要支持。

(2)推进旅游文化资源的保护、整理、提升,尤其是对地方非物质文化遗产的保护,扶持厦门的各项基础性文化研究和旅游市场的研究。

(3)遵循市场规律,尊重市场主体,突出文化旅游企业的主体作用,发挥市场在资源配置中的决定作用,完善市场机制,激发市场活力,积极引导市场需求发展。

(4)鼓励各类创新主体开展以需求为导向的文化旅游创业创新。支持各类文化旅游的创新平台、创客空间、创新基地等新型众创空间的发展。鼓励现有各类文创园、传统历史街区注入文化旅游要素,给予资金和政策支持。

(5)以开放共享的态度,促进厦漳泉龙在文化旅游业的一体化发展,促进厦门文化旅游业与台湾、东南亚以及其他国际性的交流与合作。

(6)促进厦门的文化旅游业与厦门的支柱或优势产业相互开

蓝皮书

放共享和融合,不断产生新的文化旅游业态和新增长点。

(7)推动文化旅游产业的投融资创新。大力推广众筹、PPP等投融资模式,引导社会资本介入文化旅游领域,加快厦门文化旅游业的创新发展。鼓励文化旅游企业通过战略投资等市场化方式融合发展。鼓励各类市场主体平等开展市场竞争,依法开展参股并购,支持培育厦门文化旅游龙头企业的发展。

(8)推动乡村文化旅游业的发展。鼓励各乡村立足当地民俗文化、地方特色、土特产品、自然条件和环境等基础,与旅游文化市场的需求相结合,发挥文化旅游创意的创造力和整合力,从地方特色餐饮、特色民宿、特色土特产品、特色乡村文化等方面,发展乡村文化旅游业,从而丰富厦门市的文化旅游产品体系,并带动农民增收和农村繁荣。

(9)加大旅游文化产业知识产权保护力度。文化旅游产品的核心竞争力在于其知识产权,因此要建立健全厦门具有地方特色的旅游文化产业知识产权保护体系,研究制定旅游文化产业知识产权保护和促进办法。

(10)实施重大旅游文化产业项目带动战略。充分发掘厦门的历史街区、古村镇、文创园区,进行文化旅游创意导向的提升开发,带动周边区域及相关产业链的发展。利用重大节事、重大赛事、经贸洽谈会等载体,扩大旅游文化产业空间,打造厦门旅游文化产业创意项目品牌。充分利用厦门岛内外一体化发展战略机遇,结合城市化进程,在环城文化休闲带集中布局一些大型文化旅游项目。

(11)加强法规建设,依法管理旅游文化产业。利用厦门具有地方立法权的优势,制定并完善涉及文化旅游产业发展的各项标准规范和法律法规,建立科学有效的文化旅游产业发展的市场监管方式,促进旅游市场公平竞争、有序发展,维护文化旅游企业和文化旅游消费者的合法权益。

(12)不断创造旅游文化产业发展良好环境。文化旅游的相关主管部门进一步加快政府职能转变,在文化旅游产业的培育、发展的促进中,厘清政府与市场的界限,为文化旅游产业的各参与方(文化旅游企业、文化旅游消费者等)提供良好的公共服务。重视发挥旅游文化中介机构和行业组织等第三部门在文化旅游公共服务产品中独特的作用。制定完善旅游文化产业行业规划及产品标准,强化行业自律。

(四)厦门文化旅游产业空间布局

1. 厦门文化旅游产业的空间结构特征

厦门文化旅游产业在长期的市场发展过程中,形成了以岛内历史文化街区和文创园区为核心,岛外各区的城乡接合带(环城文化休闲旅游带)为外壳的"一心一带"的文化旅游空间格局。

(1)以鼓浪屿、曾厝垵、沙坡尾等为代表的岛内历史文化街区,由于文化积淀深厚,地理位置较为优越,加上大量来厦门的旅游者对文化旅游产品的强大需求,优先被市场所发现、利用并开发,在较短的时间内形成了一批具有一定文化创意的文化旅游聚集区和产业链,这些项目不仅涵盖了主题精品酒店、特色餐饮、咖啡厅、创意商品、文化休闲设施等旅游业的各要素,而且能够立足厦门本土文脉,又吸收了国内外一些对游客有吸引力的文化要素,融合创新,对于厦门旅游业的转型升级,以及厦门被年轻一代认可为国内知名的"小资之城"做出了重要贡献。

(2)以同安的方特梦幻世界、集美的厦门老院子、灵玲马戏城、嘉庚科技馆、古龙酱文化园、双龙潭山地公园,海沧的大曦山休闲农庄集群,翔安的大嶝闽台小镇(台湾商品购物中心)、小嶝休闲渔村等文化休闲旅游项目为代表,主要位于厦门岛外的城乡接合带。这些文化旅游休闲项目,单体占地范围较大,投资额较高,文化主题较为鲜明,与所在区域周边的城市化进程的互动较为明显。

2. 厦门文化旅游产业外部空间的关联审视

厦门文化旅游产业的空间结构,首先需从厦门文化旅游产业的外部空间关联进行审视。主要有以下几点:

(1)"海丝"战略支点城市空间视角下的厦门文化旅游产业

厦门市是我国著名侨乡,与东南亚各国在文化、投资、贸易、旅游等方面有着十分密切的交流与联系。一方面,长期以来,厦门籍的东南亚华侨,在各国扎根、发展的同时,也带去了丰富多彩的厦门民俗等文化;另一方面,东南亚各国的文化在厦门也有一定的表现和影响力,如同安的竹坝华侨农场,因各国归侨带回丰富多彩的南洋民俗文化而受到游客欢迎,目前已开辟成"南洋休闲度假旅游区"。

随着国家"一带一路"战略的实施,厦门作为"海丝"战略支点城市,肩负着与"海上丝绸之路"各国的交流、合作的任务。因此,在思考文化旅游业的外部空间关联中,首先需要审视厦门文化旅游业与"海丝"各国的空间和内涵上的联系,把厦门文化旅游业的发展纳入到国家"一带一路"战略层面。

(2)海西经济区视角下的厦门文化旅游业

一方面,厦门与台湾有着"地缘相近、血缘相亲、文缘相承、商缘相连、法缘相循"的密切联系与交流,两岸的文化旅游业的合作与联系从初期的游客相互输送,进一步发展到文化旅游业各领域、各环节的方方面面,尤其是"金厦"文化旅游目的地共同体随着两岸关系的缓和而越来越得到世界各地旅游者的喜爱。另一方面,海西经济区包括福建、粤东、浙江南部、江西东部共计21个地级及以上城市,在文化旅游资源与产品上,既有着差异性,又有着同质性,有着良好的文化旅游合作基础。因此,需要从海西经济区和旅游区的外部空间视角,去审视厦门的文化旅游产业的内部空间结构。

(3)厦漳泉都市区视角下的厦门文化旅游产业

随着厦漳泉都市区的初步形成,三个城市的同城化进程逐步加快,在空间和产业结构上,需要把厦漳泉这三个共同具有浓郁的闽南文化、海洋文化,又有着不同产业发展基础的城市文化旅游业统筹规划,合理布局,协调发展。

3. 对"十三五"期间厦门文化旅游产业的内部空间布局的建议

根据上述的更大区域空间层面的审视,厦门文化旅游业内部空间结构现状,以及相关发展定位的要求,对于"十三五"期间,厦门文化旅游产业的内部空间布局有如下建议。

(1)顺应岛内外一体化发展的空间格局,重视厦门的"环城文化休闲旅游带"的建设。

"美丽厦门发展战略"提出:厦门市要"以跨岛发展战略为核心,拓展形成'一岛一带多中心'的空间格局,加快岛外公共服务设施建设,推进岛内外一体化"。基于厦门现有的文化旅游产业空间格局的现状,还是未来发展的趋势,岛内外一体化发展特征明显。

厦门的"环城文化休闲旅游带"主要是指岛外各区城乡接合部的区域,分布着丰富的文化休闲旅游项目。由于厦门市特殊的地理位置,其环城游憩带在空间上呈现出以厦门岛为中心的半环状分布,并以点状、非均质为特征。由于具有良好的自然和文化环境,可提供较大面积的可利用土地,加上所在区域城市化进程较快,厦门环城文化休闲旅游带近年来发展迅速,方特、灵玲马戏城、厦门老院子等文化旅游项目迅速推进。

(2)进一步增强、扩大岛内各历史文化街区和文创园区在厦门文化旅游产业格局中的核心区作用。

近年来,随着厦门旅游业的快速发展,厦门的文化旅游核心区也从以往鼓浪屿——中山路的核心层逐步向外扩散,出现了曾厝垵、沙坡尾、黄厝等新兴的、各有特色的,又有着密切空间和文化关联的文化旅游街区,共同构成了新型的厦门文化旅游产业的核心区域。

老城区和老工业园区的文化旅游导向型的开发与提升,将能够为厦门文化旅游产业核心区从以往的"点,"发展到当今的"线",再发展到全岛的"面",为最终使厦门岛内成为"文化旅游岛",并与岛外丰富的文化旅游产业一道,成为全域的文化旅游强市做出重要贡献。

(五) 厦门文化旅游产业结构布局

1. 厦门文化旅游产业重点发展的方向选择

根据厦门"十二五"文化旅游产业集群规划,厦门的文化旅游产业集群包括:演艺娱乐业、文化会展业、古玩与艺术品业、主题公园业、体育休闲产业、节庆赛事等产业形态。但上述产业集群门类,并不能很贴切表述厦门文化旅游产业的具体表现,也很难区分出厦门在文化旅游产业上的重点发展方向。[①] 近年来,旅游业与文化创意产业的融合发展引起联合国教科文组织、世界旅游组织、欧洲旅游与休闲教育协会等国际组织的高度关注,英国、美国、新西兰等国家也十分注重旅游业与文化创意产业的融合发展,相继制定了产业融合发展战略并付诸实践。在开放经济条件下,这意味着要构建文化旅游产业集群的技术优势和动态创新能力,即在厦门文化旅游产业集群升级中嵌入生产性服务,提供高级生产要素、推动区域创新体系的形成、构筑创新知识的扩散与成果应用之间的联结桥梁,并为优化投资环境、吸引外来投资和外包提供支撑。按照加拿大学者 Grubel & Walker(1989)的定义,生产性服务(producer services)与直接满足最终需求的消费者服务(consumer services)相对,是"那些为其他商品和服务的生产者用作中间投入的服务"。生产性服务业具有如下三个显著特征:第

---

① 厦门发改委:《水！厦门将出漂亮"组合拳",打造时尚之都》,厦门发改委微信公众号(xmdrcwx) 2015-11-06。

一,它的无形产出体现为"产业结构的软化";第二,它的产出是中间服务而非最终服务,体现为被服务企业的生产成本;第三,它能够把大量的人力资本和知识资本引入到商品和服务的生产过程当中,是现代产业发展中竞争力的基本源泉。如建设厦门文化旅游产业集群内部的生产力促进中心、研发机构、文化旅游产业发展基金、厦门文化旅游管理咨询机构等等,专门为旅游企业提供技术和管理支持。

2.对厦门文化旅游产业升级分类的思考

"十二五"建设期间,厦门文化旅游产业集群内企业的分工和专业化生产基本形成以城市特色文化带动旅游;以品牌商务会议、节庆和展览活动带动旅游;以参与性、体验性文体休闲娱乐活动带动旅游;以管理规范的艺术品交易市场带动旅游的文化旅游的产业细分化市场结构,表现出厦门旅游文化产业集群的可观的经济效率。在"十三五"期间,厦门文化旅游要在招商引资和政策导向上,继续提高文化旅游集群内企业的专业化程度,嵌入文化旅游产业集群的生产性服务业,发挥生产性服务业的作用空间和需求基础。具体来看:

(1)以文化产业为核心,升级文化体验性旅游项目

游客从常住地到异地,最希望看到的是当地的文化。厦门文化资源丰富,有嘉庚文化、南洋文化、郑成功文化、西洋文化,可转化成具体的旅游吸引物,还有闽南文化基地,南音、高甲戏等民间艺术,海沧保生文化,仙岳福德正神文化,鼓浪屿领事馆,厦门码头文化,各类民间信仰朝圣场所,集美学村,钟宅畲族民俗,以沙坡尾为代表的疍民生活生产习俗,园博苑园艺博览,东南亚华侨农场等文化资源形态。厦门应当尊重自己的文化,以文化产业为核心、需要升级规划旅游功能和旅游体验导向的文化体验性旅游项目类规划,从历史文化和民俗文化资源中汲取营养成分,把虚的做实,把小的做大,把死的复活,把无形的做有形,在传承发展中融合提升。

蓝皮书

（2）以旅游功能和旅游体验为核心，强化提升文化内涵的文化表达性旅游项目

《国民旅游休闲纲要（2013—2020 年）》提出，至 2020 年带薪休假在全国基本落实，全年性的休闲度假发展正在改变中国旅游产业发展的格局。在旅游过程中，观光旅游者对旅游功能和旅游项目的数量敏感度较高，但休闲度假旅游者通常消费行为是从容的，所以对旅游功能和旅游体验的细节的要求更高。

围绕旅游休闲消费模式变化，厦门要培育城市休闲度假文化，构造休闲服务链和产业链。针对厦门华强方特欢乐世界与梦幻王国主题公园、集美灵玲国际马戏城、神游华夏园、灌口双龙潭汽车竞技主题公园、沙坡尾海洋文化创意港、滨海旅游度假、帆船、游艇水上活动、五缘邮轮港、无人生态岛屿、海洋美食等参与性和体验性功能为核心旅游项目，须创新设计，实施文化创意旅游企业成长工程，组建跨界融合的产业集团和产业联盟，打造文化创意旅游中小企业集群，培育具有厦门特色的文化创意旅游企业将文化创意元素充分融入旅游活动全过程，推动旅游业和文化创意产业转型升级。将文化创意元素渗透到传统旅游产品中去，通过虚拟现实技术和特定表现手法赋予动漫、影视、游戏、主题公园、旅游节庆和旅游演艺活动更多的创意内涵，借鉴北京 798 艺术区、上海 M50 创意园、杭州宋城等文化创意旅游特色园区的做法，进一步加强社会、政府、行业、企业及消费者的联动，提升文化创意旅游产品的供给能力，积极打造具有国际影响力的品牌，努力培育消费市场，推动文化创意旅游发展。

（3）文化与旅游协同创新的综合类项目

厦门文化旅游生产中可被利用的资源范围很广泛，很多城市资源本身未必能成为旅游资源，但一旦被纳入文化旅游生产的流程，便可发挥旅游功能。这种纳入是一种旅游与相关领域的结合与融合，使文化旅游功能区能够复合其他多种功能，如娱乐、演艺、

商业、科技、时尚等,在满足游客多种消费需求的同时,以文化创意实现文化产业与旅游产业的跨界融合,在融合中走向持续创新点。

从厦门本身的文化旅游资源基础、消费倾向等角度综合考虑,厦门文化与旅游协同创新的综合类项目可包括以下内容:

一是科技文化与旅游协同创新发展。厦门应以高科技为支撑,以产业化为纽带,推动文化旅游产业结构的升级。如厦门科技馆、集美诚毅科技探索中心、同安方特梦幻世界主题公园等文化旅游项目。重点发展以文化科技主题公园为依托的文化旅游产业,以厦门华强文化科技产业基地和软件园三期为依托的数字内容产业。

二是民俗文化与旅游协同创新发展。寻求民俗文化与旅游的协同创新发展将是厦门文化旅游产业更上一层楼的有效举措。具有数字化、市场化、新媒体化的文化创意产业将成为传统文化的现代表达,促进文化资源与旅游产业要素的融合。如厦门目前正在重点打造的环蔡尖尾山闽南佛教宗教文化旅游区、闽南古镇、神游华夏园、闽台戏曲大观园以及位于同安梅山的闽南宗教文化旅游区。

三是海洋文化与旅游协同创新发展。海洋历来是厦门的生命线,特别是新世纪以来,厦门由海岛城市向海湾型城市发展,开放、开拓、包容、进取的厦门海洋文化已经成为厦门特色文化资源之一。厦门在打造文化旅游产业结构的优化升级上要重视海洋文化在其中的重要地位,将海洋文化创意的挖掘与厦门其他文化资源对接,形成文化创意之都,打造厦门文化旅游创意产业。如沙坡尾海洋文化创意港集合了厦门海洋文化、老城区历史风貌、最厦门元素等内容,极大地促进了文化与旅游的融合,带动文化旅游产业的发展。此外,东渡邮轮母港综合体、五缘湾游艇综合体、国家级海洋公园等海洋文化旅游项目的打造是厦门文化旅游产业结构升级的重要举措。

四是时尚艺术、演艺娱乐文化与旅游协同创新发展。将时尚艺术、演艺文化与旅游进行融合,以更具文化创意的形式表现出来是厦门旅游文化产业结构的一个重点建设方向。厦门的演艺娱乐业发展迅速,已形成环筼筜湖、海湾公园的歌舞娱乐、咖啡、酒吧等文化休闲聚集区,成功举办了观音山沙滩文化节、白海豚音乐节、海峡摇滚音乐节等品牌演出活动。闽南大剧院、嘉庚剧院、神游华夏园、灵玲国际马戏城等演艺场所的建设与完工以及正在进行中的厦门国际周为厦门时尚艺术、演艺娱乐与旅游的协同创新发展注入了新鲜血液,也带动了文化旅游产业结构的进一步提升。

五是会展节庆文化与旅游协同创新发展。厦门要发挥闽南文化积淀优势,大力发展文化节庆创意产业。一是利用厦门历史悠久、地方文化积淀深厚的有利条件,发展以闽南文化为特色的旅游项目,如歌仔戏、南音表演、闽南语歌曲比赛、闽南婚俗表演和展示等,增添本地旅游项目的文化内涵。二是利用会展中心、大会堂、白鹭洲公园等市政公共设施,举办马拉松比赛、博饼节等富有地方特色的节庆活动,增添旅游项目和活动的地方色彩。目前,在文化会展业和节庆赛事产业上,厦门表现得尤为活跃。在今后的节庆策划中应更加重视创意元素的加入。可通过改变场地、变化活动形式、重组或完善活动内容、宣传形式创新等方式扩大厦门文化旅游产业的吸引力与品牌影响力,满足游客的文化体验需求,让旅游节庆活动确实成为文化传播载体。

六是乡村文化与旅游协同创新发展。厦门拥有同安"国家现代农业示范区",岛外其他的翔安、海沧、集美等区均已有一定规模的旅游休闲农庄集群。但在乡村旅游文化的创意打造方面仍有很大的提升空间。正如前文所述,乡村旅游的发展要充分挖掘乡村文化,鼓励各乡村立足当地民俗文化、地方特色、土特产品、自然条件和环境等基础,与旅游文化市场的需求相结合,从地方特色餐饮、特色民宿、特色土特产品、特色乡村文化等方面,发挥文化旅游创意的创造力和整合力,发展乡村文化旅游业。

(4)发展反馈文化产业和旅游产业的公益类项目

文化旅游产业结构的优化升级,特别是文化旅游创意产业的形成不仅要依靠上述三种类型项目的发展,还要有反馈文化产业和旅游产业的公益类项目进行支撑。公益类项目主要指构建公共服务体系与搭建发展平台。

首先,构建公共服务体系。一是各级政府和有关部门加强和改善对从事文化旅游产业的企业的服务,做好公共服务配套。二是推进行业协会建设,充分发挥文化创意产业协会和旅游行业协会在文化旅游产业发展中的沟通、协调和自律作用。三是加强政府、企业和科研院校的合作,培育和发展项目推介、人才培训、风险投资、代理服务等各类中介服务机构。四是围绕文化创意产业园区建设,建立和完善信息、技术、人才、交易、创业孵化、融资等公共服务平台。

其次,搭建发展平台。扶持文化创意旅游产业运营平台建设。一是,搭建两岸文化旅游产业交流交易平台,包括举办海峡两岸(厦门)文博会、海峡两岸图书交易会、厦门国际动漫节等文化展会,推动两岸文化创意产业对接和共同发展。二是,着重支持建设发展中国移动手机动漫基地、中国电信手机动漫中心、中国联通手机动漫基地(筹)等重大项目,提升厦门文化创意产业在国际国内的影响力。三是,推进特色项目,持续推动华强文化科技产业基地二期、灵玲国际马戏城、厦门国际艺术品金融交易中心、闽南古镇、嘉禾良库等在建重大产业项目的建设,推动中国工艺集团南方总部基地、海峡收藏品交易中心、华夏神游、曾厝垵国际艺术村、沙坡尾海洋创意港等重点项目落地。四是,扶持文化创客平台建设。依托各类文化园区和基础,加快培育和支持发展文化创意创客空间,提倡和丰富创客文化,为各类人才加入文化创客行列提供创意创新创业平台和良好条件。

蓝皮书

3.重点项目

重点项目建设是调整行业结构、增强厦门文化旅游产业发展后劲的重要载体,是提升产业集群的核心竞争力和增强旅游产业集群发展潜力的重要措施。要按照"招大、引强、选优"的思路,着力引进和推进一批带动性强、附加值高、可持续水平高的重点项目,为产业转型升级注入新的动力。

(1)海丝文化嵌入东渡邮轮母港综合体

位于东渡游轮中心附近,占地约1200亩,规划建筑总面积约270万平方米,立足现有邮轮中心,在周边滨海区域建设第三代母港,将打造成为国内最大、世界一流的集邮轮母港综合服务、休闲、购物商业、度假、观光、居住、办公于一体的新型综合体,是未来厦门最重要的休闲度假旅游胜地。厦门市要主动融入国家"一带一路"战略,一个重大契机就是开发、营运海丝文化旅游航线,厦门市须加快出台政策,加快游轮母港建设和东南航运中心建设,尽快开辟与新加坡、印度等东南亚、南亚以及西亚,乃至地中海周边地区的固定游轮旅游航线。

(2)创新性技术嵌入华强动漫和影视产业基地

位于同安区,一期工程已投入25亿元,建成27个主题游乐项目,并于2013年4月开始营业。二期工程拟再投入19亿元,在对1000多项"非遗"项目进行艺术加工、表现创意和优化组合的基础上,整理划分出民间传说区、神秘文化区、民间手工艺区等八大分区,打造以非物质文化遗产为背景、以现代旅游休闲体验为形式的全新概念主题公园。

(3)国际休闲娱乐文化嵌入厦门国际马戏城

位于集美区,占地9.2万平方米,总建筑面积约16.1万平方米,总投资10亿元,主要由四大项目组成,分别是大型室内马戏表演场、马戏主题特色酒店、马戏博览主题文化广场和动物标本博物馆。拟打造厦门最具特色的夜间文化主题公园,将成为国内首家以国际马戏表演、马戏博览为主,集旅游观光、休闲娱乐、文化教育于一体的大型马戏乐园主题旅游区。

(4)民俗文化嵌入闽南古镇

位于湖里区翔鹭大酒店旁,总投资 16 亿元人民币,主要包括土楼区、闽南商店区、商贸大楼等,拥有闽台特色购物街、古玩市场、小吃一条街、文化娱乐设施等一系列公共娱乐商业项目,可为顾客提供购物、餐饮、娱乐、休闲等综合性服务。

(5)闽南文化元素嵌入神游华夏园

位于集美区,规划建设三个模块,包括"一场":"神游华夏"室内演艺剧场,在面积达 15000 多平方米的剧场内,上演一出具有闽南地域文化内涵的大型节目;"一园"即神游华夏文化园,该园将内设妈祖文化园、民俗文化村及中华姓氏文化园等多个园区,着力打造一个具有中国元素、华夏文化以及浓郁地方特色的休闲园区;"一馆"即神游海空文化馆,包括神游海洋、神游太空及水上乐园三部分,在展示海空文化的同时,还设置了一批具有参与性、体验性、互动性的项目。

(6)湾区时尚休闲文化嵌入五缘湾游艇综合体

位于湖里区五缘湾,13 万平方米的帆船游艇展销中心及会所、帆船游艇及配件展览馆、海洋休闲文化综合区和产业办公区、配套商业等建筑形态。要突出和彰显海湾、海滩、滨海时尚休闲文化元素,开发和举办国际性帆船比赛、国际游艇文化节、沙滩狂欢节等节事,营造浓厚的滨海文化休闲氛围,优化和提升五缘湾文化旅游产品结构和市场结构。

(7)时尚文化嵌入曾厝垵国际艺术村

位于思明区曾厝垵,由厦门市思明区人民政府滨海街道办事处和厦门集合文化艺术有限公司合作,计划投资 5 亿元,提升曾厝垵地区的艺术影响力和文化氛围。现在的曾厝垵是文艺青年的聚集地,拥有大量的家庭旅馆和创意商店,富有清新、时尚气息。但

蓝皮书

是,传统建筑的保护不力、基础设施建设不足等问题,影响着管理者对曾厝垵日后发展方向的考量。希望通过基础设施的提高和改造,让曾厝垵拥有更加年轻、自由的风格。

(8)疍民文化嵌入沙坡尾海洋文化创意港

位于思明区沙坡尾,"沙坡尾海洋文化创意港"项目的规划范围,北至思明小学,东至厦门理工大学,南至海滨,西至成功大道,规划用地面积 19.75 公顷,船坞水面面积 2.9 公顷。建设沙坡尾海洋文化创意港、开放的海事博物馆群落、最厦门老街等,开发海洋文化景观旅游,重新塑造一座国际视野下的厦门海洋人文城市。

三、他山之石:发展文化旅游产业的经验与启示

(一)欧洲发展文化旅游产业的经验

欧洲具有十分丰富的文化资源,文化旅游产业的运营是全球文化旅游产业的标杆。号称"欧洲国家旅游局"的欧洲旅游委员会,特别重视文化旅游的规划和管理。

首先,该委员会对文化旅游有一个明晰的认知和界定,把各类文化旅游活动归为文化旅游吸引物和文化节事两大类,进行规划和管理(见表1)。

其次,该委员会引导欧洲各国通过塑造城市形象、开发节事活动、加强部门协调和城市协作等方式来推动文化旅游产业的发展。主要做法是:

1.注重文化城市形象的设计

在欧洲,城市的文化形象设计与城市文化旅游发展紧密联系。他们很重视发掘城市特有的文化气质和形象。例如,维也纳、阿姆斯特丹、柏林以及苏黎世,这些城市根据自身的特色,致力于发展

艺术、美食、建筑、时装及夜生活等,而米兰则将自己定义为设计之都,安特卫普则致力于现代服装设计。

表1 欧洲文化旅游活动构成

Attractions 吸引物	Monuments 纪念物	Religious building 宗教建筑
		Public buildings 公共建筑
		Historic houses 历史的房子
		Castles and palaces 城堡和宫殿
		Parks and gardens 公园和花园
		Defences 防御工程
		Archaeological sites 考古遗址
		Industrial－archaeological buildings 工业考古学建筑
	Museums 博物馆	Folklore museums 民俗博物馆
		Art museums 艺术博物馆
	Routes 路线	Cultural－historic routes 文化历史路线
		Art routes 艺术路线
	Theme Parks 主题公园	Cultural－historic parks 文化历史公园
		Archaeological parks 考古公园
		Architecture parks 建筑公园
Events 节事	Cultural-historic events 文化历史事件	Secular festivals 宗教节日
		Folk festivals 民间节日
	Art events 艺术活动	Art exhibitions 艺术展览
		Art festivals 艺术节
	Events and attractions 事件和景点	Open Monument Days 开天纪念碑

2.跨部门合作

在欧洲的众多国家,尽管文化部与经济部的目标并不一致,但是他们会共同开发文化旅游。例如,在丹麦,教育部和旅游部门展开合作,联合创建了财政奖励机制,资助文化机构,帮助他们改善服务、完善信息。该基金也可用于开展涉及文化与旅游整合营销的试点项目。其中,最大的项目是一个节日——"哥本哈根黄金时光"。还有一些项目在筹备阶段,如丹麦的景观"维京人的痕迹""丹麦音乐""20个艺术博物馆的协调营销""安徒生节"等。

3.重视城市之间的合作与协调

在发展文化旅游方面,跨地区及跨国合作一直被欧盟委员会所倡导。最成功的案例就是与20世纪90年代创立的欧洲艺术城市联盟。11个国家共30个城市共同参与了"从文化出发,让更多的大众了解文化旅游"的活动,该活动涉及的行业都旨在提供"高端"文化旅游。1994年,欧盟委员会制定的DGXXIII计划资助了50个发展文化与乡村旅游的项目,例如Phoenician路线旨在连接地中海地区Phoenician主题的历史、艺术和文化。

4.重视节事开发

新的事物可以成功吸引游客到新的地区,因此,文化节事被看成文化旅游市场营销的重要组成部分。通常事件转瞬即逝,节日也只能在特定的日期举办,这些都构成了吸引旅游者前来旅游的重要原因。近年来,欧洲的节日和事件规模越来越大,投资越来越高,无论是基础设施好的城市还是新的文化节庆城市,都需要庞大的预算。因此在节事开发方面也很注重城市与城市之间的合作与协调。

(二)成都市文化旅游产业发展的经验和启示

作为中国首批历史文化名城,成都有着极其丰厚而独特的文化资源和旅游资源。2004年成都市提出"文化强市",2007年被国家旅游局和世界旅游组织授予"2006中国最佳旅游城市"称号。成都市还专门制定了《成都市文化创意和设计服务与相关产业融合发展行动计划(2014—2020)》,推动创意设计与旅游会展体育融合创新。他们可值得借鉴的经验有:

1.市场导向,企业化运作

成都市以国际化、市场化方式最大限度地整合、经营文化旅游体育资源。2007年,组建了成都文旅集团,以"城市文化旅游资源的整合平台及产业发展的投融资平台和营运平台"为重要职能,以"美好生活创造者,现代生活方式的倡导者"为企业愿景,积极探索和创新文、旅、体融合发展,已成为成都乃至中国西部集文化、旅游、体育产业综合发展的龙头企业。从开发宽窄巷子,发行运营熊猫卡,举办成都年,打造西岭雪山为新兴国际山地休闲度假旅游胜地,到安仁古镇、平乐古镇、五凤古镇等一系列文化旅游项目的成功开发,文旅集团为成都市探索并实现了一条"市场导向,企业化运作"的文化旅游产业发展之路。

2.更新发展理念,促进文化与旅游融合发展

坚持文化引领,处理好传承和创新的关系,找到了在城市更新、文化传承、产业发展之间的契合点。典型案例是打造宽窄巷子始终坚持"三态合一"的理念和思路,即文态、形态、业态的有机统一。文态,是指文化遗产的文脉精神,是非物质层面的软性内容;形态,是指文化遗产的建筑、器物等实物形态,是物质层面的硬性载体;业态,则是指符合现代需求的消费方式,是商业层面的经济活动。这三者之间,文态是灵魂,形态是载体,业态是功能。宽窄巷子的开发与利用,是在保护原有建筑的基础上,引进符合宽窄巷子文化定位的商业业态,形成了一个具有鲜明地域特色和文化氛围的复合型文化商业街,打响了"宽窄巷子最成都"的品牌,成为"外地游客完成城市体验、本地市民倾注了却城市情结"的窗口。

蓝皮书

3.古镇文化旅游带动,统筹文化产业整合发展

成都市积极推进古镇在建设"世界生态田园城市"中的作用。以安仁·中国博物馆小镇为例,小镇按照两个世界级的标准——世界级博物馆小镇、国际优秀旅游小镇,在博物馆聚落建设过程中,把文化遗产的文脉精神、文化遗产的建筑器物等实物体现景观、现代消费业态有机融合,充分把博物馆藏品、文化资源优势、民营资本与当地资源相结合,对安仁古镇水系、林盘、田园进行了保护、梳理、整治。以博物馆为主导,以文博旅游和会展服务业为支撑,实现文化产业综合发展,通过植入现代产业体系,为老百姓提供各种培训和就业机会,成为落实成都城乡统筹、"四位一体"科学发展总体战略的示范区。举办"安仁博物馆论坛",为政府、专家学者及社会各界人士搭建了探索博物馆发展模式和未来发展方向的专业性的、高质量的交流与对话平台。

4.大力推进文化创意人才队伍建设

人才队伍是文化旅游产业发展的基础力量。在打造宽窄巷子历史文化保护区过程中,成都遵循着缔造全新生活方式的文化与旅游融合发展的思路,通过成立由历史、文化、艺术、建筑、考古等专家学者组成的专家委员会,全程指导宽窄巷子的修复建设。聘请清华大学担纲规划设计,按照"原状维修和落架重修,修旧如旧"的原则,将北方胡同文化与川西四合院文化有机结合,最终成为老成都百年原真建筑的珍贵遗存。安仁古镇则吸引了社会各界专家、学者、名人热情参与,引进了国内外 20 余位有影响力的文化名人入驻,共同推进世界级博物馆小镇建设。

(三)上海市文化旅游发展的经验与启示

上海的文化创意产业集聚区建设起步比较早,发展十分迅速,产业门类比较齐全,而且在整体规模、上下游产业链、国际化程度等方面都处在全国的领先地位。上海文化创意旅游资源丰富,城

市资源有海派都市底蕴、"设计之都"称号;文化资源拥有非物质文化、名人故居资源、历史文化风貌区等;上海旅游节、上海购物街、上海国际音乐烟花节等文化旅游活动也已经成为上海都市旅游的经典。他们值得借鉴的经验有:

1.政策环境良好,宏观政策支持与重点项目规划

《上海市文化创意产业发展"十二五"规划》指出,"十二五"文化创意产业发展的主要任务是大力推动产业重点领域发展,包括加强融合提升,繁荣发展休闲娱乐业,大力推进旅游休闲业的发展。2013 年 6 月 27 日,上海市政府新闻办发布的《2013 年上海市文化创意产业发展报告》和《2013 年上海市文化创意产业工作要点》,强调 2013 年上海市文化创意产业的工作要点,要"加强产业融合,催生新业态新市场",尤其是要加强文化创意与旅游、体育、教育等融合发展,积极打造文化创意品牌旅游路线或项目。按照《上海市文化创意产业发展"十二五"规划》,文化创意产业将被打造成上海的支柱产业,形成"一轴、两河、多圈"的文化创意产业空间布局。上海政府积极推动重点项目的规划,为上海发展文化创意旅游提供完善的政策支持平台(见表2)。

表2 上海市"十二五"期间文化创意旅游重点项目

类型	政策文件
旅游演艺类	《关于促进文化与旅游结合发展的指导意见》、"上海文化旅游合作发展三年推进计划"
特色展馆类	《上海市旅游业发展"十二五"规划》:重点旅游项目建设,丰富科普旅游
创意园区类	《把上海的文化创意园区建设成旅游新景点》《上海市旅游业发展"十一五规划"》
主题公园类	《上海市旅游业发展"十二五规划"》
节庆会展类	《上海市旅游业发展"十二五规划"》《上海市文化创意产业发展"十二五规划"》

2.文化创意园景点化,工业旅游成为新亮点

据不完全统计,截至 2012 年年底,上海已拥有 114 家市级文化创意产业园区,全市各区县经有关部门正式授牌的各类文化创意产业集聚区已经超过 77 家,上海 8 号桥工业创意园区被国家旅游局评为全国第二批工农业旅游示范点。同时 8 号桥、田子坊、M50 等创意园区的情况也已编入上海旅游委旅游宣传品,纳入相应的旅游线路,成为都市旅游新景点。

2009 年,全国首个工业旅游地方标准《上海市工业旅游景点服务质量要求》实施,目前上海已开发约 200 处工业旅游景点,其中有 19 家为全国工业旅游示范点。8 号桥、M50 创意园区、1933 老场坊等众多通过改造工业遗存资源而形成的创意产业园区,成为工业旅游新亮点,也成为上海城市转型发展与功能提升的重要组成部分。

3.科学选择,勾勒上海文化创意旅游产业增长极

凭借“后世博”与“迪士尼”效应,上海浦东新区文化创意旅游产业能级不断提升,并在“迪士尼、后世博、乡村游”三驾马车的拉动下,浦东新区已成为文化创意旅游产业发展的战略高地,逐渐形成以“上海国际旅游度假区板块”为聚点的文化创意旅游产业发展增长极。以上海迪士尼项目为核心,重点培育和发展主题游乐、旅游度假、文化创意、商务会议、商业零售、体育休闲等产业,整合周边旅游资源联动发展,建成能级高、辐射强的国际化旅游度假区。同时,构建“迪士尼＋川沙古镇”旅游模式、陆家嘴金融贸易会展旅游模式、三林世博休闲旅游模式等上海文化创意旅游创新开发模式。

课题负责人:魏成元
课题组成员:李建中　蔡清毅　刘成茹　陈宝盈
　　　　　　　林晓红　林江珠　吴应其　朱瑞元

2015 年 11 月

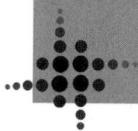

厦门市文化创意产业发展现状和转型升级对策建议

◎ 林宗宁

蓝皮书

文化创意产业是以创作、创造、创新为根本手段,以文化内容、创意成果和知识产权为核心价值,以创新理念和高新科技为重要支撑,为社会公众提供文化体验,引领时尚消费潮流的新兴产业,具有高知识性、高增值性和低能耗、低污染等特征。当前,厦门正大力推进产业转型、城市转型和社会转型,加快建设美丽中国典范城市,发展文化创意产业是建设"美丽厦门"文化提升行动中的重要路径方法,也是实现"三个转型"的重要结合点。首先,文化创意产业是产业转型的新引擎,能够培育形成新的经济增长点,促进创业创新和人才集聚;其次,文化创意产业是优化空间的新切口,通过对城市空间置换,实现都市更新;最后,文化创意产业也是社会转型的新动力,不仅提供了更加丰富多彩的精神文化产品,而且能引导和激发市民共同参与打造城市人文生态,创造生活美学,留住城市最真实的记忆,从而使文化得以创新和传承。

一、厦门市发展文化创意产业的基础

厦门市位于福建省东南端,南接漳州,北邻泉州,东南与大小金门隔海相望,是闽南地区的主要城市之一,与漳州、泉州并称"厦漳泉",是厦漳泉同城化的核心城市。厦门是中国最早实行对外开放政策的四个经济特区之一,五个开发开放类国家综合配套改革试验区之一,"中国(福建)自由贸易试验区"三片区之一,也是两岸新兴产业和现代服务业合作示范区、东南国际航运中心、两岸区域性金融服务中心和两岸贸易中心。厦门在发展文化创意产业方面有以下几方面基础和优势:

1. 文化资源丰富

厦门市共有全国重点文物保护单位 7 处,省级文物保护单位 16 处,市级文物保护单位 69 处。拥有国家级非物质文化遗产名录代表作 11 项,省级 17 项、市级 25 项。厦门市十分注重公共文化设施建设,拥有文化馆 7 个、博物馆 4 个、文物保护管理机构 6 个、公共图书馆 9 个、文化信息共享工程服务点 92 个。厦门注重保护和传承闽南文化生态,维护和创新歌仔戏、南音、高甲戏等传统民间艺术,发展保生慈济文化、福德神文化、妈祖文化等民俗文化旅游,开发古宅村落、土楼建筑、乡土风情文化等。

2. 独特的对台区位优势

厦台一水之隔,两地文化一脉相承,方言、习俗、宗教信仰相同,经贸、旅游、文化交流、人员往来十分活跃,有近十万台胞在厦门工作生活。厦门是台商投资大陆最集中的地区之一,是两岸经贸交流最密集的地区之一,也是台胞进出祖国大陆人数最多的口岸之一,从厦门到金门的"小三通"因航程短、价格低、通关便捷,已成为台胞往返两岸的"黄金通道"。厦门作为两岸交流合作的前沿平台,在推进两岸文化创意产业合作与深度对接方面具有先行先试的优势。

3. 良好的社会人文氛围

厦门中西文化交融,人文底蕴深厚。厦门大学、集美大学、厦门理工学院、福州大学工艺美术学院等众多高校,为文化创意产业发展奠定了良好的学术和人才教育基础。

4.优美的人居环境

厦门在发展过程中,始终坚持实施"蓝天、碧水、绿色、宁静、洁净"五大工程,着力实施生态保护、生态修复和生态建设,先后荣获"联合国人居奖""全国文明城市""国际花园城市""中国优秀旅游城市""国家园林城市"等称号。优美的自然环境和优越的人居环境,是吸引国内外文化创意人才聚集的一大优势。

5.坚实的经济基础

厦门 2014 年人均 GDP 超过 1.4 万美元,按国际经验,已进入文化需求占重要地位的发展阶段。

二、厦门市文化创意产业发展现状

近年来,厦门市致力于打造文化创意千亿产业链,着重实施两个"531"文化发展战略,宏观"531"是重点发展 5 个产业门类,包括文化创意和设计服务、数字内容与新媒体、艺术品产业、演艺娱乐和文化旅游;重点建设 3 大产业平台,即文化保税平台、艺术品展示交易平台和数字内容集成平台;努力建成 1 个示范基地,即国家级文化和科技融合示范基地;微观"531"是重点培育 50 家市重点文化企业、30 个重点项目、10 个重点园区或聚集区。"十二五"期间,厦门市文化创意产业逐渐形成自身的特色,呈现良好的发展态势,保持较快的增长速度,年均增长超过 15%,产业增加值占全市 GDP 的比重稳步提升,已经成为厦门经济社会发展的重要支撑。2014 年,全市文化创意产业实现增加值 280 亿元,增速为 13%,占GDP 比重超过 8%,2015 年预计超过 320 亿元,文化创意产业已经成为厦门市经济发展的支柱性产业,文化创意产业对厦门市经济社会发展的贡献率进一步提高。主要特点:

蓝皮书

1. 新兴文化业态聚集发展

目前,动漫网游、数字内容与新媒体等文化与科技融合型新兴业态的文化企业呈聚集发展态势,形成一批具有全国影响力的文化与科技融合发展的平台型企业,包括全国最大的小游戏平台4399、网页游戏平台趣游、手机动漫平台中国移动手机动漫基地、用户量(近10亿)居行业第一的美图公司等。同时,厦门市已建成一批文化科技产业公共技术服务平台,如国际一流的动作捕捉摄影棚、动漫作品体验室、集成电路及IC设计中心、厦门云计算中心、国家LED检测中心等。

2. 艺术产业发展迅速

2012年,厦门市提出了"探索建设文化产品保税区,打造文化企业保税政策的实体服务平台,推动高端国际文化贸易发展"的设想,并以厦门华辰拍卖公司为主体,于2013年4月在象屿保税区举办了境内关外的首届西洋艺术品保税拍卖会,成交额达2000多万元人民币。2014年12月,厦门华辰公司举办第二次艺术品保税拍卖,成交额达9000多万元,其中,保税的西洋艺术品拍了2100多万元,成交率97%。2014年10月份,北京保利国际拍卖有限公司进驻厦门市场,成为北京保利在中国大陆参与投资的首个区域性拍卖机构,保利厦门2014年秋季首拍达2.4亿元成交额。2015年3月,厦门获批建设自贸区,随着自贸区内保税政策的完善,将吸引国际顶级艺术品拍卖行和展览业落地厦门,将带来国际化、多元化的艺术品交易模式,厦门将逐步成为一个面向世界范围的艺术品交易中心。

3. 重点文化产业园区集聚效应明显

海峡两岸龙山文化创意产业园实施"政府引导、多元投入"的发展模式,通过核心园区的示范带动和政策,引导促进周边存量房产改造建设成专业化定位的文化创意产业园,进一步激发社会资本投资建设文创园的积极性。截至目前,龙山文创园共投资约3

亿元,改造厂房 17 幢,面积近 13 万平方米,现有入驻企业超过 260 家,产值近百亿元。园区正着力打造厦门市工业设计中心、龙山时尚中心、创业平台、服务企业中心等四大平台。2013 年 11 月,在 2013 第八届中国创意产业年度大奖评选中,获颁"中国创意产业最佳园区奖",成为福建省首个上榜文创园区。

湖里文创园区作为闽台(厦门)文化产业园的核心部分,先期启动的海峡建筑设计文创园以建筑设计为特色进行园区定位,形成了"以生活美学和当代科技为两翼,以自身深厚的设计文化为引擎"的崭新格局,吸引了两岸三地及海外知名设计机构、设计师进驻。2014 年园区主营业务收入 6.1 亿元,纳税 2109.74 万元,园区聚集效应明显。联发华美空间文创园提出"南中国时尚中心"的口号,拟打造时尚设计产业园区,为城市战略定位和产业集聚提供了建设载体和支撑平台。重点引进国内外一批影响力较大、知名度较高的设计大师、名师入驻。

沙坡尾海洋文化创意港以厦门沙坡渔港文化创意投资有限公司为改造主体,对符合城市文化资源进行保护性开发,传统文化得以延续传承,新的文化品牌创新建立,通过制定空间规划导则,维护良性生长环境,构建社区营造中心,促进产业与社区融合发展。目前,沙坡尾艺术西区逐渐成为文艺青年新的聚集区,文化创意人才创业的新基地,文化活动的新地标,文化产品创作生产的新园区。

4.龙头骨干文化企业初具规模

近几年先后开展了 4 批市重点文化企业评选、两次文化创意产业风云企业评选。2014 年评定的 50 家市重点文化企业营收总规模 63.32 亿,税前利润为 9.37 亿,纳税总额为 3.09 亿;平均规模比增 77.25%,平均税前利润比增 21.23%,平均纳税比增24.28%。

5.重点文化创意产业项目建设扎实推进

近年来,厦门市重点推动和引进一批重点文化创意产业项目。已建成的项目有厦门华强方特欢乐世界与梦幻王国主题公园、集美灵玲国际马戏城、神游华夏园、灌口双龙潭汽车竞技主题公园、厦门华强文化科技产业基地、中国移动手机动漫基地等,目前10亿元以上的在建、在谈项目6个,投资总额近120亿元。主要项目有:一是厦门华强文化科技产业基地二期项目,总投资22亿元,预计2016年下半年建成;二是海峡收藏品交易中心一期项目,总投资18亿元,预计2017年建成,;三是厦门国际艺术品交易(金融)中心项目,总投资15亿元,预计2017年建成;四是沙坡尾海洋文化创意港项目,总投资40亿元,计划2018年前完成。

三、厦门市文化创意产业发展经验

近年来,厦门市委市政府把发展文化创意产业列入厦门市六大战略性新兴产业,在组织领导、协调机制、文化体制改革、政策扶持、平台建设等方面,探索、实践形成了一套适合厦门文化创意产业发展的特色和经验。

1.加强组织领导

建立党委政府统一领导,相关职能部门密切配合,企业和各种社会力量积极参与,合力推进全市文化创意产业发展的体制机制。在厦门市文化改革发展工作领导小组全面统筹下,建立财政、规划、土地、税务、海关等27个成员单位参与的文化创意产业工作协调常态机制,对全市文化体制改革和文化产业发展工作进行统筹协调和指导。各区参照市里规格建立健全组织领导机构,形成市与区两级联动的推进机制。

2.深化文化体制改革

一是进一步加快经营性文化事业单位转企改制,培育市场主体。比如,将厦门外图交流中心转企改制成厦门外图集团有限公司;深化广电改革,推进事企分开,组建成立厦门文广传媒集团有限公司等。二是加强文化产品和要素市场建设,积极培育演艺市场,推动演艺与旅游、会展等相结合。如引进中演院线管理经营厦门闽南大剧院,保利院线管理经营嘉庚剧院等。三是构建新型的国有文化资产管理体制,按照管人管事管资产管导向相统一的原则,加强国有文化资产的监督管理,确保国有资产保值增值。

3.构建服务体系

一是各级政府和有关部门加强和改善对文化企业的服务,做好公共服务配套。二是推进行业协会建设,充分发挥文化创意产业协会和各专业性行业协会在产业发展中的沟通、协调和自律作用。三是加强政府、企业和科研院校的合作,培育和发展项目推介、人才培训、风险投资、代理服务等各类中介服务机构。四是加快文化市场体系建设,推进文化产权交易和艺术品交易平台建设。五是围绕文化创意产业园区建设,建立和完善信息、技术、人才、交易、创业孵化、融资等公共服务平台。

4.加强政策扶持

加大财税扶持政策力度。设立市文化创意产业专项资金,以奖励、贴息、资助等方式扶持重大文化创意产业项目及企业。支持和引导担保机构为厦门中小文化企业的融资提供担保。设立政府创业引导基金,采用阶段参股、跟进投资等方式,吸引国内外的风险资本投向初创型文化企业。

5.加强平台建设

重视打造全国性、国际性的市场交易和商业运营平台。一是搭建两岸文化产业交流交易平台,举办海峡两岸(厦门)文博会、海峡两岸图书交易会、厦门国际动漫节等文化展会。二是着重支持建设发展中国移动手机动漫基地、中国电信手机动漫中心、中国联通手机动漫基地(筹)、4399网络游戏运营中心、趣游网页游戏运营中心(国际)、中国版权交易中心、海峡收藏品交易中心等重大项目,提升厦门文化创意产业在国际国内的影响力。三是举办中国国际IP交易大会和中国移动游戏产业高峰会等有影响力的展会,打造国内游戏产业发展的高端平台。

四、厦门市文化创意产业发展存在的主要问题

厦门市文化创意产业在快速发展的同时,也还存在一些问题和不足,总体上规模不大、大型骨干文化企业少、政策吸引力不强、人才总量偏少等。

1.总体规模偏小

2014年,全市文化创意产业实现增加值280亿元,相比北京2700亿、上海2800亿、深圳1560亿、杭州1600亿,总量偏小,竞争力不强。

2.骨干文化企业不强

目前厦门市文化创意企业产值超过10亿元不多,主要集中在动漫游戏产业,还没有一家产值超过百亿的文化企业。

3.政策竞争力不强

厦门市扶持文化创意产业发展的政策不多、力度不大,扶持资金规模偏小。

4.人才总量偏少

厦门市文化创意产业人才的供给是有了明显改善,但是,从总体上来看,文创人才缺乏的问题没有根本性改善,尤其缺乏复合型和领军型人才。

五、加快厦门市文化创意产业发展的对策和建议

根据厦门市文化创意产业发展的基础、现状和存在的问题,结合国内外文化创意产业发展趋势,就下一步如何推动厦门市加快文化创意产业发展提出如下对策和建议:

(一)搭建发展平台

1.构建厦门文化保税区

利用厦门便捷的海陆空交通枢纽优势和自贸区政策,大力发展艺术收藏品交流展示交易活动,努力建成专业化的文化艺术品保税区。

2.推进国家级闽台文化创意产业试验区升级建设

发挥厦门作为两岸交流合作的前沿平台的独特优势,积极先行先试,推进两岸文化创意产业合作与深度对接。重点对接台湾数字内容产业、创意设计产业、演艺娱乐业和文化旅游等产业,吸引台湾文创人才来厦创业。

3.加快国家级文化和科技融合示范基地建设

以厦门火炬高新区为主体,利用软件园、创业园、厦门科技创新园等园区载体,引进一批重点文化和科技融合企业。利用园区现有工业厂房,高起点规划建设孵化器,加快推进文化与科技孵化器、加速器建设。

4.扶持文化创意产业运营平台建设

继续搭建好两岸文化创意产业交流交易平台,做大做强海峡两岸(厦门)文博会、海峡两岸图书交易会、厦门国际动漫节等文化展会,推动两岸文化创意产业对接和共同发展。

蓝皮书

5.扶持文化创客平台建设

依托各类文化园区和基础,加快培育和支持发展文化创意创客空间,提倡和丰富创客文化,为各类人才加入文化创客行列提供创意创新创业平台和良好条件。

(二)加强招商引资

1.坚持"非禁即入"原则

鼓励和引导非公资本进入文化创意产业领域,发展新型业态。

2.加大对知名企业、规模企业、品牌活动的引进力度

在数字内容与新媒体方面:继续做强做大4399、美图科技、趣游科技、中国移动手机动漫基地等全国性平台,对接台湾数位内容产业,把厦门打造成为中国游戏产业之都;在创意设计方面:重点引进时尚设计、工业设计知名企业和人才落户厦门,对接台湾创意设计人才和商业模式;在演艺娱乐方面:在成功引进华强方特梦幻王国、神游华夏园、国际灵玲马戏城等国内一流演艺娱乐项目的基础上,重点引进"梦想世界"项目;在高端艺术品方面:在建设好海峡收藏品交易中心项目的基础上,重点引进苏富比、佳士得、邦瀚斯等著名拍卖行和美斯集团等高端艺术品物流公司,健全艺术品交易服务平台,着眼于台湾工艺产业上游的工艺设计、创作和下游的展示、交易等环节,引进台湾工艺产品的艺术经纪人才、国际市场拓展经验及其展示交易模式。

(三)加大政策扶持

深入贯彻落实国务院发布的《关于推进文化创意和设计服务与相关产业融合发展的若干意见》《关于积极推进"互联网+"行动的指导意见》,中宣部等6部委联合印发的《国家文化科技创新工程纲要》,文化部、央行、财政部出台的《关于深入推进文化金融合作的意见》等推进文化创意产业创新发展的相关政策,综合运用税

收、财政、金融等手段,为文化创意产业创新发展提供制度保障,重点推动落实以下两方面的配套政策:

1. 文化和科技融合发展政策

制定出台《厦门市促进文化与科技融合发展的若干政策》,拿出有竞争优势的政策,重点扶持原创性好、科技含量高的文化创意类企业在厦门聚集发展,大力扶持中小微文化企业创新发展,使其成为"文化+"创新、创业的重要主体,积极利用产业集聚效应引导文化产业与其他高科技产业、新兴媒体及创意设计产业有机结合。

2. 金融支持文化创意产业发展政策

充分发挥两岸金融试验区优势,建立完善文化投融资体制机制,促进文化金融融合发展。积极建立健全文化创意产业的无形资产评估体系和信用评级制度,鼓励银行、信贷和担保机构建立专门服务文化创意产业的专营机构、特色支行和文化金融专业服务团队,不断创新金融产品和服务。鼓励增加版权质押、股权融资、信用担保、融资租赁贷款、应收账款质押融资、产业链融资等多种促进功能区文化创意企业发展的融资品种,重点拓展贷款抵(质)押物的范围,完善无形资产和收益权抵(质)押权登记公示制度,探索开展无形资产质押和收益权抵(质)押贷款等业务,进一步缓解文化企业、文化项目融资难题。加强国有文化创意产业引导基金对社会资本的引导作用,积极培育文化创意产业的战略投资者,引导私募股权投资基金、创业投资基金及各类投资机构加大对文化创意产业核心领域、文化创意新兴业态的投资力度。

(四)加强文化创意产业人才培养

1. 实施行业领军人物特殊政策

深入实施"厦门市海纳百川人才计划",重点培养和引进一批文化创意领军人才、高层次文化经营管理人才、文化金融融合的资本型人才、文化科技融合的创新型人才,以及熟悉国际文化产业和贸易规则的外向型人才。同时制定完善相关政策措施,在户籍管理、子女入学入托等方面为文化创意产业高级人才提供保障。

2.建立健全各类文创人才培养机制

大力实施紧缺文创人才培训工程,安排专项资金,资助各类机构开展对急需人才的培养计划。加大"产学研"合作教育、学校与科研院所、企业联合培训力度,在厦门高校设立文化创意产业相关专业,加大对各层次的文化创意人才的培养力度,优化人才结构和发展环境,形成文创人才聚集高地。

2015 年 11 月

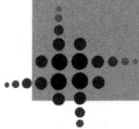

新加坡文化产业发展经验及对厦门的启示

◎ 厦门市发展研究中心

目前,新加坡已成为世界文化创意产业最为发达的国家之一。通过学习借鉴新加坡发展文化产业的成功经验,对加快厦门市文化产业发展具有重要的现实意义。

一、新加坡文化产业发展现状

1.总体情况

2002年,新加坡政府成立了创意工作小组,专门分析文化产业的现状,确定发展战略和政府的对策。经过十多年的发展,新加坡树立起"新亚洲创意中心"的声誉,使新加坡成为"亚洲的纽约、旧金山或伦敦"。2014年,新加坡文化产业占GDP的比重为7%,达194.5亿美元,解决了新加坡7%的就业人口。

2.主要领域

在文化艺术方面,实施"艺术遍布"计划,建设多个现代和当代艺术博物馆,为大众创造更多的图书馆空间,与新加坡社会发展理事会合作实施"创意社区"计划,设立虚拟文化资源网,开展新加坡艺术双年展等活动,日益把新加坡建成为一个在艺术和文化方面具有高度创新性兼具多项才能的国际化都市。

在设计方面,新加坡正在建设一个产品、概念和服务设计方面的全球文化和商业中心,把设计理念和创造性渗入工作、家庭和娱乐的各个方面。

在媒体方面,新加坡正在建设一个有繁荣的媒体生态系统强大的国际推广力的国际化媒体城。在纬壹科技城设立媒体城,出口"新加坡制造"的媒体内容,大力推动新加坡媒体交流中心建设。

二、新加坡文化产业发展经验启示

1.注重战略规划引导

为应对1998年的金融危机,新加坡从国家战略高度将"创意产业"定性为21世纪的战略产业,"亚洲主要城市和世界级文化中心"宏伟目标。随后,围绕发展目标,新加坡根据文化产业的不同领域,分别制定了不同发展阶段的产业发展规划,设定了不同的发展目标和相应的发展政策,全面系统地确立了文化产业的战略核心地位。

新加坡的经验显示,政府在文化产业发展上发挥着重要的作用,关键是要在战略上对文化产业发展实行全面引导。要积极营造产业发展的良好环境,在软、硬两方面为文化企业和个人提供公平、透明的竞争环境、发展环境。

2.注重发挥政府的引导作用

从生产到需求、从政策到资金,对文化产业进行全面扶持,积极推进文化产业的发展。新加坡提出了发展文化产业的六大措施,包括培养欣赏与从事文化艺术的庞大群体、发展旗舰艺术公司、加大政府投入培育本地人才、提供良好的基础设施等。新加坡政府不断加大在文化产业上的投入。据统计,从2011年开始新加坡政府每年投入3.65亿新加坡元到文化艺术产业。

一是对从事文化产业的企业给予财税优惠,增强文化产业的吸引力,不断壮大文化产业队伍。二是多渠道筹措文化产业发展资金。文化产业企业绝大部分规模较小,风险较高,在初创时期经常遇到资金问题,要通过专项资助、贷款担保、鼓励风险融资等方式协助创意企业获取资金,以此推动文化产业的发展。同时,有目的、有重点地对龙头文化企业实施资金、政策支持,以发挥龙头企业的带头作用。

3.注重人才的引进和培养

新加坡政府注重将创意人才的培养作为发展文化产业的基础。新加坡政府出资 8000 万新元建立了一所专门的艺术学校,每年招收 1200 名学生。同时,积极推进与国际顶尖学术和研究机构进行广泛合作,着力培养创意产业高级人才。

新加坡的经验表明,在人才培养方面上,首先要加快建设从小学到大学的艺术、媒体、设计教育体系,特别是通过高职、本科和研究生等多层次教育模式,培养和造就一批从事文化产业的创意人才、策划人才、外向型人才和网络科技人才。其次,要加大现有人才的培训制度、完善人才激励机制、拓宽人才选拔途径,提供继续教育机会等方式,提高现有文化产业从业人员的素质。最后,要开辟引进国内外优秀人才的绿色通道,对国内外文化产业精英要制定灵活的引进政策,诸如提供创业资金、股权分配、子女就学服务等各项政策,增强政策的吸引力,广泛吸纳高端文化人才,增加高端文化人才储备。

4.注重开发整合文化资源

新加坡是个多元民族社会,文化资源也是多元的。首先,在官方语言设置上,马来语是新加坡的国语,英语、汉语、马来语、泰米尔语同为官方语言。其次,在公共假日的设置上,新加坡每年有 11 天法定节假日,除元旦、国际劳动节和国庆节外,其余 8 天都是民族和宗教节日。另外,各民族在长期生活中还形成了各具特色的生活方式、语言、风俗习惯、建筑风格,这些在新加坡城市建设中

蓝皮书

都得到了充分的展示,既保留有乌节路等街道和古老房屋及各种风俗,也有以全球性艺术城市的象征滨海艺术中心等为代表的现代建筑。新加坡积极整合各种特色文化资源,将特色文化产业化,如每年举办的新春"妆艺大游行"、新加坡艺术节、新加坡双年展、新加坡作家节等,已经成为新加坡演绎多元传统文化的重要活动,吸引了众多海内外游客。

三、厦门与新加坡文化产业发展的差距和问题

1.两地差距

一是总量上。2014年新加坡文化产业达194.5亿美元,厦门文化产业为44亿美元,占新加坡的22.6%。从总量上看,厦门文化产业与新加坡差距较大。

二是在发展上。新加坡重点发展文化艺术、设计和媒体三个领域。目前厦门动漫网游、创意设计、数字内容与新媒体等新兴业态的文化企业已形成聚集发展态势,规模不断扩大但在发展水平还是存在较大差距。

三是在发展路径上。在发展路径上,新加坡更加重视文化、科技、金融互联网融合发展。厦门注重文化创意和科技创新的融合发展,2013年获得国家级文化和科技融合示范基地称号,但厦门在文化产业与金融和互联网的融合上相对薄弱。

四是在园区载体上。目前,新加坡文化产业集群发展已具相当规模,主要分为文化艺术产业园区、传媒产业园区和设计产业园区,园区载体相对集中。厦门市文化产业园区集聚效应初步显现,有海峡龙山文化产业园、国家级闽台文化产业试验园核心区二期(湖里老工业厂房文创园区),但总体上仍较为分散。

五是在企业发展上。2014年,新加坡文化艺术企业共有950

个,各类文化艺术活动 33886 场,各类文化艺术表演运营收入 67 亿美元。全国电视广播公司 12 家,出版行业产值已达 14 亿新币,拥有数字媒体产业增加值达到 20 亿美元。厦门市龙头文化企业建设取得积极成效。2014 年,50 家重点文化企业的营收总规模为 63.32 亿元,税前利润为 9.37 亿元,纳税总额为 3.09 亿元,与新加坡相比,还存在较大差距。

2. 厦门文化产业存在的问题

一是管理体制不顺,产业扶持政策力度不够。政府部门对文创产业缺乏准确界定和分类,文创产业管理主体不够明确,文创产业管辖范围界限不够明晰。市政府主管文化产业的职能部门是文广新局,但动漫游戏、工艺美术、工业设计、建筑设计、广告、文化旅游、文化产品进出口等分别由经信局、建设管理局、市场监督管理局、旅游局、商务局等进行管理,使得产业发展缺少统一规划,产业促进政策内容分散。近年来,市委市政府出台了一系列加快文创产业发展的政策措施,但政策扶持力度有待加强,政府对文创企业孵化扶持力度不够。

二是文创企业用地用房难,文创产业投融资体系尚未形成。虽然市政府对利用旧厂房、旧建筑等存量房地产资源用于文创产业发展做了优惠规定,但是没有出台相应的保障措施和用地目录,在实际工作中落实难度很大。文创产业发展资金来源渠道很少,融资贷款困难,政府投入、银行支持、风险投资都不足,政府给予文创产业发展的专项资金一年仅 2000 万元。

三是缺乏领军型文创企业和文创人才,整体竞争力不强。文创产业从业人才偏少,特别是高端原创人才、管理人才紧缺,缺乏有名气的行业领军人物。文创企业仍以中小企业为主,集约化、规模化程度较低,具备影响力的龙头企业和知名品牌不多,产品附加值、科技含量和产业层次较低,辐射带动作用不够强,大部分文创企业还是单打独斗模式,文创产业链尚不完整,产业聚集度有待

蓝皮书

加强。

四、厦门文化产业发展对策

1.建立健全相关制度

要理顺文创产业的管理机制和体制,做到分工明确,权责一致。要加强文化、广电、新闻出版、信息、财税、工商、国土资源、规划、旅游、人事等相关职能部门的统筹协调力度,科学制定并实施全市文创产业发展规划,并将其纳入国民经济和社会发展总体规划及城市建设总体规划中,有效制定并落实扶持政策,不断推动文创产业繁荣发展。

认真落实国家、省、市鼓励支持文化产业发展的规划、法规,研究制定符合文化创意产业规律的政策措施,完善原创内容、技术研发等各项扶持政策。加强文化创意产业知识产权保护和服务,建立文化创意作品著作权登记资助制度,对创意成果应用、知识产权评估、抵押融资和贸易等进行扶持。建立文化创意产业统计核算制度和科学的统计指标体系,完善统计监测与考核,注重产业发展资料的收集整理,编纂出版《厦门文化创意产业年鉴》,为促进产业发展提供决策依据和信息服务。

2.强化战略规划统筹

要充分发挥政府在文化创意产业的持续发展中的引导作用,根据实际情况,按不同时段制定文化产业的发展规划,尤其是五至十年的中长期规划。各区也要根据本区比较优势和发展重点,提出本区文化产业的发展目标,对文化产业发展予以全方位指导。各级政府要注重强化规划的执行督促检查,确保规划完整落实。同时,优化政府主导文化产业发展的管理体制,建立相对统一的文化产业管理机构,强化文化产业管理机构的产业发展引导职能,有效地对文化产业的各项资源进行统筹协调,并参照新加坡媒体发展局、设计理事会等运作模式,通过市场手段,加快文化产业核心要素资本的培育和推进。

3. 整合优势文化资源

发展文化产业具有丰厚的文化资源基础,要在保护和传承闽南文化、侨乡文化、海洋文化的基础上,积极推进资源整合,大力开发特色文化产业项目,既保留传统民族文化的"原生态",又实现现代文化与传统特色文化的完美结合。特别要加强文化资源的转化能力,深入开发和利用各地丰厚的文化资源,注重对中端的市场需求分析和高端的市场营销及衍生品开发,提高文化产品和服务的附加值,提升文化产业竞争力。

4. 拓宽投融资渠道

可比照高科技园区的优惠政策制定文创产业优惠税收和财政政策。市财政每年集中 5 亿元资金,设立文化创意产业发展专项资金并制定相应管理办法,支持和引导担保机构为中小文创企业融资提供担保,鼓励金融机构开展文创企业知识产权权利质押业务试点。支持符合条件的文创企业改制上市,引进或设立文创产业发展风险投资公司。

加大对文化创意产品和服务的政府采购力度,拓展文化创意产业市场空间。充分发挥两岸金融服务中心的优势,落实国家、省金融支持文化产业振兴和发展繁荣的有关政策,建立完善文化投融资体制机制,培育文化创意产业的战略投资者,构建一流的文化创意产业投融资服务平台,推动文化与市场对接、文化与资本融合。

5. 加强园区载体建设

一要完善公共服务平台建设。着重建立海峡两岸文化创意产业人才创业孵化、融资中介、版权、技术、信息、展示与交易等公共服务体系。重点包括公共信息平台、公共交流平台、融资平台等。

蓝皮书

二要做大文创产业园区。依托厦门的特殊条件和人文地理优势,利用旧厂房、旧仓库、传统商业街等"三旧"改造契机,通过统一规划,整合发展为文创产业园、产业带,构建"一保税区(厦门文化保税区)、一试验区(国家级闽台文化产业试验区)、一基地(国家文化与科技融合示范基地)"等载体,形成各具特色的文创产业聚集区。

推进厦门文化艺术品保税区建设。着力推进"厦门国际艺术品交易(金融)中心""海峡收藏品交易中心"等重点项目建设,建成专业化的"文化艺术品保税区",为艺术品提供保税、投融资、展示、拍卖、交易、担保、典当、仓储、鉴定、修复等覆盖全产业链的专业服务,建成国内最大的两岸艺术收藏品交流交易中心。

推进国家级闽台文化产业试验区建设。采用"一区多园"的建设模式,整合多个已建及在建文创园区,打造成一个有规模有影响的厦门闽台文化产业园。重点鼓励创意设计、数字内容与新媒体、影视、动漫游戏、文化休闲旅游等行业发展。

加快国家级文化和科技融合示范基地建设。以厦门火炬高新区为主体,实施"一基地多园区"发展战略,利用软件园、创业园、厦门科技创新园等园区为载体规划建设,引进一批重点文化和科技融合企业。重点发展数字内容、移动互联网与新媒体、创意设计三大产业集群。

成立大学生文创产业孵化基地。通过建立大学生文创产业孵化基地,为大学生创业提供研究开发、成果转化、产业孵化等服务,吸引全国高校在校生、毕业生集聚入驻创业。对入驻孵化基地的大学生创业者,实行创业扶持计划,设立创业专项资金、小额担保贷款基金,对小额贷款予以贴息,给予房租补贴等。

6. 构筑文化人才高地

根据文创产业发展特点和优势,坚持培养和引进相结合,积极创造有利于培养、吸引、汇集全球创意创新人才的政策环境和人文环境。面向国内外重点引进文化创意产业的领军人才,积极探索建立各种类型的创意人才工作室。积极探索建立两岸文创产业人才交流合作长效机制。办好厦门大学、华侨大学、集美大学等高校的艺术、设计、软件、传媒、表演等相关专业,积极探索在创意设计等文化创意领域建立特色学院,鼓励高等院校、职业院校与企业联合创办文化创意学院,鼓励各类教育培训机构开设相关创意设计专业,根据文化创意产业的发展需要确定人才培养计划。

健全文化创意产业人才评价体系、资质认证和激励机制,建立文化创意人才信息库,制定实施文化创意人才推广计划,加快培养和引进一批懂文化、会经营、善管理的高层次文化经营管理人才,一批掌握现代高新技术、善于运用科技手段推动文化创意产业发展的创新型人才和一批熟悉文化贸易规则、善于开拓国际文化市场的外向型人才,为文化强市建设提供坚强的人才保障和智力支撑。

7. 保障文创产业用地需求

文创产业项目用地要纳入土地利用总体规划和年度计划,根据产业布局要求,由规划部门与文化部门共同编制"闲置空间转化利用规划"。在积极推动节约集约和高效利用土地资源的前提下,优先保障文化创意产业用地,优先安排重大文化创意产业项目用地计划指标,文化创意企业用房优先纳入创新型产业用房规划。鼓励文化企业积极参与旧工业区、旧村、旧城区改造,建设创意设计、动漫游戏、影视制作、音乐创作、创意研发等高端文化创意产业项目,促进产业结构升级和城市功能更新。对新建或通过城市更新建设的文化创意产业项目,给予优惠地价支持。

课题组长:张振佳
课题成员:林汝辉　谢强　黄榆舒　刘飞龙
执　　笔:张振佳

2015 年 9 月

蓝皮书

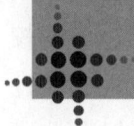

厦门市文化保税推介代表团访问英国、瑞士情况的报告

◎ 厦门市文化保税推介代表团

为贯彻市委市政府关于加快文化产业发展、突出福建自贸区厦门片区产业发展特色和全力构建文化创意千亿产业链的部署，充分发挥文化产业在产业升级和城市转型中的独特作用，着力夯实厦门在两岸四地乃至东南亚地区艺术品产业发展中的独特地位，厦门市委常委、宣传部长、市文化改革发展工作领导小组副组长叶重耕于 2015 年 12 月 12 日至 17 日率领厦门市文化保税推介代表团（以下简称代表团）一行 4 人出访英国、瑞士。现将有关情况汇报如下：

一、访问概述

应英国苏富比（伦敦）有限公司、瑞士 Andersen Geneve SA 邀请，市委常委、宣传部长叶重耕率领厦门海关、市政府办公厅、市外侨办等单位组成的代表团于 12 月 12 日从广州启程，抵达英国伦敦，参观了艺术品交易生态圈的运营方维多利亚和阿尔伯特博物馆、古董商代表 Moira brand 公司，与苏富比（伦敦）有限公司高层举行了会谈，并在伦敦举办了福建自贸试验区厦门片区开展文化保税业务专场推介会。随后，代表团抵达瑞士苏黎世，由邀请方 Andersen Geneve SA 安排参访了保税物流仓储代表 Welti－

蓝皮书

furrer公司,并与公司负责人就相关产业模式进行了探讨。根据上级通知精神,代表团取消了已审批的4天法国行程,于12月17日如期由香港转机抵达厦门。

此次出访时间紧、任务多,代表团出访前明确出访任务分工,各自做好相关领域的联系工作,保证代表团在外合理、充分利用时间,使公务活动充实有效。在外期间,代表团严格遵守八项规定和外事纪律,服从统一领导,认真工作,圆满完成了访问任务。

二、主要成果

1.举办文化保税业务专场推介会

代表团此次赴欧洲的重要任务之一就是推介厦门市文化保税平台,推动厦门市艺术品拍卖公司与国外同行的合作交流。在英国,代表团成功举办了厦门文化保税业务的专场推介会,得到了中国驻英国大使馆的帮助和支持。会议由市政府副秘书长王伟主持,出席本次推介会领导嘉宾有中国驻英大使馆经商处金旭公使衔参赞,中国驻英大使馆文化处项晓炜公使衔参赞,英国华人首位市长、伦敦红桥区英国女王代表陈德梁等,国际顶级拍卖行苏富比等众多英国艺术界机构参与了本次推介活动,现场气氛热烈。

中国驻英大使馆经商处金旭公使衔参赞表示,相信今后中英两国文化贸易方面,会有更多文化上的交流。中国驻英大使馆文化处项晓炜公使衔参赞认为:2015年是中英文化交流年,习近平主席对英国进行国事访问将中英关系推向了一个新的高度,中英关系是21世纪的全面战略合作伙伴关系。希望今后通过文化等各项交流活动建立一个健康的新的生态系统。

市委常委、宣传部长叶重耕在此次推介会上向客人们介绍了"美丽厦门"发展战略和文化产业特别是艺术品产业的发展情况,强调厦门具有得天独厚的发展文化产业特别是艺术品产业的环境优势、人文优势和政策优势。自2015年3月福建自贸区厦门片区正式挂牌成立运营之后，具有良好产业基础的艺术品产业迎来了一个发展的春天。欢迎全世界有影响力的艺术品拍卖机构、运营公司和高级管理人才来厦参观访问，并与厦门艺术品企业进行合作，达到双方共赢的目的。

厦门海关关长柏华冰着重介绍了福建自贸试验区及厦门片区的发展历程及支持促进保税展示贸易的政策优势。同期到访的厦门综合文化保税平台负责人邓小红介绍了未来综合文化保税平台的发展愿景，厦门翔业集团董事长王倜傥介绍了"海丝"艺术品交易中心建设与招商情况。

推介会后，厦门综合文化保税平台负责人邓小红与伦敦顶级古董商代表签订了战略合作意向协议书。

2.洽谈引进苏富比等拍卖行

拍卖公司是艺术品交易生态圈中最重要的环节，作为一个艺术品生态平台，必须担负着汇集国内外知名拍卖行，倾力打造艺术品拍卖交易服务平台，形成国际最高端的拍卖集会的重任。因此，引进诸如苏富比这种具有200多年历史、国际地位显赫的拍卖行，是拍卖平台的最重要目标。

为进一步了解欧洲拍卖行的运作情况，推介厦门保税拍卖平台，代表团一行在伦敦期间专程拜访了拍卖公司代表苏富比（伦敦）有限公司，并现场观摩了艺术品拍卖的流程，了解了苏富比拍卖线上平台的运作情况。目前苏富比所有业务包括拍卖活动预告、报名、交订金、实拍等全流程都实现线上同步操作。不管拍品价值大小，都实行线上线下同步举行拍卖，成交金额较大的通常是线下竞拍获得。通过前期互动及现场交流，苏富比高层真切感受到目前中国艺术品市场的迅猛发展趋势，无论是国内的销售规模还是作为全球买家的重要地位，中国已成为增长最快、最重要的新兴艺术市场。苏富比公司进一步了解了厦门的自贸区以及自贸区政策,对厦门保税拍卖平台及厦门艺术品市场表示了极大的兴趣,并有意向于 2016 年来厦门实地考察。此次交流对于后续引进苏富比及其他同级别拍卖行起到了至关重要的作用。

3. 学习借鉴欧洲国家博物馆经营发展模式

艺术品交易平台的核心板块之一为国际文化艺术展览。在伦敦期间,代表团专门参观了维多利亚和阿尔伯特博物馆(Victoria and Albert Museum,简称 V&A 博物馆)。它是位于英国伦敦的一间装置及应用艺术的博物馆,规模仅次于大英博物馆,专门收藏美术品和工艺品,包括珠宝、家具等等。除了藏品丰富外,精彩之处在于其对特殊主题的策展能力,既能成功地吸引观众,又能维持高水准的品牌形象。该馆目前正在与中国深圳洽谈合作事项。

通过与 V&A 博物馆馆长的沟通交流,我方积极推介厦门经济社会发展环境,邀请客方来厦考察。V&A 博物馆馆长表达了有机会愿意与厦门合作的意向。初步合作意向方式为厦门艺术品交易平台提供场地,V&A 博物馆提供场地建设方案及建成后推动西方艺术品展览活动的组织策划。

4. 与古董商代表 Moira brand 签订平台进驻意向协议

厦门将全力打造全球艺术品收藏展示交易中心,作为艺术品交易主力的古董商,正是平台要全力引进的对象。在伦敦期间,代表团拜访了顶级古董商代表 Moira brand。Moira 是一家拥有两代家族经营史的珠宝企业,其精品店位于英国伦敦著名的新邦德街上,是曾服务于英国皇室、泰国皇室以及中东贵胄的高级定制珠宝品牌。它有 3 个专用的工厂,专注于 18 世纪晚期到当代不同时期珠宝的私人高级定制。每一年,在纽约、香港、迈阿密、达拉斯、新加坡的艺术和古董展上,都能看见 Moira 惊艳靓丽的身影。其影响力极为广泛,从时尚引领者麦当娜到歌坛天后阿黛尔,从英国摇滚天才保罗·麦卡特尼到 007 邦德扮演者丹尼尔·克雷格,从

蓝皮书

不羁天王迈克尔·杰克逊到英国乐坛实力唱将洛德·斯蒂沃特，无不是 Moira 的忠实粉丝。

通过与 Moira 代表 Mr. Simon Cohen 的沟通交流，其明确表达了愿意与厦门合作的意向，并签订了平台进驻意向协议。

5. 与保税物流仓储代表 Welti－Furrer 公司签订互换仓储物流合作协议

在我国"一带一路"国家战略和"自贸经济＋文化保税"新政策的创新经济环境下，探索国内外艺术品收藏与保税交流交易的管理模式和操作方法已成为行业专家及媒体关注的焦点之一。为引进最先进的团队管理，吸引最安全的保险机构入驻，让保税仓储中心成为海内外藏家藏品的安全中心，成为高标准艺术仓储中心，代表团一行在瑞士期间专程拜访了有近 200 年历史，世界上最知名的艺术品仓储物流公司之一 Welti－Furrer 公司。Welti－Furrer 的优势在于其一站式的服务，不仅为客户提供保险服务，还在公司内特设展示室，让客户在安全的环境下进行商业活动及讨论等，加上其遍及全球的运输网络，使该公司可有效统筹整个物流过程，保证万无一失。

代表团实地观摩了 Welti－Furrer 公司的运作流程，与公司负责人就相关产业模式进行了探讨，并与其签订了互换仓储物流合作协议。Welti－Furrer 作为艺术品物流仓储的顶级企业，必将成为厦门艺术品交易平台的重要区域合作方之一。

三、体会建议

1. 英国、瑞士开展文化保税业务特别是艺术品保税业务的实践经验、政策配套和监管模式，可以为福建自贸区厦门片区文化保税园区建设提供可操作的模式和政策支撑。在自贸区规划建设文化保税园区、开展艺术品保税业务是厦门自贸片区产业发展布局中的一大亮点。厦门市自 2012 年以来已经在保税拍卖方面进行了积极探索,在取得了一定成绩的同时也发现我国现行政策中还存在一些可以开展试点和推进开放的领域。以文物艺术品入境进行保税拍卖为例,从文物艺术品进境到文物艺术品完成保税拍卖后海关放行,需要经过 11 道程序、历时数个月的十分冗长的过程,相关机构在改进服务、简化程序方面显然还有很大的空间,仍然有许多可以提升效率的环节和可以向上争取的便利化政策。这次出访通过实地调研吸收英国、瑞士的成熟做法和运行经验,在厦门片区进行转化创新、为我所用,为福建自贸区积累可复制、可推广的做法和经验。

2. 英国发展博物馆经济的发展范式和商业模式,有助于推动在厦门探索博物馆经济,带动厦门文化旅游产业的发展。近年来,一方面,厦门文博事业发展迅速,特别是以张仃美术馆、上古艺术馆为代表的一大批民营博物馆、美术馆、艺术馆的设立和兴起为厦门文博事业发展注入了强劲的动力。但是,这些新兴文博机构业务单一、以门票收入为主,生存不难、发展不易,由事业模式向产业模式转化面临瓶颈;另一方面,政府扶持政策也面临措施单一、导向不明,难以刺激博物馆经济的发展,缺乏像伦敦、巴黎等城市那样依托博物馆、美术馆等文博机构来带动文化旅游产业发展的做法和经验。此次出访通过与维多利亚和阿尔伯特博物馆的座谈,进一步了解了欧洲国家推动博物馆经济发展的商业模式和政策措施,将其吸收、转化,结合我市实际创新,将有利地促进厦门博物馆经济的兴起,全面带动文化旅游产业的发展。

3. 赴英国、瑞士这些艺术品产业发达的国家推介厦门自贸区以及厦门市正在建设中的海峡收藏品交易中心("海丝"艺术品交易中心)、拟建设的文化保税综合平台,有利于推动厦门市艺术品拍卖公司与国外同行的合作交流。英国是世界艺术品产业的强国,伦敦是世界上艺术品和古玩市场最集中的城市,历史悠久、名气响亮。苏富比和佳士得这两家世界排名前两位的拍卖行均成立于英国,而瑞士是世界艺术品自由港大国。厦门代表团在英国、瑞士期间与苏富比等世界拍卖巨头以及英国拍卖协会、知名博物馆、文创园区管理机构等举办数场座谈会来推介福建自贸区厦门片区、文化保税综合平台等项目,并洽谈项目合作以及开展艺术品展览、艺术品物流等领域的招商引资工作,必将为下一步推动厦门艺术品产业的发展打下扎实的基础。

团长:叶重耕

团员:柏华冰　王伟　李志科

2016 年 1 月

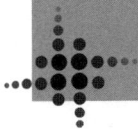

厦门文化产业发展渐入佳境

◎ 厦门市文发办

美丽厦门的城市特质十分有利于吸引创新、创意和创业人才，有利于以创新创意为特征的文化创意产业的发展。在美丽厦门发展战略的推动和指引下，厦门市文化产业发展渐入佳境。据估算，2014 年全市文化产业增速约为 12%，增加值约为 270 亿元，占GDP 的比重超过 8%，文化产业作为厦门市支柱性产业的地位初步确立，并呈现较好的发展态势。

文化创意产业千亿产业链建设扎实推进。厦门市委、市政府从全市加快产业转型的需要出发，把作为文化产业核心内容的文化创意产业纳入了"5＋3＋10"的现代产业支撑体系，提出了加快建设文化创意产业千亿产业链的要求。市文化改革发展工作领导小组办公室牵头，会同各区各相关部门，制订产业发展线路图，落实建设项目，推动千亿产业链建设扎实开展。

文化与科技融合发展的路径进一步明晰。厦门市在发展文化产业过程中，始终注意发挥文化和科技两方面的优势，2013 年获得国家级文化和科技融合示范基地称号，为文化产业发展注入新的活力。目前，全市拥有一批具有全国影响力的文化和科技融合发展的文化产业平台，包括全国最大的小游戏平台 4399、全国最大的网页游戏平台趣游等，充分显示了厦门市在文化和科技融合发展方面的优势和前景。

重点文化产业园区的建设初见成效。重点抓好位于思明龙山片区的省级十大文化产业园——海峡龙山文创园，以及位于湖里大道边上的国家级闽台文化产业试验园核心区二期（湖里老工业厂房文创园区）的建设。龙山文创园共投资约 3 亿元,改造厂房 17 栋,入驻企业约 260 家,园区总产值约 60 亿元,其中文化产业产值占总产值的 90%。湖里老工业厂房文创园区规划总用地面积 130 公顷,建立了园区协调管理机构,制定园区管理办法和招商优惠政策,委托上海的专业机构进行了园区概念性规划方案和详细规划,编制了园区产业发展规划,并启动了一批建设项目。

龙头文化企业建设取得积极成效。2014 年,厦门市启动第 4 轮重点文化企业评选工作,评出 50 家市重点文化企业。这 50 家重点文化企业的营收总规模为 63.32 亿,税前利润为 9.37 亿,纳税总额为 3.09 亿。与 2012 年认定的市重点文化企业相比,本次认定的这 50 家重点文化企业的平均规模为 1.27 亿,增长了 77.25%;平均税前利润为 1874 万,比增 21.23%;平均纳税额为 618.22 万,比增 24.28%。这些数据体现了过去两年来本市重点文化企业规模、利润和纳税额均有显著增长。

重点文化产业项目建设取得突破。据不完全统计,2014 年共有 10 亿元以上的在建、在谈文化产业项目 13 个,投资总额近 270 亿元,其中在建重点文化产业项目完成固定资产投资 20 亿元,是近年来项目建设力度最大的一年,将为文化产业发展奠定更加坚实的基础。

2015 年 3 月 20 日

liangan
jiaoliu

两岸交流

蓝皮书

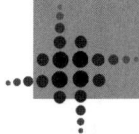

厦门市文广新局对台工作 2015 年总结和 2016 年思路

◎ 厦门市文广新局

对台文化交流工作一直是市文广新局工作的"重头戏"。近年来,厦门市文化广电新闻出版局、厦门市中华文化联谊会认真贯彻落实中央、省、市对台工作精神,服务中心工作大局,结合本部门工作实际,在搭建对台文化交流平台、拓展两岸文化交流渠道、打造两岸文化交流品牌等方面取得明显成效,先后设立"对台文化交流基地""海峡两岸文化交流基地""海峡两岸文化研究基地""海峡两岸新闻出版交流合作基地""两岸新闻人才交流培训研习基地"全力推动文艺、美术、文物、新闻、广电等各领域、全方位入岛交流合作,两岸文化交流的整体水平得到较大提升,文化交流成为两岸交流交往中最活跃的领域之一。

一、2015 年工作总结

2015 年,厦门市文化广电新闻出版局积极履行对台文化工作职能,在深化两岸文化广电新闻出版交流合作等方面取得新突破,全年共办理对台出访项目 19 批次 304 人次、来访项目 4 批次 1855 人次。

蓝皮书

(一)深化两岸文艺交流合作

1. 精心培育两岸文化交流品牌

一是"乡音之旅"赴台巡演活动亮点凸显。1月27日至2月6日,市属文艺院团一行125人组团前往台湾中南部,展开为期10天、27场的"乡音之旅"巡演交流活动,吸引近3万人次台湾乡亲参与。活动凸显三大亮点:巡演地点深入台湾南部地区庙口及社区;注重拓展演出覆盖面,部分演出地是大陆院团首次造访;首次将闽南地方戏剧艺术带进台湾南部中小学校,推动与当地青少年的交流互动。二是海峡两岸民间艺术节取得多项突破。10月16—20日成功举办以"青少年与传统艺术"为主题的系列活动25场,两岸艺术表演团体及专家学者约850人参与,为两岸青少年群体提供了良好的文化交流平台。三是海峡两岸闽南语原创歌曲歌手大赛辐射范围更广。大赛历时7个月,共收到近200首闽南语原创歌曲,并在漳州、泉州、厦门分别举办原创作品首唱会,邀请厦漳泉和台湾地区的知名音乐人代表参与,赛事的辐射面和影响力进一步扩大。

2. 两岸文化各领域交流成效显著

一是两岸合作创排闽南地方戏。新创作投入排练的歌仔戏《渡台曲》、高甲戏《大稻埕》两部涉台题材闽南地方戏,正式公演获各界好评。在福建省第六届艺术节暨26届戏剧会演中,两台戏均获评优秀剧目奖(一等奖)。其中,高甲戏《大稻埕》邀请台湾著名导演李小平合作创排,是厦门对台文艺工作的又一次新尝试。二是培育发展两岸文艺商演市场。推进厦金文化交流,闽南大戏院在金门设立票务系统,吸引大批金门观众前来观看,"金门买票、厦门看戏"成金门文艺爱好者新常态。2015年7月,市属文艺院团随省政府代表团访问金门演出,深受欢迎和好评。全年,有周杰伦、周华健、张惠妹等台湾知名歌星及团队共82团组、454人次到厦开展营业性演出，进一步繁荣活跃两岸商演市场。三是闽南文化进社区研习营活动丰富多彩。活动每年由厦门、台湾两地轮流举办，成为两岸文化工作者沟通交流的一个重要平台。2015 年第三届研习营在厦门举办，聘请大陆及台湾讲师前来授课，举办闽台民间信仰、闽南话诗词吟诵、海沧历史文化等专题讲座，组织开展了交流座谈、实地教学、篝火晚会等活动，吸引来自台湾的 53 名闽南文化爱好者、文化工作者参与。四是对台文艺理论研究有成果。市台湾艺术研究院充分发挥"文化部两岸文化研究基地"作用，加强与台湾文艺单位和人员的交流合作。邀请台湾导演李小平参与涉台抗日题材高甲戏《大稻埕》的创作排演，促成闽南大戏院与台北音乐时代剧场合作创排原创音乐剧《微·信》；邀请台湾大学戏剧学系教授、"国光剧团"艺术总监王安祈教授为厦门市属文艺院团骨干举办学术讲座；厦门市台湾艺术研究院院长曾学文参加"2015 第三届两岸文化发展论坛"，发表论文《合作——两岸文化交流拓展与深化的重要途径》；加强文艺理论研究，开展"都马班与两岸歌仔戏交流"课题研究，出版《歌仔戏史话》；办好每月一期的《台湾文化动态与研究》；组织编辑大型语言类工具书《海峡两岸闽南话大辞典》，计划于 2018 年出版。五是涉台文物保护卓有成效。拟申报厦门市第三批涉台文物古迹单位 25 处，待市政府审定后公布。推进青礁慈济宫、江夏堂、陈化成故居等涉台文物保护单位的维修管理。协调厦金可移动文物合作，依法推动两岸文博机构在收藏和借展使用等方面形成互动合作机制。

（二）两岸文化产业合作深入发展

1.积极搭建厦台文化产业合作平台

一是 10 月 30 日至 11 月 2 日举办第八届海峡两岸文化产业博览交易会，吸引境内外 1696 家企业和机构参展（台湾地区参展企业 737 家，为历届之最），签约项目 90 个，签约金额 414.9 亿元。

此次展会培育了"世界手工艺广场展""两岸工艺艺术品交易展""中华工艺精品奖""新势力艺术设计周""台湾文创购物节""台湾儿童文创展"等品牌项目。二是 9 月 12 日至 14 日举办第十一届海峡两岸图书交易会。展场总面积 25000 平方米,举办各类活动 67 项近 100 场次,吸引两岸 450 家出版机构参展,参展图书 20 万种 70 万册,总码洋 2700 万元,观展人数、图书零售和征订、媒体报道创下历届之最,充分显现两岸图书嘉年华特色,两岸出版交流成果丰硕。

2. 着力抓好闽台(厦门)文化产业园区建设

已制定出台《厦门市湖里老工业厂房文创园区管理暂行办法》《厦门市湖里老工业厂房文创园区项目改造建设审核审批意见》及招商优惠政策,成立湖里老工业厂房文创园区运营管理公司,拟制园区产业发展规划。目前,项目改造工作有序推进,其中联发华美空间文创园(核心启动区)11 月开园运营,拟打造"南中国时尚中心",预计年创利税 5000 万元以上,新增 4500 个就业岗位;海峡建筑设计文创园吸引两岸三地及海外知名设计机构、设计师进驻,实现年营收 6 亿元,为城市战略定位和产业集聚提供了建设载体和支撑平台。

3. 做好第六届海峡两岸文化创意产业展组展工作

2015 年 4 月,积极参与文化部在台北举办的第六届海峡两岸文化创意产业展组展工作,组织 60 家厦门文创企业(78 人)赴台参展,在台北华山文创园和花博争艳馆分别设立厦门文创形象馆,展区面积达 1180 平方米,设立标准展位 96 个,取得良好效果,进一步密切了两岸文创界的交往联系,推动了两岸文创产业的合作经营。

(三)推动两岸新闻媒体交流合作

1. 打造闽南文化广播电视品牌

厦门广电集团以特色节目和活动为载体,全新推出闽南话节目带,深化两岸文化认同。厦门卫视陆续推出富有乡土气息的闽南话系列节目《看戏》《斗阵来看戏》等,受到台湾观众关注及喜爱;积极策划、参与"两岸大学校园歌手赛""厦金横渡直播特别节目"等两岸民俗、曲艺、体育等系列文化交流活动,着力打造广播电视品牌,走近台湾基层民众。

2. 推动厦门新闻媒体入岛

厦门卫视积极扩大台湾岛内覆盖面,已完成 425 个台湾社区的接入工作和 370 家台湾星级酒店的落地工作。同时,通过厦门广电网和看厦门手机客户端,实现上述两个平台的在线直播和所有自办节目与栏目的点播回看,基本实现新媒体入岛传播全覆盖。5 月,厦门卫视针对"张夏金门会"在《两岸新新闻》栏目推出特别节目。

3. 积极推动两岸影视合作

11 月,由厦门卫视与台湾华视、海沧区广播电视台联合制作的电视专题片《大道行两岸》,在厦门卫视、台湾华视播出。积极推动两岸影视人员合作,在文广影音公司和上海海策影视传媒有限公司联合打造的年度抗战剧《希望使命》中,力邀台湾演员庹宗华合作参演。

4. 指导报刊媒体做好涉台宣传报道

"习马会"期间,厦门各报刊媒体均在重要版面开设专版"习马会传真",调度资深记者从现场发来丰富的一手资讯。5 月,厦门日报开辟"聚焦金门张夏会",特派记者入岛采访,持续跟踪关注两岸通水、通电、开放免税岛等议题的推进进度。

二、2016 年工作思路

(一)精心打造对台文化活动品牌

筹备办好 2016"乡音之旅"、海峡两岸民间艺术节、第九届海峡两岸文博会、第十二届海峡两岸图书交易会等对台文化交流合作品牌活动,重点突出对台青少年文化交流主题。

(二)积极推进两岸文艺理论研究和学界交流

组织研究人员针对台湾"大选"后的形势发展变化开展研究,撰写对策报告。从"歌仔戏与两岸交流"等课题着手,深入台湾进行田野调查,实地了解台湾民情,开展对台课题研究。继续探索加强与台湾传艺中心、戏曲学院、台湾大学、台湾艺术大学等文化与学术机构和人员的交流合作,办好《台湾文化动态与研究》。

(三)深入开展闽南文化保护传承与对台交流工作

积极参加 2016 年在马来西亚马六甲举行的"世界闽南文化艺术节"。开展与台湾送王船相关机构和宫庙的交流,组织闽台送王船活动。继续做好"一区一节"、"两岸闽南语歌曲、歌手大赛"、海峡两岸民间艺术节、闽南文化研习营(夏令营)等活动。

(四)加快推动厦台文化产业融合发展

重点抓好闽台(厦门)文化产业园区建设,加快核心二期(湖里老工业厂房文创园区)的规划建设和招商工作,推动园区众创孵化平台等公共服务平台的选址建设,服务入园企业,同时吸引更多文创企业及人才孵化发展。做好核心二期厦华 1♯和 7♯厂房、华夏轻工创意中心、五洲汇等新项目以及东方商贸、印华地砖等意向项目进行文创改造的服务保障工作。支持鼓励企业参与海峡两岸文博会、海图会及台湾文化创意产业展览会等文化展会活动。

(五)继续加强涉台文物保护工作

力争完成大嶝金门县政府旧址二期维修工程及文保监控平台(大嶝金门县政府)建设。积极争取各级文物保护资金,维修完善一批重点涉台文物保护单位。完成第三批涉台文物古迹申报,并推进保护标志安装工作。

(六)深化两岸新闻出版广电交流合作

指导厦门广电集团积极拓展台湾电视网络覆盖新路径,扩大厦门新闻媒体入岛规模。推进厦门文广影音公司"世界闽南话音视频数据库与资源服务平台"工程建设,继续提升台海新闻质量。坚持发展对台特色业务,巩固提升两岸图书文化交流。

2015 年 12 月

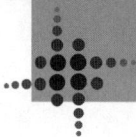

挖掘闽南方言魅力
推出系列方言节目

——2015 年厦门卫视两岸交流工作总结

◎ 厦门卫视

2015 年,厦门卫视一方面紧紧依托厦门独特的对台区位优势,不断增强频道特色,努力做好两岸交流工作;另一方面,深耕闽南,挖掘闽南方言魅力,精心筹划、精准动作,较好地完成 3 月 30 日节目调整,推出一系列闽南方言节目。现将 2015 年厦门卫视推动两岸交流工作的基本情况总结如下。

一、与台湾媒体深度合作,强化两岸新闻交流

1. 聚焦重大事件,把握新闻话语权

2015 年,厦门卫视紧密围绕复兴航空坠机事件、朱立伦出席国共论坛、张志军访问金门,"习朱会"、"习马会"等重大台海新闻事件,认真筹划,周密部署,精准动作,较好地完成各项报道任务。2015 年 2 月 4 日,台湾复兴航空一架从台北飞往金门的 ATR72 轻型民航班机坠落在基隆河,造成重大人员伤亡,厦门卫视迅速调派驻台记者第一时间赶到现场采访,并第一时间更新频道游动字幕新闻,及时发出空难消息。《两岸新新闻》打破日常新闻编排,推

出复兴航空客机失事特别节目,整档新闻除了记者在第一现场、伤员救治场所、死伤名单、失事航班最后通联记录、复兴航空道歉、复兴历年空难回顾、失事飞机机型介绍等完整的事件报道,还安排了4路连线,对厦门应急处理小组的最新动态进行了直击。整档节目形式多样,画面冲击力强,事件报道完整全面,顺利完成了此次重大突发事件的报道。2015年5月,厦门卫视针对"张夏金门会"提前策划,于当天《两岸直航》栏目推出特别节目,全景展示张志军首乘厦金"小三通"、推动"张夏会"的历史性一刻,通过厦门、台北两岸演播室及金门新闻现场,邀请两岸速评员进行跨海访谈,并结合"张夏会"的相关议题,如金门供水案、陆客中转案等进行背景报道,进一步丰富了特别节目的深度与广度。2015年11月7日"习马会"报道,厦门卫视迅速调动、安排采访力量赴新加坡,在台湾华视公共信号的支持下,推出两小时特别节目《握手——"习马会"直播特别报道》,台北演播室在整点连线中,邀请台湾嘉宾进棚参与直播节目,第一时间把"习马会"在台湾岛内引发的效应传递出来,真实完整记录了两岸66年来的首次领导人会晤,较好地完成了多个现场连线报道,并深入采访了新加坡当地学者和见证历史的两岸新闻人,传递了"习马会"背后的故事。

一年来,厦门卫视充分运用台北、高雄两个演播室,形成常态化连线报道、评述机制,及时针对两岸重大新闻议题邀请包括张友骅、张斌、吴学兰等两岸名嘴在内的评论员队伍,第一时间发声,诸如复兴空难、新北尘爆等重大、突发性事件,厦门卫视快速反应,客观报道,深度评论,牢牢把握新闻话语权。

2. 强化节目交流,提升内容品质

2015年,厦门卫视依然把加强新闻交流、提升内容品质作为重要抓手,精心策划《两岸秘密档案》改版扩容、《两岸共同新闻》议题筹划以及专题片摄制工作。首先,2015年1月起,《两岸秘密档案》由每周两档扩容为每周5档,并于2月1日全面升级改造,实现海峡两岸顶尖团队联手打造同一档节目的先例。栏目立足台海历史事件,为两岸观众提供了全新的视觉体验、严谨的题材规划、精良的制作品质,为两岸民众开启了一扇深入了解台海重大历史事件的窗口。《两岸秘密档案》新版节目在厦门卫视和台湾中天电视台共同播出,受到两岸观众的认可与欢迎。其次,《两岸共同新闻》在 2015 年的议题策划上,侧重于民生选题,关注两岸百姓热点,与台湾中视全年共同制播节目 52 档。再次,与台湾华视合作,联合摄制专题片《大道行两岸》,并于 11 月分别在厦门卫视和台湾华视播出。该片主要讲述源于厦门、漳州的保生大帝(慈济)信仰如何从大陆传播到台湾,又如何在台湾传承与发展,成为台湾民众的重要精神信仰,以及近年来台湾信众回到保生大帝祖庙进香祭祀的情况。此外,该片还结合郑成功收复台湾、台湾的开垦史、中医药学基础知识,以及部分神话传说进行创作,突出两岸慈济文化割不断的"缘"。

二、持续深耕闽南文化,打造特色节目集群

1. 推出闽南话节目集群,频道识别系统同步更新

2015 年 3 月 30 日,厦门卫视在两岸节目集群持续升级基础上,进一步挖掘闽南方言和文化的魅力,推出闽南话说新闻栏目《新闻斗阵讲》、闽南话讲古栏目《斗阵来讲古》、闽南文化风情栏目《闽南通》、闽南话情景教学栏目《快乐闽南话》,以及闽南话译制专题、专栏、动画片、电视剧等。厦门卫视此次节目调整受到多方关注,两岸各界通过不同渠道反馈信息上千条,包括普通观众、新媒体网友、媒体同行、闽南话专家、台胞台生等,对厦门卫视此次改版反响热烈,认可居多。配合此次改版,厦门卫视以"风起闽南 扬帆起航"为设计主题,更新频道标识,更新后的频道识别系统清新、时

尚,突出了厦门的海洋文化和海丝情怀,广获好评。同时,频道全面采用高清播出,播出画质分辨率大幅提升,给广大电视观众带来更清晰、更舒适的观赏体验。

2.《鸡蛋碰石头》完成回厦录影,全新文化季做足闽南味

2015年6月,《鸡蛋碰石头》完成回厦的首次录影。改版后的节目全新打造闽南文化益智节目形态、升级舞美视觉,令人耳目一新。其中,首创闽南话"听讲"比赛环节,赋予闽南方言时尚化内涵,以视频、音乐、游戏、图片等多种方式呈现的闽南文化知识题库紧扣闽南、两岸元素,囊括了闽南文化、闽南民间工艺、闽南戏曲、闽南歌曲、闽南俗语俚语等与民众息息相关的方方面面,让闽南文化在碰撞中得到传播;节目还设立了导师团,邀请两岸闽南文化专家现场坐镇点评,导师们妙语如珠,讲述闽南文化渊源,展现闽南文化的古老韵味。

三、开展两岸交流活动,联动全媒体宣传推广

1.全媒体联动宣传第七届厦金海峡横渡活动

2015年8月1日,第七届厦金海峡横渡活动在厦门椰风寨起点和小金门双口海滩终点间展开,厦门卫视对赛事进行了全程直播,并在当天的《两岸新新闻》栏目中推出厦金横渡直播实况。为了全程记录横渡盛况,厦门卫视首次采用高清直播,在厦门椰风寨海滩、横渡海域和金门双口海滩设置了3个直播点,启用航拍设备,实现海陆空全覆盖。而在2小时20分钟的直播中,8路连线记者接力报道,首次实现了跨越海峡中线海陆空全程多点联动直播的突破。直播不局限于赛事,还融入了厦金一日生活圈、体育交流、投资及自贸区等丰富内容。台湾华视在主频和MOD数位频道接入直播信号,播发了3条新闻,提升了厦金海峡横渡活动在台

湾的影响力。为配合此次直播的宣传推广,厦门卫视提前半个月启动全媒体宣传,活动宣传海报和视频分别在腾讯视频、移动电视XM6、厦门广电网、看厦门APP等平台上得到了传播。同时,首次在微博、微信、看厦门APP三大媒体平台上进行活动同步直播,并和酷云首次就直播达成屏幕答题互动合作,提高了互动效果、扩大了传播范围。

2.圆满完成第十一届两岸大学校园歌手邀请赛决赛直播

2015年8月,厦门卫视圆满完成第十一届两岸大学校园歌手邀请赛决赛直播。"第十一届两岸大学校园歌手赛"共吸引了来自大陆30所高校的39名大学生歌手和来自台湾30所高校的37名大学生选手同台竞唱。两岸选手、两岸主持、两岸评委,两岸大学校园歌手邀请赛继续以其鲜明的"两岸"特色在众多歌唱类节目中占有一席之地。

四、扩大海外传播影响力,落户长城(新西兰)平台

通过与长城平台的良好沟通和不懈努力,经过前期设备调试与信号测试等准备工作,2015年1月厦门卫视正式落户长城(新西兰)平台,向当地华人华侨输送两岸新闻资讯和闽南话节目内容,实现覆盖播出。

2015年12月

gonggong
wenhua

公共文化

蓝皮书

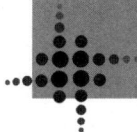

书香让城市更美丽
读书使生活更美好

——2015 年厦门市专题读书月活动总结

◎ 外图厦门书城

"春光美如斯,正是读书时",2015 年的春天对于爱书人而言,注定是难以忘怀的。《政府工作报告》第二次写入"全民阅读",并首次提出建设"书香社会"。这令全国新闻出版界人士和爱书者感到振奋,更坚定了外图厦门书城一如既往地举办厦门市专题读书月,推广全民阅读的信心。读书月起到的作用已经不仅仅是推动阅读,更重要的是让更多市民自觉自发地爱上阅读,成为一种生活自觉。

一、主题鲜明突出、活动精彩纷呈

2015 年,外图厦门书城继续本着倡导阅读、服务阅读、推动阅读为信念,依据每个月的重要节日,选择相对固定的阅读群体,确定科学合理的厦门市专题读书月活动阅读主题,共策划实施"带一本好书到 2015""追梦 2015,喜迎新春""暮春开学季·三月丽人节""世界读书月·文字的呐喊""青春锦瑟""阅读童年""好书相伴,优惠同行""阅读从心开始,相约清凉一夏""书光掠影,阅读逸乐""书香鹭岛活动月""书香八闽 书香鹭岛""岁末迎新 书现惊

蓝皮书

喜"等 12 项主题活动,举办了 236 项阅读节目,本土作家品读会、文化名人读者见面会、文化健康公益讲座、民间读书会、科普知识讲堂以及各种亲子 DIY 制作等各项富有创意活动,直接、间接参与读者超 20 万人次,读书月已成为厦门市民阅读生活中的不可或缺的内容。在保留传统阅读主题的基础上,外图厦门书城将"世界读书日""著作权保护宣传月""我的悦读生活"征文比赛,"书香鹭岛活动月""抗战 70 周年"等活动与当月阅读主题结合起来,扩大阅读受众范围,为市民奉献文化大餐。

外图厦门书城还邀请了 54 位作家、文化名人加入到专题读书月的活动中,共举办 65 场新书发布会、读书讲座活动,与广大市民读者分享了传统阅读所带来的美感体验。这些作家、名人包括了央视主持人敬一丹,著名演员陈坤,人气作家仲尼、卢思浩,本地作家王永盛、黄橙、张宇、夏炜、蔡伟璇、张春,儿童作家杨红樱、李秋沅、葛竞、方素珍、子鱼、"大头儿子"妈妈郑春华、"辫子姐姐"郁雨君,后安妮宝贝时代的代表作家七堇年,最强大脑最强选手王峰,营养学家孙红丽,青春文学领军人物八月长安、golo、暴暴蓝、一蚊丁、pp 殿下、凌草夏,网络红人燕公子等等。这些活动的举办带动了书城火爆人气,让市民有机会目睹名家名人的风采,聆听智者声音,参与热情高涨。

二、倡导全民阅读,服务基层文化

2015 年,外图厦门书城继续巩固和扩大店外活动,到目前为止共创建了 51 所阅读基地。与翔鹭小学、故宫小学、群惠小学等学校开展了 16 场校园图书文化节活动,邀请了杨红樱、李秋沅、葛竞、"大头儿子"妈妈郑春华、"辫子姐姐"郁雨君等知名儿童作家进校园加盟校园读书节活动,直接参与学生人数近 3 万人。除了阅读基地书展进校园外,阅读继续走进农村,参加集美区灌口镇风景湖公园"三下乡"活动,参加市文广新局金桥社区、柯农家书屋赠书活动;走进社区,参加浦南社区、莲怡社区图书展,白鹭洲"全民阅读,书香八闽"书展等活动,为社区居民提供丰富的精神食粮;走进部队,与嘉莲派出所开展共建,为官兵们挑选了近千种图书,同时为部队图书馆室藏书进行更新、补充,提供更多新书,丰富官兵们的业余文化生活。

在读书月活动中,作为参与者既可以参与别人组织的活动,也可以自己设计活动,只要想参与,就可以找到喜欢的项目。比如,"我的悦读生活"征文比赛,既可以表达出与书本的缘分,也可以反映阅读带给家人朋友的快乐;"植树节,我要为环境出一份力"和"小小图书管理员"活动,既可以参观实践、了解图书知识,又可以体验奉献的乐趣;还有新书分享会、小鱼读书会以及与社科联合作举办周末讲坛的民间读书会,都很受读者欢迎。每年数百项活动总有一款适合参与者,可以创办自己喜欢的项目,创办读书会沙龙,分享读书乐趣;还可以开办健康养生、科普、书法方面的公益讲座,总结自身的研究和实践,充分发挥自己特长,与读者一同探讨分享……正是采取了开放姿态,读书月才能历经 8 年而长盛不衰。

三、加强宣传报道,扩大活动影响

媒体方面,通过电视、广播、报纸、网络等媒体发布超过 300 篇/次关于专题读书月各种文化活动的报道,达到了立体式的宣传效果。如电视台有聆听两岸、城市 T 频道、厦门电视台、海峡卫视,广播电台有厦门新闻广播,厦门人民广播,报纸有厦门日报、厦门晚报、海西晨报、海峡导报、东南快报,网络有凤凰网、新浪网、腾讯网、厦门网、小鱼网。不仅如此,还与当地读者粉丝平台较为活

蓝皮书

跃与关注度较高的"厦门本地新闻""最厦门"微信公众号平台合作,发布24条读书月重要活动信息,及时有效地向更多的读者群体推广,取得了一定的影响力。9月份,与中国出版集团公司举办"中版好书百店千柜工程"的落地仪式,拉开了"中版好书百店千柜工程"在福建省全面推进的序幕。在书城显著位置设立54个"中版好书专区",集中陈列展示中版好书,此活动影响面广,对引领全民阅读,营造良好书香阅读氛围起到积极作用。与此同时,《厦门日报》每月一期在"学习之窗"版面做"公务员阅读书目推荐",为读者提供"新书阅读资讯";在阅读基地学校设置青少年学生阅读宣传栏,定期更新阅读推荐书目,并在寒暑假期为阅读基地学生发放课外阅读推荐书单。除此之外,外图厦门书城将微信作为推动新兴阅读平台的新力量,并将其打造为厦门市专题读书月活动信息发布和好书推荐的一个重要窗口。安排专人每周更新读书月活动信息,发布推荐图书目录。2015年,书城成功开发以微信为核心的微商城,读者的查询、购买、提货、新书推荐等流程均可通过微信自助完成。目前微信公众平台粉丝已超过15000人,微博关注上万人,较2014年粉丝量均有所增加。线上线下互动的阅读引导取得了很好的效果,不少读者正是通过这种方式,获得了更多的阅读资讯。

知识,赋予城市力量;书香,温润人的心灵。阅读,是一个在书中享受生活、感悟人生、快乐成长的过程。外图厦门书城2016年厦门专题读书月活动将越办越好。

执笔:林元添
2015年12月

公共文化

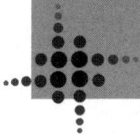

关于厦门市海沧区统筹推进城乡公共文化一体化发展的调研报告

◎ 厦门市海沧区文体广电出版局

蓝皮书

近年来,厦门市海沧区深入贯彻落实党的十七届六中全会、十八大和十八届三中全会精神,紧密围绕《美丽厦门战略规划》和"美丽厦门·活力海沧"定位,着力实施文化强区战略,加快推进城乡公共文化一体化和现代公共文化服务体系建设。严格按照《国家公共文化服务体系示范区(项目)创建标准》,全面完成区、街道、村居三级公共文化服务网络达标建设,不断提升公共文化服务供给能力,努力完善公共文化组织支撑和资金、人才、技术等保障措施。全面构建覆盖城乡、网络健全、结构合理、发展均衡、运行有效的公共文化服务体系,并荣获"厦门市创建国家公共文化服务体系示范区先进区"。

一、发展现状

(一)城乡公共文化设施建设

坚持规划先行、项目带动,推进公共文化事业可持续发展,建成覆盖区、街道、村居三级的公共文化服务设施网络。一是投资6.8亿元建设海沧区文化中心、海沧区体育中心,投资2.6亿元建设东孚街道文体中心和新阳街道社会服务中心(含文化中心),区图书馆 RFID 智能馆藏系统和"24 小时自助图书馆"建成投用,区文化馆、区图书馆均获评国家一级馆。二是结合国家公共文化服务体系示范区建设,财政投入 2300 万元,保障城乡公共文化服务设施一体化建设。全区 4 个街道均建有建设面积 300 平方米以上且按标准配置的综合文化站,达标率 100%;其中 50% 的街道综合文化站建筑面积超 2000 平方米。38 个村居均建有建设面积 200 平方米以上且按标准配置的文化活动室,达标率 100%,其中 52.6% 的村居文化活动室建筑面积超 400 平方米。同时在基层建立 6 个图书分馆、21 个图书流通点、23 个农家书屋和 41 个公共电子阅览室。

(二)城乡公共文化服务供给

坚持文化惠民,深化城乡公共文化活动开展,打造"美丽厦门·活力海沧"文化活动品牌。一是 2015 年常态化举办"美丽厦门·活力海沧"系列广场文艺活动近 100 场,包括精品文艺演出(戏曲、歌舞)、文化下乡专场演出、群众大舞台(自导自演专场)等,不断丰富基层人民群众的精神文化生活。二是结合"美丽厦门 活力海沧"主题,持续举办"美的呼唤——许捷芳台湾东北角地质景观摄影展"、"乐居新城乡·影像手牵手——海沧院前闽台文化生态村摄影作品展"、"同心圆·中国梦——美丽厦门·活力海沧书画展"、第六届海峡两岸少儿美术展海沧展等大型群众文化展览。三是指导、协助街道、村居实现每个村居每年放映电影 12 场以上,组织规模较大的群众文体活动 8 次以上。2015 年,基层电影放映工程共放映电影 750 场次。

(三)城乡公共文化人才培养

实施"人才兴文,文化强区"战略,创新文化人才发展机制,建立健全公共文化服务人才引进、培养、输送、考核等保障机制。一是深入实施《海沧区文化人才发展规划（2013－2016年）》（厦海委办〔2013〕64号）、《海沧区高层次文化人才引进和培育暂行办法》（厦海委办〔2013〕70号），加快推进公共文化人才的培养和引进，夯实街道、村居文化协管员、文艺骨干和文化志愿者队伍建设，打造一支职业化、专业化的公共文化服务人才队伍。二是制定并实施《海沧区城乡社区网格员管理办法（试行）》（厦海政办〔2015〕46号），在全省首推并实施基层专职文化工作人员网格化管理制度，大幅提升村居文化协管员工资待遇，达全省领先水平。三是扎实推进街道合唱团建设，建成少年儿童艺术培训基地5个、群众文化示范点6个、基层文体活动广场92个，组建民间文艺团体188支4666人、招募注册文化志愿者623人、聘用村居专职文化协管员38人。

二、存在问题

（一）城乡公共文化设施布局不平衡

海沧区大型公共文化设施建设主要集中在东部城市建成区，农村、工业区普遍缺乏较高水平的大型文化艺术场馆，城乡公共文化设施存在较大差异。

（二）城乡公共文化活动品牌发展不平衡

海沧区着力打造了海峡两岸保生慈济文化旅游节、海峡两岸（厦门）乐活节、"美丽厦门·活力海沧"广场文化活动等为代表的具有较大影响力和辐射力的群众文化品牌，但街道、农村、社区文化活动品牌相对薄弱，基层特色文化活动品牌还需进一步挖掘、培育和提升。

三、发展目标

围绕《美丽厦门战略规划》和"美丽厦门·活力海沧"的定位，深化国家公共文化服务体系示范区建设，以完善城乡公共文化设施建设、打造城乡公共文化活动品牌、传承弘扬地方非遗文化三大项目为抓手，统筹城乡公共文化发展，全力推进城乡公共文化一体化、均等化发展。力争到 2020 年，全面建成覆盖城乡、便捷高效、保基本、促公平的现代公共文化服务体系。

四、具体举措

(一)完善城乡公共文化设施建设

——构建覆盖城乡、布局合理、功能完善的公共文化设施网络体系，实现区级文化活动中心建设面积 8000 平方米以上，街道级综合文化站建设面积 2000 平方米以上，村居级文化活动室建设面积 200 平方米以上。有条件的村居文化活动室达到 400 平方米以上。

1. 建设"城乡十分钟文化圈"

规划建设马銮湾文化中心，加快推进海沧体育中心二期及东孚文体中心、新阳文化中心建设和街区 24 小时自助图书馆系统建成投用，基本构建以区级大型公共文体设施为核心，街道公共文体设施为枢纽，村居基层文体设施为基础的三级公共文化服务网络，重点突出均等性、便利性，构筑城乡十分钟文化圈。

2. 实施"村居五个一工程"

实现每个村居建有一个标准配置的文化活动室,一个群众文化活动广场,一个群众纳凉点,组建一支以上文化志愿者及文艺骨干队伍,配置一名以上财政补贴的专职文化协管员。

(二)打造城乡公共文化活动品牌

——打造具有鲜明地域特色的公共文化活动品牌,培育和提升对台文化、广场文化、"非遗"文化和节庆文化等品牌活动,构筑"街道有品牌、村居有特色""周周有演出、月月有活动"的城乡公共文化服务供给体系。

1. 打造"保生慈济"文化品牌

充分挖掘"保生慈济"的历史价值、文化价值和社会价值,持续举办海峡两岸(厦门海沧)保生慈济文化旅游节,传承和弘扬闽南文化,深化对台交流合作,扩大"保生慈济"文化品牌影响力。

2. 打造"美丽厦门·活力海沧"文化品牌

依托海沧广场资源优势,利用政府购买公共文化服务产品和民间社团力量,每月定期在区文化中心广场、阿罗海城市广场、青礁慈济宫景区、天虹商场等场所,常态化开展"美丽厦门·活力海沧"文化演出活动,举办广场舞、腰鼓舞、大鼓凉伞等大型群众赛事。围绕统筹城乡发展,推动公共文化服务均等化工作目标,开展"美丽厦门·活力海沧"文化下乡、进社区主题活动。结合台商投资区特色,开展"美丽厦门·活力海沧"五送文化进台企(送文艺演出、艺术培训、书画摄影展览、书籍刊物、电影等)活动,并在台企设立图书分馆,组建台胞文艺团队和文化志愿者队伍。

3. 提升民间文化品牌

按照共同缔造理念,持续对洪塘村"温馨夕阳"文艺队、海虹社区"海虹欢唱队"、院前社"国学馆"等民间文艺队伍进行提升,使之成为建设美丽海沧、宣传先进文化的重要基层力量。

4.繁荣节庆文化品牌

结合重大会展节庆赛事活动,组织开展海峡两岸乐活节、海峡论坛两岸特色庙会、海峡两岸大学生舞蹈大赛、海峡两岸(厦门)文博会海沧分会场、厦门(海沧)玛瑙旅游文化节、海沧汽车文化节、市民节、花灯节等节庆活动。

(三)传承弘扬地方"非遗"文化

1.完善"非遗"文化保护体系建设

传承弘扬"非遗"文化,在现有3个国家级"非遗"保护项目(保生大帝信俗、蜈蚣阁民俗、送王船民俗)以及多个省级、市级"非遗"保护项目的基础上,持续推动一批优秀非遗项目申报市级、省级、国家级保护名录予以保护。推进海峡两岸中医药博物馆、青礁慈济宫保生慈济文化生态展览馆、海沧区非物质文化遗产展示厅提升建设,全方位展示海沧优秀"非遗"项目。持续推进村落民俗文化调查、整理和编纂工作,加快完成"风土海沧"系列民俗文化丛书"一村一书"的任务。

2.培育"一村一品"文化活动

结合国家级闽南文化生态保护实验区建设,努力挖掘闽南民间文化优势资源,培育村居特色非遗文化活动。充分发挥民间文艺骨干和民间艺人作用,采取共同缔造方式,让基层文化人才发挥所长,就地取材,参与文艺作品的创作,用优秀文艺作品服务基层群众。重点培育青礁村保生大帝信俗、钟山村送王船民俗、东屿村蜈蚣阁民俗、新垵村五祖拳等群众文化活动的开展。

五、保障措施

(一)加强组织领导

将城乡公共文化一体化建设纳入区国民经济和社会发展总体规划,纳入区委、区政府重要议事日程、政府目标管理责任制、财政预算和城乡建设整体规划,并结合《厦门市基本公共文化服务标准》《海沧区基本公共文化服务标准》积极推进工作落实。成立海沧区公共文化服务体系建设协调领导小组,落实工作责任,加强统筹协调,形成齐抓共管推进城乡公共文化一体化、均等化发展的新格局。

(二)加大资金投入

将基本公共文化产品和服务、公益性文化活动纳入公共财政经常性支出预算,健全公共文化服务财政保障机制。积极争取市级及市级以上财政资金倾斜,并逐年加大区级财资金对文化建设的投入,确保"公共财政对文化建设投入的增长幅度高于财政经常性收入的增长幅度"和"文化建设支出占财政支出比例达到全市领先水平"。加强对公共文化服务资金管理使用情况的监督和审计,开展绩效评估。

(三)创新机制体制

结合"美丽厦门·共同缔造",采取"以奖代补"形式,大力完善城乡公共文化建设。持续创新政府采购公共文化服务机制,充分发挥社会力量,引入社会资金投入共建"文化海沧",持续提升城乡公共文化基础设施建设和公共文化服务供给水平。

（四）完善人才保障

深入贯彻实施《海沧区文化人才发展规划（2013—2016年）》《海沧区高层次文化人才引进和培育暂行办法》等文化人才政策，结合重大文化项目建设，积极探索人才和智力的灵活引进和使用方式。通过岗位聘任、项目聘任、客座邀请、定期服务、短期合作等方式，柔性引进高层次文化人才服务于海沧文化建设，推动海沧区文化大发展、大繁荣。

执笔：张洁

2015年12月

wenhua

huizhan

文化会展

蓝皮书

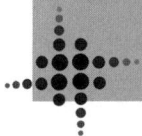

展会规模与质量超过往届
市场化运作有了长足进步

——第八届海峡两岸(厦门)文博会综述

◎ 海峡两岸文博会筹备办

第八届海峡两岸文博会(以下简称"文博会")的筹备工作特别不容易,在起步偏晚、不确定因素较多的情况下曲折前行。但是,由于各级领导的高度重视和各相关部门的共同努力,筹备的后期工作还是较为顺利。所以,本届展会的规模、质量都超过了往届,特别在市场化运作方面有了长足的进步。

一、主要做法及体会

第八届文博会的成功举办,得益于上级领导对文博会的高度重视和具体指导,有赖于组委会各成员单位卓有成效的筹备工作。

(一)各级领导高度重视,筹备工作扎实有效

中共中央台办、文化部、国家新闻出版广电总局有关领导及相关处室负责人对办好文博会高度重视,一致同意继续作为第八届海峡两岸文博会主办单位,并对各项工作提出了指导性意见。中共中央台办先后两次在国台办新闻例会上对第八届文博会进行了专门介绍。同时,为了促进海峡两岸文博会进一步市场化和专业

化,减少行政成本,中共中央台办还建议今后文博会组织架构应常态化,形成制度,不用再一年一批;文化部除了接受邀请出席文博会相关活动外,在协助邀请相关海外文化机构、企业、海外买家等方面做了大量工作;国家新闻出版广电总局一如既往地支持文博会各项工作,并在数字内容出版、版权、影视、动漫等板块给予了指导与帮助。国家有关部委对文博会的高度重视和大力支持,为展会的成功举办奠定了坚实基础。

省委、省政府领导对文博会筹备工作高度重视,多次对文博会筹备工作给予指导。省政府同意作为本届文博会承办单位,发函商请国家部委继续作为主办单位,审定并及时下发第八届海峡两岸文博会总体方案,以确保文博会各项筹备工作顺利开展;文博会组委会办公室(省文化厅)两次来厦门召开文博会专题会议,特别是召开福建省九市一区相关领导的推进会,对文博会工作给予指导、部署,有力地推动了招商组展等筹备工作进度。其他相关成员单位也积极组织发动企业机构参展参会,洽谈合作项目。

厦门市委常委会、市政府常务会先后听取了文博会筹备办的汇报,王蒙徽书记、裴金佳市长对办好文博会提出了明确要求。厦门市委常委、宣传部长叶重耕与副市长国桂荣先后主持召开4次专题会议,研究部署落实第八届文博会筹备工作事宜,并于7月、9月,先后两次赴北京拜会国家有关部委,落实有关主办单位事宜。国桂荣副市长还于2015年5月专程赴台推介文博会,成效明显。文广新局主要领导也多次率文博会筹备办相关人员赴榕、赴京,汇报第八届文博会相关筹备工作情况,征求各部门对办好第八届文博会的意见,并提请需要各部委、省直各相关单位帮助协调解决的有关事项。

(二)相关部门密切配合,推动工作顺利开展

厦门海峡两岸文博会筹备办在财政、公安、消防、检验检疫、海

关、卫计委等筹备工作领导小组成员单位的指导支持下，制定完成安保方案、应急方案、交通组织方案等各项方案。市财政局按计划下拨经费，确保了文博会启动和运行的经费保障。市公安局、市消防以"9·8"贸洽会的规格保障文博会的举办，并派出大量警力进行现场保障、指导。市检验检疫、海关等部门为文博会通关检疫开设绿色通道，通宵达旦处理应急业务，保障了展品的顺利入关。市市场监督管理局等部门先后检查文博会嘉宾接待酒店、餐饮安排，对酒店提出相关指导整改意见。市卫计委在厦门多个医院开通绿色通道，并现场安排医护人员，处理多起医疗突发事件，受到到展客商嘉宾的一致好评。各职能部门的全力投入和相互沟通协调，有效地保障了各项工作的顺利开展。

与此同时，文博会筹备办较早成立秘书组、招展组、论坛组、后勤接待组、证件组、展务组等工作小组，制定细致周密的方案，统筹安排各项筹备工作，加强督查督办，也确保了第八届文博会各项筹备工作的顺利开展。

（三）执行单位主动作为，加快展会转型升级

按照市场化办展要求，厦门广电集团、厦门文广传媒集团公司主动作为，重新整合文博会公司，加强文博会公司的人员配置，加大对文博会人力、财力、物力的投入，进一步加强招展、招商、接待等方面的市场化转型力度。一是强化招商招展市场化，加大与各行业协会的战略合作；二是注重论坛对接社会化，积极与第三方机构合作举办论坛、对接会等活动，更加注重实效及产业对接；三是提高接待工作市场化，继续通过招标选定服务单位。展会期间共安排接待酒店 7 家，接待海内外嘉宾 1200 余人；四是探索安保工作市场化，首次探索将安保责任主体由政府为主转移到文博会公司，即公安由执行者转变为监督者，现场安全保障力量改为由安保公司承担、公安指导的方式；五是探索办展经费市场化。主动向社

会筹措资金,挖掘广告赞助开发、文创产品代理展销、第三方合办论坛合作等市场化收入渠道,展会收入突破往届;六是创新企业经营模式。文博会公司与宁波广电签订战略合作协议,共同运营宁波文博会,文博会公司通过展会运营得到进一步发展空间。

(四)高度重视客商邀请,促进展会交易实效

本届文博会高度重视客商的组织邀请工作,采用各种新举措加大客商邀请力度。一是首次采用客商预登记系统,有效采集客商信息。二是首次采取以展带客、以媒体带客等方式主动组织客商参会,设计"以展带客"微信邀请方案,通过发动展商邀请自有客户的形式吸引专业客商参会。三是联络全国展会信息门户网、公众号、APP平台等,发布第八届文博会信息,扩大知名度、影响力,吸引更多客商前来参会。四是联系厦门本地15家商会,发送电子邀请函等。据统计,各项举措共吸引1万名客商参会。

(五)持续加大宣传力度,切实增强宣传效果

本届文博会不断创新宣传方式,有效整合传播资源,定向锁定受众目标,极大提升了文博会的观众体验和传播效率。福建省委宣传部和厦门市委宣传部先后组织召开厦门新闻发布会、省重大活动新闻通气会、厦门媒体协调会等,国台办新闻发布会例会上也两次发布了第八届文博会消息。同时,统筹资源配置,形成广告宣传与新闻宣传、传统媒体与新媒体、大众媒体与自媒体、线上与线下互动的大规模、全覆盖、多层次宣传格局。覆盖了主流报纸、电视、广播、刊物、机场、重点路段、市属主要宣传看板、公交车身、移动电视等。此外,还升级完善文博会官网和官方微博及微信平台、微信二维码,实现了线下宣传对线上宣传的有力支撑。

（六）始终坚持开拓创新，着力提高服务质量

本届文博会注重强化展会服务保障意识，不断开拓创新提高服务水平和服务质量。一是创新性采用了"展区双主通道"设计，观展线路更加合理、流畅，在提高展商效益同时，也便于客商参观。二是针对 2015 年境外参展企业及台湾参展企业有较大幅度的增加，精心整理制作了英文版本及繁体版本的《参展指南》。三是启用全新的票证系统，并引入专业的证件门禁系统，提升了展会安全等级，实现了客商信息的有效采集，建立文博大数据管理。同时在展会现场设置 4 个办证点，并首次采用电子票务形式，优化证件办理流程，真正缩短办理时间，切实提高参展效率。四是首次提供免费接驳服务，提升进场速度。将参会车辆引流至会展中心周边的大型停车场，免费接送参会客商和普通民众，使客商与民众观展更加畅通快捷。

二、存在不足

（一）规章制度及工作流程仍需不断完善

展会的规范管理和高效运作，离不开完善和可持续优化的制度建设机制。文博会筹备工作任务繁杂，涉及部门多，在某些工作环节存在流程不够顺畅的问题，要从体制机制上着手，建立长效机制，优化工作流程。

（二）签约项目跟踪问效力度亟待加强

根据国际咨询公司的调查显示，参观展会导致的实际成交有 2/3 是在展会结束后 11—24 个月之内达成的，因此做好各项跟踪

服务有助于实现展会目标,提升交易实效。长期以来,文博会期间签约项目缺乏精确的跟踪落实情况统计,今后应从以下两方面进行突破:一是健全机制"问"效果。要积极探索建立跟踪问效机制,由专人负责对展会期间的签约项目进行全程监控,确保各项工作落到实处、抓出实效。二是创新形式"督"常态。成立相应的督促检查和绩效考核小组,负责对签约项目落实情况进行督促检查,将督查工作常态化。

三、下一步工作建议

2016年是贯彻落实"十三五"规划战略部署的开局之年,"十三五"规划中对文化产业转型升级、"创新文化交流、文化贸易方式,推动中华文化走出去"做出重大战略部署;此外,国家确定福建省为21世纪海上丝绸之路核心区,厦门等港口城市作为海上合作战略支点。第九届文博会应以此为契机,力争再上新台阶。文广新局作为具体主管部门,完成好上级安排的工作,帮助企业发展壮大责无旁贷,主要是要做好以下两方面工作:一是继续做好与国家部委,省、市政府部门及各相关单位的联络协调工作;二是严格按照上级部署要求,进一步强化服务意识,履行监督职责,助推文博会实现市场化转型,落实好筹备工作中的各项工作,重点要做到"五个突出":

(一)突出时代主题

要紧贴时代主题筹划好第九届文博会,继续以"一脉传承、创意未来"为主题,秉持"专、精、特"的办展特色,紧扣"专业化、市场化、品牌化、规范化"办展目标,坚持"务实节俭、文明高效、安全有序"的要求,主动适应新常态,把握海峡两岸文化产业发展新趋势,主动融入"一带一路"及自贸区建设,及早谋划、精心筹备好第九届文博会,重点抓紧启动第九届文博会总体方案的报批工作,按程序做好省政府补列为主办单位的申报工作。

(二)突出对台特色

海峡两岸文博会与全国其他同类型展会最大的不同与特色就是"对台"。国台办也一直强调,在宣传上要紧扣"两岸"。所以,在第九届文博会的策划及筹备工作中,要突出"对台"特色,一是在宣传"一带一路"沿线元素时,侧重两岸携手,一起走向国际;二是针对2016年岛内政局可能发生的变化,我们依然要加大对中南部的招商招展,继续加强两岸文化交流;三是组织"中华工艺精品奖"获奖作品首次赴台湾巡展。通过各项创新举措,强化海峡两岸文博会促进两岸文化产业交流与合作的平台作用,打造台湾参展商数量最多、覆盖面最广、影响力最强的国家级文化展会。

(三)突出"市场化"

积极适应形势发展需要,进一步务实开放办展,注重发挥市场作用,加快培育市场主体,加强与两岸展商、专业协会、专业会展企业合作力度,引入公开、公平、公正的市场竞争机制,利用市场手段管理和引导文博会转型发展;进一步完善办展机制,提升展会的市场化程度,形成"政府指导、市场运作"的办展办会机制,实现文博会的可持续发展;充分发挥厦门在两岸文化产业资源聚集优势,广泛吸引国家部委、相关机构及相关行业协会、文化企业等参与文博会,进一步扩大文博会的影响力。

(四)突出平台作用

积极搭建平台促进广泛合作,充分发挥文博会的品牌效应,积极为海峡两岸文化产业搭建投资合作交流平台,拓展文化输出空间和渠道,助力中国文化产业"走出去",筑实文化产业这个新的经济增长点。同时,进一步加大文博会品牌宣传推介力度,广开渠道邀请重要境内外知名企业及权威人士参展参会,有计划、有针对性地做好海外招商招展工作,提高文博会品牌程度。

(五)突出交易实效

搞好跟踪服务持续文博会效能,牢固树立服务理念,加强对文博会签约项目的跟踪服务,走访相关文化企业、兄弟省区市、省内各设区市及功能区,及时掌握项目进展情况,力促重大签约项目落地,把厦门市的文化资源优势转化为产业优势。进一步完善展商数据库和专业客商数据库扩容及延伸应用,为参展企业提供更多专业客商、专业机构和政府机构对接信息。充分利用传统媒体、新媒体、科博会官方网站、移动互联设备客户端等手段,在线上线下、会内会外、会前会后进行多方位全立体宣传,吸引、集聚国内外优质文化资源和产业资源,常年为参会参展企业、机构提供网上实景展台、线上推介、招商合作项目对接等综合服务,逐步实现持续交易功能。

2015 年 12 月 8 日

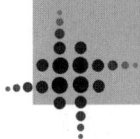

展示两岸华文出版最新成果
创造两岸出版合作良好商机
——第十一届海峡两岸图书交易会综述

◎ 海峡两岸图书交易会组委会

第十一届海峡两岸图书交易会(以下简称"海图会")于 2015 年 9 月 12 日至 14 日在厦门举办。在国家新闻出版广电总局、国台办和福建省委省政府、厦门市委市政府等各级领导的高度重视和两岸业界的通力合作下,本届海图会两岸出版精品荟萃,两岸业界人士齐聚,配套活动内容丰富,业界对接成效显著,充分展示了两岸华文出版的最新成果,创造了两岸出版合作的良好商机,展会取得了圆满成功。现将有关情况总结如下:

一、总体情况

第十一届海峡两岸图书交易会由厦门市人民政府、福建省新闻出版广电局、中国出版协会、台北市出版商业同业公会、台湾图书出版事业协会、台湾图书发行协进会共同主办,山东省新闻出版广电局、厦门市文化广电新闻出版局、海峡出版发行集团有限责任公司、厦门外图集团有限公司、北京书友之家文化交流有限公司、台北市出版商业同业公会具体承办,执行机构为厦门外图集团有限公司、台北市出版商业同业公会。

展场总面积 25000 平方米,主会场设于厦门文化艺术中心美术馆,在厦门外图书城和厦门新华书店设立分会场。两岸 450 余家出版机构参展(其中台湾 200 余家),两岸参展图书约 20 万种 70 万册,总码洋约 2700 万元,举办各类活动 67 项近 100 场次,展会 3 天观众超过 20 万人次,创下观展人数、图书零售和征订、媒体报道之最,充分显现两岸图书嘉年华特色,两岸出版交流成果丰硕。

二、各级领导高度重视

国家新闻出版广电总局、国台办、福建省委省政府和厦门市委市政府都把举办海图会列入年度对台工作重点项目,对项目审批、方案确定和资金扶持等方面给予具体指导和大力支持。国家新闻出版广电总局副局长吴尚之,福建省委常委、宣传部长李书磊,福建省副省长李红多次听取专题汇报并作出明确指示。全国人大常委、教科文卫委员会主任委员、中国出版协会理事长柳斌杰关心海图会并为会刊题词,中国出版协会常务副会长邬书林多次听取工作汇报,出席两岸出版高峰论坛等活动。国家新闻出版广电总局进口管理司牵头指导,对主承办单位的筹办工作和出版发行单位的参展工作明确责任,提出要求,为海图会的成功举办提供了强有力的组织保证。蒋茂凝司长、王华副巡视员研究审核工作方案,全面推进各项筹备工作。中国出版协会指导研究具体项目,组织推动招展推介等各项工作。福建省新闻出版广电局直接领导海图会工作,陈必滔局长、蒋达德副局长、胡永新副局长组织相关部门研究确定重要事项,协调解决有关问题。厦门市委、市政府专门召开专题会议协调部署,市委常委、宣传部长叶重耕,副市长国桂荣跟进指导筹办工作。山东省新闻出版广电局作为本届海图会主宾省主办单位,十分重视相关工作的推进和落实,筹备工作扎实、有序和高效。

展会期间,国家新闻出版广电总局副局长吴尚之、福建省副省长李红亲临指导。国家新闻出版广电总局进口管理司司长蒋茂凝、副巡视员王华和国台办交流局副局长李京文出席相关活动。山东省副省长季细绮和有关省(市、自治区)新闻出版主管部门、出版集团的领导组团参会参展,充分体现了各级领导对举办海图会的关心和重视,为本届海图会的成功举办提供强有力的组织保证。

三、参展图书订销两旺

本届海图会两岸参展单位代表性强,参展图书品种丰富,覆盖学术、文史、少儿、科技等各出版领域。中国出版集团、中国国际出版集团、中国科技出版传媒集团、中国教育出版传媒集团、首都出版发行联盟、海峡出版发行集团、海峡两岸出版交流中心等大集团、大社积极参展。台北市出版商业同业公会、台湾图书出版事业协会、台湾图书发行协进会等台湾最具影响力的 4 家公(协)会 4 个团 380 余人参会。台湾城邦出版集团、三民书局、时报出版公司、联经出版股份公司、联合文学、华品文创出版公司、凌网科技股份公司、汉珍数位图书股份公司、五南图书股份公司等台湾排名前100 位的出版机构踊跃参会,不少图书是首次在大陆亮相。两岸300 余家图书馆 400 余名图书采编人员到会现场样采。

山东省新闻出版广电局以"齐风鲁韵、书香山东"为主题,组织了 43 家出版发行单位近万种优秀图书、18 项主题活动参展,集中展示了该省出版业的最新发展成果。组织举办 18 项反映齐鲁文化特色的文化活动,成为本届海图会人气最旺的展馆之一。

蓝皮书

四、项目对接实效显著

依托海图会平台,举办厦门大学出版社《图说开漳圣王文化系列》丛书、台北故宫博物院馆藏 62 册《永乐大典》高仿真本等 20 余场两岸新书发布活动,促进了两岸新书的信息交流。台湾行动导读出版集团、两岸华文出版品与物流协会等与大陆出版单位签订业务合作协议,10 个代表性项目现场举办合作签约仪式。两岸出版高峰论坛、两岸数字出版基地交流会共同关注互联网出版动态,两岸出版馆藏交流会等对接活动气氛热烈,成果丰硕。本届展会两岸订购、销售图书总码洋 4160 万元,达成图书版权贸易 314 项,版权贸易数比最高的第十届增长 10%。

五、图书嘉年华特色明显

2015 年的海图会积极倡导全民阅读,更务实、更接地气,更具参与性,读者既可以体验阅读的乐趣,又可以参加阅读互动活动。展会期间,很多市民拉着行李箱推着购物筐,携全家老少观展购书,排成几列长队,为平时所少见。有些读者从开馆到闭馆全天,边聆听名家讲座边感受阅读之美,领略阅读文化。

(一)配套活动接地气

本届海图会更突出与各读者群体的交流互动,打造两岸图书嘉年华。主会场移至文化气息浓厚、交通便利的厦门市美术馆举办,开放市民免费参观,创新举办大型立体书展、图书手工制作、少儿专题阅读等阅读体验活动。来自大陆的麦家、台湾的方素珍等两岸 20 余位作家与读者零距离交流,分享创作体会,吸引众多书迷的慕名参与。市文广新局、外图集团、市图书馆联合开展的"我的悦读生活"征文比赛,创下十年来厦门地区征文投稿量之最。精心组织亲子阅读会、"立体书的奇幻梦世界"书展、"创意无限"图书码堆作品展、"我爱读书"摄影展等 30 多项阅读推广活动,受到广大学生、家长的好评,观展人数创新高。读者普遍反映,通过电脑、手机浏览相对浅显,这次书展书香四溢,活动组织细致用心,创新亮点多,对推动读者回归纸本阅读习惯有实质意义。

(二)气氛营造有品位

福建省新闻出版广电局主办福建印刷文化保护基地展览,通过文字、图片、实物等形式,全面、生动地介绍保护基地有关情况,印刷技艺传承人现场表演雕版上墨、印纸技术。为进一步展示推广"建本文化",本届开幕式摒弃俗气的"推杆""摸球"等剪彩方式,积极吸收了活字印刷、篆刻艺术等传统元素,嘉宾一一排版"书香两岸,情系中华"的展会主题、组合排版,既有文化品位又具传统特色,节俭务实,独具一格。展会期间,台湾电音三太子、闽南木偶戏、皮影戏、南音、评书讲古、闽南童谣大家唱等精彩民俗活动轮番上阵,突出闽南特色,体现了浓厚的"闽台一家亲"文化内涵。

(三)两岸读者齐参与

本届海图会更突出对台交流,面向两岸青少年读者群体成功举办"第二届两岸龙少年学生文学奖"征文,两岸近 30 余所中学的2000 多名学生参赛,开幕式上向获奖代表颁奖;2015 海峡两岸书籍装帧设计邀请赛暨两岸最美数字书籍展,两岸读者共同推荐100 余册图书参与评选;两岸数字图书阅读体验展、绘本展等延伸性活动,通过现场展示和网络推荐吸引了两岸读者的关注;北京市新闻出版局、海峡两岸出版交流中心等精选纪念抗战 70 周年专题

蓝皮书

图书在展会亮相,部分图书在展会现场谈妥版权向台湾输出。

六、展会品牌得到巩固

与本届海图会同期还有其他省市举办书展,主办方采取参展全程免费外加全省景点免费的方式邀请台湾书商,台湾主要的出版发行业公(协)会会长均率团出席海图会,充分体现了海图会的吸引力。此届海图会分步骤、有节奏地精心策划新闻亮点,组织新闻发布活动,形成了报纸、广播电视、网络、户外广告"四位一体"的立体聚焦态势。海内外近 200 名记者现场采访,发稿约 850 篇,百度检索"第十一届海峡两岸图书交易会"网页 139 万条,检索新闻约 1400 篇,得到两岸书业界和读者高度关注,进一步彰显海图会的品牌影响。

展前,厦门市在机场、轮渡码头、主要干道、人行天桥、公交站点、道路牌、楼宇梯视等设置海图会广告位和 LED 屏,实现城区户外宣传的全覆盖;厦门日报、厦门晚报、海西晨报和厦门卫视、厦门电视台等市属媒体发布倒计时标识或广告短片;厦门文化艺术中心四周密集设立广告指引牌和罗马旗,在厦门营造了浓厚的书香氛围。展会前夕,组委会分别在北京、台北、厦门举办新闻发布会或招商推介会,驻京、驻台媒体广泛报道,引起两岸出版界的高度关注。组委会与新浪网合作,全方位运营官方网站、微信、微博,扩大了互联网的传播影响,通过全方位、立体化的宣传组织,实现"活动在厦门,影响在两岸"的广泛影响。

七、书展体会和工作建议

通过承办第十一届海峡两岸图书交易会,有如下几点体会:一、书展场地办在市中心,展馆面积、层高适中,构建温馨购书阅读环境。二、用心做好大文化品牌,配套活动趋于多样化,有利于促进全民阅读;三、公益广告提前宣传、教育部门倡议中小学生参展、公交集团予以交通保障,对于书展具有实质帮助。四、活动务实、人气旺盛,有助于吸引新闻媒体进行持续报道。

几点建议:

进一步加大政府推动和扶持的力度。海峡两岸图书交易会已经成为两岸出版交流的重要品牌,成为国家新闻出版广电总局、国台办等中央部门和福建省、厦门市对台文化交流工作的重要项目。鉴于海图会具有鲜明的政治性和社会性的特点、办展规模的逐年提高以及进一步改善运作模式的要求,建议总局和福建省、厦门市继续加大对海峡两岸图书交易会办展经费的支持力度,扶持这一优势品牌。

进一步发挥福建在海峡两岸出版交流与合作中的重要作用。福建省、厦门市积极发挥在对台出版交流方面得天独厚的优势,作为大陆对台图书交流的主要渠道,目前,厦门外图集团年销台湾的图书已持续多年占大陆售台图书总量的60%以上,近两年来在厦门达成的两岸图书版权贸易业务量接近1/3,增长势头十分强劲。建议总局继续关注和重视两岸出版重点项目建设,充分发挥福建作为两岸出版交流试验区和厦门作为海峡两岸新闻出版交流与合作基地的重要作用。

进一步加强对办好第十二届海峡两岸图书交易会的工作指导。经海峡两岸图书交易会各主、承办单位协商,第十二届海峡两

蓝皮书

岸图书交易会拟于 2016 年适时在台湾举办,山东省继续作为主宾省组团参展,组委会办公室将抓紧研究下一届图交会的筹备工作,并尽快上报工作方案。恳请市政府继续加大对举办第十二届海峡两岸图书交易会工作的指导力度。在各级领导的重视支持下,在两岸业界的共同努力下,确保海峡两岸图书交易会常办常新、届届相连。

执笔:汪凯

2015 年 10 月

蓝皮书

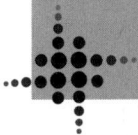

动漫产业的年度盛事

——第八届厦门国际动漫节综述

◎ 厦门国际动漫节组委会

由国家工业和信息化部软件服务业司、福建省经济和信息化委员会为指导单位，厦门市人民政府为主办单位，国际动画协会中国代表处、国际动画协会厦门分会为协办单位，"动漫游戏作品竞赛和展示的平台，专业人士和动漫爱好者的年度盛会"——第八届厦门国际动漫节于 2015 年 8 月 21 日—24 日在厦门国际会展中心成功举办。海内外广大动漫爱好者与专业人士共聚一堂，欢度盛会。

本届动漫节是一场囊括了"会展、商务、赛事、论坛、活动"五大板块的动漫盛会，共组织开展了 10 个项目的活动，分别是"金海豚"动画作品大赛暨颁奖仪式、新媒体奖评选、游戏开发大赛、动画和游戏系列讲坛、动画放映周、动漫游戏与技术展示会、产业对接会、电子竞技大赛、COSPLAY 盛典、海峡两岸游戏原画创作大赛。同时，本届展示会还增添虚拟偶像文化主题的"全息技术展示馆"。

纵观本届动漫节，有以下主要特点：

突出产业服务

本届动漫节着眼全产业链拓展,整合资源、打通渠道,推进跨界融合,做实交易平台。动漫节期间,开展形式多样、主题各异的各类活动,吸引国内外动漫、游戏、衍生品等项目,拓展交易平台。

本届动漫节首先以动漫形象秀开场的启动签约仪式,通过新媒体获奖卡通形象、园区动漫企业卡通形象的登场亮相,扩大本土动漫形象的影响力。动漫节期间签约项目共有 6 批,签约企业中既有三大运营商之一的咪咕动漫,也有信息集团、天之谷、大拇哥、紫荆动漫、时代华亿、联合优创等知名企业。这些通信运营商、动漫游戏企业、媒体达成合作签约,将为厦门动漫游戏产业注入新鲜血液和发展活力。

产业对接会是本届动漫节的着眼点和着力点。对接会着重体现"互联网十"概念,新增"人才对接会""中外原创动漫项目和动漫出版交流会""海西动漫游戏产业精品路演会""动漫产业对接暨业界握手冷餐会"等多项专题活动,通过技术、作品展示和专题对接交流,促进动漫游戏行业上下游、动漫与移动互联网、动漫与传统产业融合,实现跨地区、跨行业资源整合。

其中,首次增设的动漫游戏项目路演会,以动漫游戏企业发展需求为导向,为投资者与项目的直接对接搭建桥梁,促进动漫游戏企业十互联网、动漫游戏企业十资本模式,搭建活动平台,对接行业资源及资本,助力动漫游戏企业成长,推动海西动漫游戏产业发展。

新增的人才对接会,旨在为动漫企业提供专业化、高端的人力资源服务,有效提升企业核心竞争力;促进各大技术型高校围绕用人单位需求不断创新,加快对人才培育的转型升级;搭建招聘沟通平台,推动人才就业的匹配达成,促进人才、智力的快速流转和转化的合理配置,实现政府、企业、高校共赢局面。本次人才对接会,参加招聘的企业共计 23 家,其中不乏一些行业排头兵,如大拇哥、咪咕动漫、4399 等。

本届动漫节还特设"跨界融合、万众创新,以'互联网＋'促动漫发展"活动主题,邀请国内外动漫游戏企业高管人员、创业团队、移动互联网企业、投资商、版权商、出版社等参与动漫周边制造商等,深入探讨"互联网＋",推动互联网与动漫行业深度融合,为各动漫新媒体平台创造合作共赢机会,以促进厦门动漫游戏产业的二次腾飞。

更加权威专业

作为动漫节的重头戏,本届"金海豚"动画作品大赛共收到来自 46 个国家和地区的 2947 部参赛作品,境外作品较上届增长 33.18％,且参赛国家和地区分布更广,体现了"金海豚"奖的专业性,秉持的公平、公开、公正原则已得到业界的认可。评委普遍认为本届参赛作品数量多、质量高、制作精美、创意独特,国内外动画作品差距在缩小。

本届金海豚奖竞争非常激烈,经过公正评奖,9 大奖项最终尘埃落定,分别是深圳华强数字动漫公司人气动画《熊出没之雪岭熊风》获得最佳影视动画长片金奖;央视动画公司作品《〈星星梦〉之梦想篇》以其新奇独特的视觉获得了评委的一致青睐,取得最佳电视系列动画片金奖荣誉;猫粮动画工作室的《蝉噪林愈静之动画教育》获得最佳应用动画奖;最佳动画短片由 go to city ele 夺得;最佳漫画由大连左艺动漫文化传播公司《师傅》获得;最佳学生动画由《低头人生》夺得;海西创新奖由福州大学厦门工艺美术学院作品《家后》斩获；Best Short Animated Picture 和 Best Animated TV Series 分别是 *Mi ne mozhem zhit bez kosmosa*、*Les larmes du crocodile*。

作为专业塑造动画精品的国际平台，"金海豚"动画作品大赛通过历届赛事的举办，已成为国际动漫画业界、学界中最权威、影响面最广的赛事之一。颁奖仪式上，国际动画协会副主席 Sayoko Kinoshita 女士代表评审委员会致辞，认为经过 8 年的努力，"金海豚"已发展成为最专业的动画大赛之一，享有一定的国际声誉与影响力。

各路大咖云集

动漫节期间，来自日本的木下小叶子女士前来助阵。木下小叶子女士集众多头衔于一身，目前兼具世界动画协会副主席、日本动画协会主席、广岛动画电影节主席资深动画导演和制片人等多重身份。本届动漫节动画讲坛，加拿大国家电影局导演王水泊、《哈利·波特》《X 战警》特效制片人 John Dietz 和日本著名动画导演、制片人 Sayoko Kinoshita、Animation Magazine 董事长 Jean Mesinger Thoren 等业内知名高端专业人士，还有本年度口碑最佳、最获好评的国产优秀动画电影《大圣归来》监制金大勇和咪咕动漫总经理张燕等国内著名动漫公司负责人悉数登场，可谓群英荟萃。讲坛上，大咖们以"势与变"为主题，就产业发展新机遇、新挑战、新趋势等方面，畅所欲言，自由争鸣，积极探讨推进动漫产业发展之路。其中，以"互联网＋寻找新机遇"的头脑风暴尤其精彩，现场互动，嘉宾精彩点评，开放深入地讨论了互联网＋时代下动漫发展现状与新趋势，进行了一场思想火花的激烈碰撞。

展会上不仅有国内知名漫画家猪乐桃、客心、小麦咖啡、制冷少女、插画师黑荔枝、形象设计大师白松与漫迷见面，更有日本著名动漫歌手水木一郎，超人气声优远藤祐里香、木内秀信、小林裕介等现场献艺。此外，香港、澳门、台湾、马来西亚等亚洲华人地区的知名漫画家，亲携百幅出色原画作品，惊艳动漫节。尤其是港漫鬼才大师冯志明、马来西亚知名漫画家 Alan Quah 两位大咖现身动漫节，与广大漫迷亲密互动、分享创作心得。

本届动画放映周，著名动画导演、投资人、制片人杨登云老师，中国电影家协会动画电影工作委员会副会长、中国动画学会常务理事孙哲先生等来到放映现场，进行动画点评互动。史诗悬疑动画电影《犹太女孩在上海2——项链密码》的导演姚光华现身首映式，为大家分享影片的精彩故事。

乐享动漫盛宴

本届动漫节首次移师厦门国际会展中心主展馆，展馆面积达2.6万平方米，规划展位620个，吸引了包括日本、韩国、新加坡、马来西亚等国家及台湾、澳门等地区的161家行业协会和动漫游戏企业参展，其中境内参展单位92个，境外参展单位69个。在这些参展企业中，不乏一些招牌响亮的强企如腾讯游戏、爱奇艺、优酷土豆网、咪咕动漫、微软、当当网、网龙、百度贴吧、台湾智冠等。动漫节期间，这些企业开展形式多样、主题各异的各类活动，诸如微软的 X－Box 互动游戏体验展、腾讯游戏的"英雄联盟"游戏争霸赛（团队赛和个人赛）等。

本届动漫节设立的全息展馆，以"穿越魔幻迷宫，听全息展示会"为主题，将梦幻与现实相结合，新设6个特色展位及创意集市售卖区，搭建最具动漫特色的主题展馆，吸引了大批观众驻足。动漫节上，美国漫威漫画公司首席签约漫画家 Alan Quah 原画展，大圣归来原画展,韩国全息投影演唱会演出,爱奇艺、土豆网等互动体验活动,福建网龙旗下"英魂之刃"在线页游竞技大赛,COSPLAY 盛典,等等,令广大观众目不暇接。展会还邀请了多位知名漫画行家、声优进行现场互动,让观众享受动漫嘉年华的浓郁氛围。

本届动漫节备受关注的全息演唱会震撼来袭,来自虚拟世界的两位萌萌哒歌姬通过一整套全息投影技术降临到真实的时空当中,为广大歌迷们带来绝佳的视听盛宴,展现二次元与三次元、虚拟与现实的完美交错。虚拟偶像"心华"和"SeeU"携手奉献厦门首场大型全息演唱会,为现场观众展示世界水准的虚拟表演,超酷炫现场感令人叹为观止。值得一提的是,本届动漫节全息演唱会是厦门举行的首场大型全息演唱会。

动漫节开幕当天,《犹太女孩在上海 2——项链密码》举行首映式,并于会展中心 226 会议室进行首场特别献映。该片此次首度亮相动漫节,聚集动漫节人气,吸引更多热情观众,彰显国产动画大片魅力。

2015 年 9 月

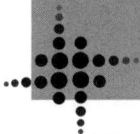

宣传美丽厦门 结交业界朋友
——2015 年中国书展暨美丽厦门图片展总结

◎ 厦门外图集团有限公司

2015 年 5 月 26 日至 6 月 2 日,厦门外图集团有限公司在美国旧金山、纽约和加拿大多伦多、温哥华 4 地成功开启了 4 场书展暨美丽厦门图片展活动。按照计划,展览在 4 地持续 1 个月。现将此次展览活动总结如下:

一、展览宗旨

此次 4 地联展是厦门外图集团结合厦门市外宣工作,加快"走出去"步伐,扩大出版物"走出去"业务,拓展欧美市场的重要举措之一。通过展览和业务拓展,宣传美丽厦门形象,展售中文图书,结交业界朋友,洽谈业务合作,逐步建立北美地区中心城市的华文图书销售网点。

二、组团与行程

厦门外图集团书展参访团由常务副总申显杨、总经理助理陈毅振、出口部经理熊武兴、出口部欧美业务员苏倩漪 4 人组成。一

蓝皮书

路行程紧凑,8天出访,参访纽约和温哥华6天。每一城市第一天布展、第二天书展开幕,与读者及承办书店交流。第三天到当地书店、图书馆洽谈业务,到大学图书馆拜访、参观,调研华文图书采购需求。

三、活动成效

(一)促进厦门市外宣工作

展览工作得到了国家新闻出版广电总局、书展举办地政府、中国驻外使领馆和侨界的大力支持,国家新闻出版广电总局副局长吴尚之、加拿大国会议员杨萧慧仪、B. C. 省议员李灿明、中国驻温哥华领事馆总领事刘菲、厦门市友好城市——列治文市厦门友好城市委员会主席 Hans Havas 和副主席 Helen Guan,以及列治文市议员 Bill Mcnulty 等嘉宾出席了温哥华书展与图片展的开幕仪式。本次展览共带去了4套、80幅全方位反映厦门经济与社会建设成就、文化繁荣、社会文明和谐、人民安居乐业的摄影作品。美丽厦门图片展吸引了当地许多读者与民众的参观,他们称赞厦门不愧是世界人居典范。列治文市政府提议,希望展后将参展图片收藏在友好城市委员会,供来宾欣赏。

(二)拓展出版业务合作

目前,参与办展的4个书店均与厦门外图集团签订日常采购协议,除了书展用书外,纽约店每月还进口一批销售用书,日常进货达30多万美元。除了与承办展览活动的书店洽谈外,我们还与纽约法拉盛地区的几家中文书店洽谈合作。其中,纽约中华书局经营品种以繁体书为主,由于大陆的华人越来越多聚居在法拉盛地区,已经满足不了当地华人读者的需求,今后拟向厦门外图集团进口简体书销售,该店将于 2015 年 7 月派人到厦门,考察外图书城,确定具体的合作事宜。哥伦比亚大学图书馆谈到目前供货给北美图书馆的繁体书商越来越少,已经无法满足当地图书馆的馆藏需求,造成繁体书的采购不足,他们也建议厦门外图集团以供繁体书作为突破口,推动当地图书馆的馆藏需求,再向简体书馆配业务拓展。

(三)提高华文图书影响力

此次活动共展出 8561 种、25173 册、约 100 万元人民币图书。根据各店的统计,开幕日当天,温哥华三联书店即售出 10000 多美元,各展出书店普遍反映展书品种好,销售明显比各店往常好很多,据纽约统计,比 2014 年同期增长 1 倍。购买图书的群体已不局限于当地的华人华侨,众多的外国读者也争相购买,关于中文学习、介绍中国文化的图书尤为畅销。

四、经验与不足

(一)市委宣传部、市外侨办的大力支持

为了办好此次活动,市委宣传部上官军副部长、沈萍处长多次指导筹备工作,要求我们精心策划,办出影响与效益,并专门协调市摄影家协会,精选摄影作品。市外侨办因公出入境管理处、国交处、领事处等相关处室,为我们的出国审批、境外嘉宾邀请等具体工作给予了指导支持,在开展对外文化交流方面提出了宝贵的建议。

(二)契合了 2015 年美国纽约国际书展良好时机,两项书展活动相得益彰

中国是此次纽约书展主宾国,厦门外图集团据此提前策划、精心筹备,务实推进。由于我们提前安排,于 2014 年北美 4 个书展后就确定办展场地,排除了北京、上海等地图书进出口公司的竞争,其中,温哥华书展被国家新闻出版广电总局确定为"全球百家华文书店中国图书联展"的主要站点,国家新闻出版广电总局吴尚之副局长率团参加了温哥华书展的启动仪式,并与当地政府官员、出版界举行座谈会,推荐中国出版物,推介厦门外图集团。

(三)北美 4 地的全力配合是书展成功的重要基础

北美 4 地合作书店都高度重视此次展览活动。除了邀请当地政府主要官员、主要媒体参加活动之外,也争取了中国驻当地总领事馆官员出席活动,提升了书展影响力。各书店均提前准备,提供了最好的场地、宣传方案配合我们的活动。4 地多个媒体对活动进行了宣传和报道,当地《明报》《侨报》《世界日报》《星岛日报》等名报、大报,以及新华社、外交部、总领事馆网站都对活动进行报道。

本次活动存在的不足之处,仍然是时间太紧张。除了布展、参加书展开幕式之外,还要开展大量的业务活动,很多书店、大学图书馆、出版社都已经提前预约商洽,却因为时间紧迫,无法去拜访和深入洽谈。希望今后出境办展、拓展业务能特殊对待,增加在境外的工作时间。

五、下一步工作计划

一是持续关注书展后期效果。书展时间将持续 1 个月,出口业务部门将每周统计销售数据,掌握销售进展,为正常发货配书提供参考。

二是着手筹备 2016 年北美系列书展暨美丽厦门图片展、澳大利亚系列书展暨美丽厦门图片展、新加坡系列书展暨美丽厦门图片展等。争取将新加坡书展暨图片展提前到 2015 年 11 月或 12 月举办,为 2016 年的北美、澳洲书展活动腾出时间。

三是关注北美高校图书馆市场,根据本次出访获得的图书馆信息,保持业务对话,充分利用我们台版图书的垄断优势,拓展北美台版书馆配市场。

四是邀请伯克利、哈佛、哥伦比亚等大学图书馆及北美重要书商到厦门参访,感受厦门外图集团业务服务优势,开启合作之路。

执笔:申显杨

2015 年 6 月

蓝皮书

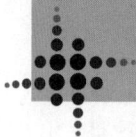

2015 厦门国际时尚周总结

◎ 厦门市发改委

以"shui·厦门——时尚之城"为主题的 2015 厦门国际时尚周于 11 月 26 日至 29 日成功举办,活动内容丰富、层次较高、参与面广、影响力大,呈现出"整合资源、丰富内涵、提升水平、扩大影响、促进发展"的整体效果,引起各界较大反响,媒体赞誉厦门国际时尚周"时尚色彩更浓、时尚味道更足、更具国际范",称之为"厦门城市新名片"。

一、基本情况

本届时尚周分时尚发布、展示设计、雅集活动等三大板块、共 41 项近百场活动,在思明、湖里、海沧、集美等 4 个区 10 余个时尚场所陆续举办,近 20 万市民群众亲临现场感受和观摩,100 余万人次的市民通过网络方式参与相关活动,30 余名具国际影响力的行业权威和业界翘楚,50 余名境内外知名艺人参加活动,上海、成都、广州、深圳等地时装周组委会组团观摩;295 家境内外媒体、1400 多名记者参与采访报道,截至 11 月 29 日,境内外各类媒体共刊发转载 2360 篇次,微信、微博点击阅读量超过 3000 万人次。下阶段时尚集团旗下相关媒体还将进一步综述报道厦门国际时尚周及时尚产业相关情况。本届时尚周呈现的主要特点包括:

（一）活动水平提升

1.国内时尚权威机构参与。中国纺织工业联合会、中国服装设计协会等国家级行业协会和中央美术学院、北京服装学院等专业院校参与主办时尚周相关活动。时尚集团、爱慕集团等国内时尚界龙头企业首次参与承办核心活动，体现了厦门国际时尚周的专业性和权威性。

2.引入时尚权威活动。首次引入由时尚集团提出的时尚指数；首次将长年在北京中国国际时装周发布的爱慕年度内衣秀移至厦门举办，并首次在剧场将发布秀以剧情方式呈现。

3.国内外时尚界人士出席。王天凯、李当岐、杨纪朝等国家级行业协会主要负责人出席活动或担任评委。范迪安、黑川雅之、Anne、毛继鸿、刘元风等30余名具国际影响力的行业权威和业界翘楚，Rain、斯琴高娃、沙宝亮、郭涛、蒋勤勤、姜武等50余名境内外知名艺人参与时尚周活动。

（二）参与面扩大

1.参与主体增加。在时尚周主体活动推进的同时，各区和各有关单位积极参与，在不同区域同时举办形式多样的活动，展现各区特色，催热区域时尚地标。如市经信局推动举办了智能卫浴展；思明区除负责华人时装设计大赛和17场时尚秀外，策划举办了曾厝垵文青节；湖里区策划举办华美空间文创园系列开园活动、两岸微电影节、时尚生活博览会；海沧区策划举办了微风乐集演出活动；集美区举办了阿尔勒影季、草莓音乐节。

2.参与市民增加。近20万市民群众亲临现场感受和观摩，100余万人次的市民通过网络方式参与相关活动，"美丽厦门、满城时尚""立一城时尚、谋一城发展""设计之都、时尚之城"等口号深入人心，时尚周烧脑神曲 *gogo fashion go* 在青年群体中传播，市民参与时尚、体验时尚的热情高涨。

3.国际元素增加。CK、SW1960 等一批国际品牌首次来厦发布作品;华人时装设计大赛影响力进一步扩大,350 份参赛作品中首次包括了意大利、美国等国家选手作品;国际沙龙美发节吸引全球 7 个国际和地区近 2000 名美容美发界精英参与;首次与韩国开展服装面料产业交流;首次引进法国阿尔勒摄影季。来自韩国、越南、香港及台湾等国家和地区的明星出席相关活动。

(三)媒体关注度高

1.媒体报道数量多。共有 295 家境内外媒体、1400 多名记者参与采访报道,截至 11 月 29 日,境内外各类媒体直接刊载报道超过 2360 篇次,参与报道记者数量及报道篇次与 2015 年"9·8"相当(2015 年 5 月举办的 2015 杭州国际时尚周仅有 40 多家媒体报道约 400 篇次)。

2.中央媒体关注度高。新华社、中新社、光明日报等中央媒体报道或网络转载超过 300 篇次,中央电视台朝闻天下、中国新闻等重点新闻节目均对厦门时尚周活动予以了报道。

3.行业媒体关注多。纺织服装周刊、中国服饰报以及时尚集团旗下《时尚芭莎》等业内权威媒体专版报道。

4.境外媒体关注多。华盛顿邮报、欧洲时报、香港文汇报、大公报、台湾中华时报等 10 家境外平面媒体专版报道。

5.新媒体关注多。时尚周组委会同步利用时尚周官方"双微"和市发改委微信公众号,发挥 4399 旗下飞博共创等网络"大 V"的推广作用,策划专题内容,讲好厦门时尚故事,微博、微信、论坛等新媒体互动平台发帖、跟帖、转发超过 13000 条,但就自发形成的"2015 厦门国际时尚周"新浪微博热门话题点击量超过 67 万人次。

6.宣传渠道广。在市区主要路段和三座跨海大桥插放罗马旗达 3000 余面;在城市户外 LED 屏、楼宇视频和航空、动车视频等持续投放时尚周宣传片,视频终端超过 3000 个,有效地扩大了受众面。

二、取得成效

(一)促进产业转型升级取得新成效

一是产品展销成效初显。首度成功举办时尚生活博览会,展位约 180 个,展出厦门市骑行装备、潮流摆件、时尚家居、卡丁车、轻奢品牌、原创服装设计师作品等,时尚周期间意向成交达 5600 余万元,其中仅智能卫浴一项意向销售额就达 2100 万元,独立服装品牌买手达成意向采购 1200 万元。

二是产业交流活动丰富。国际沙龙美发节吸引了 2000 名国内外美发界精英到场交流,茶王擂台赛吸引 300 余家茶业企业参赛,近百家台湾文创企业参加了时尚周相关产业交流活动,爱慕集团则将 50 余名面料供应商、120 余名采购商带到厦门开展产业交流。思明区与韩国京畿道纺织行业协会签订了《中韩时尚产业发展合作备忘录》,双方达成了为期三年的面料与服装企业供需信息交流及时尚产业互助、合作。

三是产业招商落到实处。爱慕集团南方总部项目将落地厦门,中国华录、时尚集团等知名企业与厦门市达成合作协议,方所等知名企业意向来厦投资,黑川雅之等知名设计大师与厦门市企业万仟堂等达成意向合作。时尚周活动的举办,还推动了华美空间文创园、龙山文创园等时尚产业园区、平台的招商入驻。

四是提振文化旅游消费。媒体的广泛关注,迅速提高了厦门

蓝皮书

国际时尚周知名度和城市美誉度,时尚周活动为厦门市进一步吸引大量的游客,带热了曾厝垵文艺渔村、沙坡尾、集美杏林湾等区域的旅游人气,其中曾厝垵村在时尚周四天活动期间吸引游客超过30万人,比去年同期增加45%;集美区和思明区的旅游饭店在时尚周期间入住率接近100%。

五是带动国企转型发展。建发集团积极作为,发挥时尚周主运营商的作用,通过运营时尚周活动,初步整合集团内部旅游、酒店、会展、老工业厂房等资源,介入时尚创意新领域,开拓发展新空间,为下一步实现转型发展初步积累新的产业资源和人才队伍。

(二)提升城市品位和形象取得新进展

在厦门市委宣传部统筹领导下,厦门市发改委和组委会立足厦门时尚城市品牌塑造和传播、推广,积极拓展媒体传播渠道,全方位动员各方宣传力量,从官方、产业、市民等三个受众维度出发,开辟报纸专栏和电视专题节目,开展了政策、园区、产业、品牌、设计师、时尚地标等一系列专题采访,不仅从不同角度全方位解读厦门国际时尚周,形成立体宣传效果,推介厦门市时尚产业,而且充分展示厦门城市魅力和时尚元素,倡导城市精神,引领时尚潮流,塑造了时尚城市品牌。人民网发文评价"厦门国际时尚周在展示厦门时尚元素的同时,将美丽厦门的城市品牌宣传出去,打造南中国最有创意、最具个性、最国际化的时尚节庆活动,引领产业、城市双转型"。

(三)创新办会模式实现新突破

本届时尚周改变了以往以政府主导办会模式,实现市场主导,政府协力。创新性地由建发集团作为时尚周主运营商和组委会办公室进行运作,政府提供协调服务和安全保障,并且始终将服务和推动时尚产业发展作为活动开展的出发点和落脚点,闯出一条市场化办会办展的路子。

执笔:范世高

2015 年 12 月 16 日

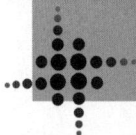

网聚鹭岛正能量
点赞厦门好故事

——"厦门网络文化节"品牌成效显著

◎ 厦门市委宣传部网络处

2015 年,厦门市委宣传部(网信办)成功举办了第四届厦门网络文化节。本届网络文化节为期 4 个月,涵盖 6 个单元 20 项活动,共产生"共同缔造好故事"174 篇、视频作品 1300 多个、摄影作品 5300 多幅,线上线下参与网民数突破 210 万,地域范围也从厦门扩展到全国,取得了良好的舆论效果和社会效果。

厦门网络文化节活动是厦门市委宣传部(网信办)根据厦门市互联网发展实际和网络文化建设的要求,于 2012 年开始组织策划的,四届厦门网络文化节共举办 59 项活动,产生了一大批优秀网络文化产品,包括:网络征文 1200 多篇、摄影作品 13000 多幅、微视频 1600 多个、微电影 40 多部、网络公益广告 420 多个,以及手机短信、彩信 5900 多条,直接参与线上线下互动的网民从第一届的 30 万人飙升到第四届的 210 万人,厦门网络文化节已经成为福建省重要的网络文化建设品牌,在营造网络文化氛围、净化网络空间、传播社会正能量方面发挥了越来越明显的作用。

一、主题有"深度":共同点赞核心价值观

厦门网络文化节通过征文活动、摄影大赛、视频制作、公益广

告等形式,贯穿弘扬社会主义核心价值观、传播网上正能量的主线,讲述基层工作者在平凡岗位上的不平凡际遇。2015 年的"点赞共同缔造好故事"主题活动,组织 9 家网站、20 多位网站采编人员深入全市近百个社区,挖掘采写一个个生动感人、可读性强的故事,在各网站微博、微信公众号和 APP 客户端等平台展播,由网民点赞投票选出 20 个优秀好故事,活动阅读点击总量达 106 万,网民评论点赞数超过 25 万。

二、覆盖有"广度":微平台展示大世界

活动把微博、微信、微视频作为与网民互动的主要平台。有中小学网络"微拍"大赛,有公益微电影大赛,有外国人微记录"美丽厦门",有十秒微视频发现"美丽厦门"。大到体验光网城市,小到聚焦两岸最美乡村,其中闽南地区中小学网络"微拍"大赛已成功举办三届,2015 年共收到来自厦门、漳州两市 122 所中小学送交的 1867 件参赛作品,有近 104 万人次参与网络投票,该活动被福建省新闻出版广电局确定为重点扶持推广项目,并上报国家申请立项。

三、传播有"亮度":网站和运营商开展个性化活动

各网站和运营商从自身定位和特□□□□□□□□□□性化的活动。作为省重点新闻网站的厦门□□□□□□□□共同缔造"为主题的网络征文大赛;突出对台特□□□□□□具有两岸元素的活动;以为市民提供生活资讯为主的小□□□□办各种以家庭和谐为主题的游园亲子活动;定位为房地产中介的厦门房

地产联合网,开展"网络邻里节"等社区文明互动活动;电信移动联通等运营商则开展以"智慧城市、智慧家庭"为主题的线上线下体验活动。

四、互动有"密度":草根网民释放正能量

活动始终以先进文化为引领,亲近网民、依靠网民,让普通网民成为活动主角。"追梦人"微记录聚焦基层普通网民在平凡岗位上的不平凡工作际遇及生活态度;"厦门网络邻里节"吸引了厦门近千个小区、8万多名网友参与,制定了首个通过网络宣传推广的《邻里公约》;寻找鹭岛最萌宝宝大赛吸引了8000多名萌宝的参与,网络投票人次超过1000万;手机全民阅读活动鼓励网民通过手机客户端开展"我最喜爱的书籍"评选活动。

五、参与有"热度":网络文化聚焦青少年

先后举办了一系列"互联网+青少年"的网络文化活动。其中,全国青少年网络钢琴大赛共收到来自全国30多个省市提交的1300多个参赛者演奏视频,共有约23万人次参与网络投票;"清朗网络空间"大学生演讲比赛中,有2万多名大学生积极参与;"文明小白鹭网上行"活动有近3万名青少年网民参与了网络投票,选出"网络五大不文明行为",以此呼吁文明上网。

六、汇集有"温度":网络公益精神广泛传递

　　新浪、凤凰、腾讯驻厦机构依托各自总网较为成熟的公益平台,在历届活动中开展了相关公益活动。新浪厦门"爱心图书馆"走进多所小学举办"公益读书会"外,通过微支付平台为贫困学生筹集善款,满足他们的梦想;凤凰厦门"城里城外美丽童行"线下开展慈善拍卖会,490 万善款用于捐助厦门福利院儿童;腾讯大闽网厦门"公益足球场"发动 3600 多名网友为厦门同安竹坝小学募捐,帮助孩子们实现足球运动梦想。

执笔:陈小鹨

2015 年 9 月

蓝皮书

xiangguan zhengce

相关政策

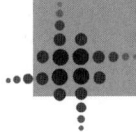

《厦门市闽南文化生态保护区建设办法》

厦门市人民政府令 第159号

《厦门市闽南文化生态保护区建设办法》已经2015年9月16日市人民政府第90次常务会议通过,现予公布,自2015年12月1日起施行。

市长 裴金佳

2015年9月22日

第一章 总 则

第一条 为了加强闽南文化生态保护区建设,传承和弘扬闽南优秀文化,提高市民的文化自觉和文化自信,根据《中华人民共和国非物质文化遗产法》、《中华人民共和国文物保护法》等法律、法规,结合本市实际,制定本办法。

第二条 本办法适用于本市行政区域内闽南文化生态保护区的建设。

第三条 闽南文化生态保护区建设坚持以人为本、注重生态、统筹兼顾、共同保护的原则。

第四条 市、区人民政府应当将闽南文化生态保护区建设纳入国民经济和社会发展规划。

第五条　市、区人民政府建立闽南文化生态保护区工作领导协调机制。市、区文化主管部门负责闽南文化生态保护区建设的具体牵头协调工作。

各相关部门在各自职责范围内负责闽南文化生态保护区建设工作。

第六条　市文化主管部门组织开展闽南文化遗产调查工作，并建立闽南文化遗产档案及相关数据库。除依法应当保密的外，闽南文化遗产档案及相关数据信息应当公开，便于公众查阅。

第七条　市文化主管部门应当会同市城乡规划主管部门根据闽南文化生态保护区总体规划拟定文物保护单位、涉台文物古迹和历史文化名镇、名村、名街及文化生态保护区重点区域等文化遗产保护红线，报市人民政府批准后纳入本市城市空间规划体系及"多规合一"平台信息管理系统。

第八条　市人民政府设立闽南文化生态保护区专家委员会，负责对闽南文化生态保护相关规划、保护方案和具体措施进行评议及其他咨询论证工作。

第九条　市、区人民政府安排闽南文化生态保护资金，纳入财政预算，用于本办法所规定的与闽南文化生态保护区建设相关的各项工作。

第十条　鼓励和支持公民、法人和其他组织采取多种方式参与闽南文化生态保护工作。

第二章　非物质文化遗产

第十一条　市、区人民政府应当建立本级非物质文化遗产代表性项目名录。

市、区人民政府可以从本级非物质文化遗产代表性项目名录中，向上一级文化主管部门推荐列入上一级非物质文化遗产代表性项目名录的项目。

公民、法人和其他组织认为某项非物质文化遗产具有保护和传承价值的，可以向文化主管部门提出列入非物质文化遗产代表性项目名录的建议。

第十二条　非物质文化遗产代表性项目的认定实行专家评审制度。市、区文化主管部门应当组织专家进行评审。评审工作应当遵循公开、公平、公正的原则，评审结果应当公开征求公众意见。

文化主管部门应当根据评审意见和公示结果，拟定本级非物质文化遗产代表性项目名录，报本级人民政府批准并公布。

第十三条　文化主管部门应当对濒危的非物质文化遗产代表性项目开展抢救性保护工作。抢救性保护应当在专家指导下进行，采取下列主要措施：

（一）采用文字、图片、录音、录像等方式进行记录和建档；

（二）征集、保存相关资料和实物；

（三）保护相关场所、遗迹；

（四）采取特殊措施培养代表性传承人；

（五）其他抢救性保护措施。

第十四条　市、区非物质文化遗产代表性项目应当认定项目保护单位，以具体承担该项目的保护与传承工作。保护单位应当具备独立法人资格，有实施保护、传承工作的能力，有开展传承、展示活动的场所和条件。

第十五条　非物质文化遗产代表性项目保护单位应当履行下列职责：

（一）制定项目保护计划并组织实施；

（二）保护相关的文化场所，收集与项目相关的实物、资料并建立档集；

蓝皮书

（三）及时掌握项目群体传承及代表性传承人收徒、传艺等情况；

（四）积极开展项目的传承、研究、宣传和展示活动。

第十六条　文化主管部门对本级非物质文化遗产代表性项目可以认定代表性传承人。

经被推荐人书面同意，非物质文化遗产代表性项目保护单位可以向本级文化主管部门推荐代表性传承人。符合条件的个人可以向文化主管部门申请为代表性传承人。

第十七条　市、区人民政府对代表性传承人给予下列扶持：

（一）对代表性传承人每年给予传承补助；

（二）采取助学、奖学等方式支持代表性传承人收徒传艺；

（三）对代表性传承人开展有关技艺资料的整理、出版等工作予以资助；

（四）适当为代表性传承人提供技艺展示平台；

（五）国家、省、市规定的其他措施。

文化、卫生主管部门应当关心代表性传承人的健康，为其建立健康档案。

第十八条　鼓励非物质文化遗产代表性项目保护单位和其他社会组织、个人以代表性传承人为核心建立非物质文化遗产代表性项目传习机构。非物质文化遗产代表性项目传习机构应当依法登记，并积极开展非物质文化遗产传习活动。

第十九条　市、区人民政府应当合理规划布局，建立非物质文化遗产生产性保护示范基地。

第二十条　市、区人民政府应当对非物质文化遗产代表性项目保护单位、传习机构和非物质文化遗产生产性保护示范基地保护、传承、传播非物质文化遗产提供必要的经费资助。

第三章　重点区域

第二十一条　本办法所称重点区域是指文化生态保持较为完整、自然生态基本良好的街道、社区或者乡镇、村落,以及文化遗产密集、特色鲜明的区域或者各种展馆、展示场所较为集中的区域,包括闽南文化生态保护区总体规划确定的重点区域以及经市人民政府认定公布的其他重点区域。

认定重点区域,应当尊重当地群众的意愿,并经闽南文化生态保护区专家委员会评审。

第二十二条　市文化主管部门应当会同城乡规划主管部门根据闽南文化生态保护区总体规划组织编制重点区域整体性保护专项规划,报经市人民政府批准后,由重点区域所在地的区人民政府组织实施。

重点区域整体性保护专项规划应当划定重点区域保护范围和建设控制地带,提出保护和整治要求以及具体的保护措施。

第二十三条　本市新区开发、旧区改造以及其他建设项目涉及闽南文化生态保护区重点区域的,不得对其传统格局和历史文化风貌构成破坏性影响,开发建设单位或者部门应当在立项前制定文化生态保护方案。相关主管部门在立项前,应当就涉及的闽南文化生态保护事项征求相关区政府和市文化主管部门的意见。

第二十四条　鼓励有条件的重点区域依托其独具特色的文化生态资源,发展文化旅游活动。

第四章 闽南文化生态环境

第二十五条 市、区人民政府应当将闽南文化展示场馆纳入公共文化设施建设。

支持公民、法人和其他组织建立各类闽南文化展示场所。

第二十六条 市、区人民政府应当将闽南文化宣传工作纳入年度工作计划,把闽南文化纳入干部学习、培训必修课程。

市属报纸、刊物、广播、电视、互联网等媒体应当宣传闽南文化。

第二十七条 教育主管部门应当开展"闽南方言与文化进校园"活动,幼儿园、小学、初中应当将闽南文化列入教学课程;鼓励高中、中等职业学校将闽南文化列入选修课程;鼓励市属高校在相关专业开设闽南文化和文化遗产保护课程。

支持各种职业院校培养闽南文化遗产保护专门人才,支持院校、研究机构及社会组织开展闽南文化研究。

鼓励非物质文化遗产代表性项目保护单位与学校开展闽南文化传承合作办学。

第二十八条 文化、民政等主管部门和街(镇)应当开展闽南文化进社区活动,实施社区文化提升工程。

第二十九条 支持市语言文字管理部门开展闽南话水平测试工作。

市属电视台、电台等媒体应当开展闽南话新闻播报、制作闽南话专题节目。鼓励市民学习闽南话,公共场所、公共交通工具应当逐步推广普通话和闽南话双语广播。

第三十条 鼓励和支持开展地名文化、侨批文化、郊商文化等保护工作。

地名主管部门在地名的命名、更名、使用以及地名标志的设置中应当注重对闽南文化的传承与保护。

第三十一条 规范和引导群众按照传统习惯举办民间信俗、岁时节庆、人生礼俗等民俗活动,增加其文化内涵,减少迷信色彩。

第三十二条 支持机关、企事业单位以及其他社会组织与台、港、澳及境外的单位和个人开展闽南文化交流活动,共同保护、传承和发展闽南文化。

鼓励开展以闽南文化为内容,建立二十一世纪海上丝绸之路沿线国家和地区的交流合作平台。

第三十三条 市、区人民政府采取项目补贴、定向资助、以奖代补等措施,扶持具有闽南文化特色的文化产品和文化服务的开发和推广。对以非物质文化遗产代表性项目为核心产品的小微企业,依照有关规定享受政府采购、贷款贴息等优惠政策。

第三十四条 鼓励涉及闽南文化的行业成立行业协会。支持行业协会开展闽南文化遗产的宣传、展示、教育、传播、研究、出版等活动。

第五章 监督与责任

第三十五条 闽南文化生态保护资金用于本办法所规定的各项扶持、奖励、资助、补贴、补助的,其标准以及相关申报、确定、公示、发放程序等,由市文化主管部门会同相关部门制定并组织实施。

前款规定的各项措施中资金的使用,应当接受财政、审计部门的监督。

第三十六条 任何单位和个人有权就闽南文化的保护、传承、传播向文化主管部门提出建议和意见,文化主管部门应当予以及

蓝皮书

时处理。

第三十七条　对歪曲、诋毁、破坏闽南文化的行为，任何单位和个人有权予以制止并向文化主管部门举报。文化主管部门应当依法予以调查、处理。

第三十八条　采取欺诈等非法手段骗取本办法规定的各项扶持、奖励、资助、补贴、补助的，由文化主管部门取消其享受资格，追回相应的款项，并依法予以处理。

文化主管部门和其他有关部门及其工作人员在闽南文化生态保护区建设工作中玩忽职守、滥用职权、徇私舞弊的，依法给予行政处分；构成犯罪的，依法追究其刑事责任。

第三十九条　闽南文化生态保护区建设工作纳入各级政府及其工作部门年度绩效考核。

市、区人民政府应当每年对闽南文化生态保护区相关建设情况进行监督检查；发现相关建设措施未能有效实施的，应当及时纠正、处理。

第六章　附　　则

第四十条　闽南文化生态保护区内涉及文物保护单位、涉台文物古迹和历史文化名镇、名村、名街，法律、法规另有规定的，从其规定。

第四十一条　本办法自 2015 年 12 月 1 日起施行。

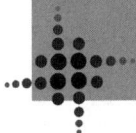

中共厦门市委办公厅、厦门市人民政府办公厅印发《关于加快构建现代公共文化服务体系的实施意见》的通知

厦委办发〔2015〕25 号

各区委、区政府,各开发区党工委、管委会,市直各部、委、办、局,各人民团体,各有关单位:

《关于加快构建现代公共文化服务体系的实施意见》已经市委、市政府同意,现印发给你们,请结合实际认真贯彻执行。

中共厦门市委办公厅
厦门市人民政府办公厅
2015 年 8 月 28 日

关于加快构建现代公共文化服务体系的实施意见

为贯彻落实《中共中央办公厅、国务院办公厅印发〈关于加快构建现代公共文化服务体系的意见〉的通知》(中办发〔2015〕2号)要求,加快推进我市现代公共文化服务体系建设,现结合我市实际,提出如下实施意见。

一、总体要求

(一)指导思想。以党的十八大和十八届三中、四中全会精神和习近平总书记系列重要讲话精神为指导,以"美丽厦门战略规划"为统领,以改革创新为动力,以服务基层为重点,进一步完善我市现代公共文化服务体系,促进基本公共文化服务标准化、均等化,推动我市文化大发展大繁荣,培育和弘扬社会主义核心价值观,提高全民文化素质,为建设"美丽厦门"提供精神动力和文化支撑。

(二)主要目标。以第一批国家公共文化服务体系示范区建设为基础,力争到2020年,全面建成覆盖城乡、便捷高效、保基本、促公平的现代公共文化服务体系,确保我市现代公共文化服务整体水平位居全国前列。文化产品和文化服务丰富多彩,服务质量显著提高;公共文化服务管理体制、队伍建设、运营机制高效完善;文化资源有效整合,经济社会效益明显提升;逐步形成政府、市场、社会共同参与和推进公共文化服务体系建设的良好局面。

二、统筹推进公共文化服务均衡发展

(三)推进图书馆和文化馆总分馆制建设,促进公共文化服务资源整合和互联互通。全面推进图书馆总分馆制建设。推动各区图书馆继续发展一批托管型、联办型基层分馆,将基层图书馆逐步纳入服务联合体之中。至 2020 年,镇(街)图书馆(室)实行总分馆制达 100％,实现文献流通"通借通还",并逐步将具备条件的村(居)图书室纳入联网管理。积极推进文化馆总分馆制建设。构建以市文化馆为龙头、区文化馆为骨干、镇(街)、村(居)文化站(室)为服务网点的公共文化服务信息网络,建立资源共建共享机制,推进馆、站间的公共文化服务产品差异互补、资源双向流动。(责任单位:市文广新局、各区人民政府)

(四)充分保障特殊群体享受基本公共文化服务。充分保障老年人、未成年人、残疾人、进城务工人员、农村留守儿童、生活困难群众等特殊群体的基本公共文化服务。由政府举办的本市各级公共图书馆、博物馆、文化馆、纪念馆、美术馆、科技馆、工人文化宫、青少年宫、妇女儿童活动中心等公共文化服务机构的基本公共文化服务项目,一律向特殊群体免费开放。将中小学生定期参观博物馆、美术馆、纪念馆、科技馆等纳入中小学教育教学活动计划。继续实施面向广大农民的农村电影放映工程和面向进城务工人员的"温馨家园"城市社区公益电影放映工程,不断提高影片供给质量,提升观影率。(责任单位:市财政局、市文广新局、市教育局、市体育局、市总工会、团市委、市妇联、各区人民政府)

(五)修订完善具有厦门特色的基本公共文化服务标准体系。认真做好文化部公共文化服务标准化试点工作,按照国家公共文化服务示范区验收标准,对原有的《厦门市基本公共文化服务标准》进行修订,形成与厦门经济社会发展水平相适应、具有地域特色的地方实施标准,并建立实施标准的动态调整机制。各级文化服务机构要根据新修订的《厦门市基本公共文化服务标准》,制定本单位公共文化服务实施方案,明确基本公共文化服务的内容、种类、数量和水平,以及应具备的基本条件和保障机制。(责任单位:市文广新局、各区人民政府)

(六)提升基层公共文化设施建设和服务水平。结合"美丽厦门战略规划",在集美、海沧、同安、翔安四大新城继续建设具有厦门城市特色和时代精神的现代公共文化设施,逐步实现岛内外公共文化设施布局的均衡化。加快推进基层综合性文化服务中心建设试点,以村(居)文化室为核心,构建集文化宣传、党员教育、科技普及、普法教育、体育健身等于一体的基层综合文化服务中心。(责任单位:市委组织部、市委宣传部、市发改委、市文广新局、各区人民政府)

三、增强公共文化服务发展动力

(七)培育和促进文化消费。加大我市各类演出活动宣传推广力度,完善公益性演出补贴制度,通过票价补贴、发放文化惠民卡或消费券、剧场运营补贴等形式,鼓励我市艺术表演团体为市民提供公益性演出,在商业演出和电影放映中安排低票价场次。继续实施民营实体书店扶持政策,促进图书、报刊、音像产品发行网点,为市民提供优质服务。推动经营性文化设施、非物质文化遗产传习场所和传统民俗文化活动场所等向公众提供优惠或免费的公益性文化服务。

(责任单位:市财政局、市文广新局、市旅游局、市文发办、各区人民政府)

(八)鼓励和引导社会力量参与公共文化服务。培育和规范文化类社会组织。出台政府购买公共文化服务指导性意见和目录,把基本公共文化产品和服务、公益性文化活动纳入公共财政经常性支出预算,建立健全政府向社会购买公共文化服务的机制。推广运用政府和社会资本合作等模式,实现公共文化服务提供主体和提供方式的多元化。创新公共文化设施管理模式,通过委托或招投标等方式吸引有实力的社会组织和企业参与公共文化设施的运营和管理。鼓励有条件的区在镇(街)和外来人口集中区域建设数字化影院,委托专业院线机构进行管理。(责任单位:市文广新局、市财政局、市民政局、各区人民政府)

（九）大力推进文化志愿服务。完善文化志愿者注册招募、服务记录、培训、管理评价和激励保障机制，推广社区自助式文体服务工作模式，充分发挥文化志愿者在基层公共文化管理中的作用。推动国有文化企事业单位、高等院校建立文化志愿服务相关制度，形成志愿服务下基层的良好氛围，动员组织专家学者、艺术家、优秀运动员等社会知名人士参与志愿服务，提高志愿服务的专业性和社会影响力。（责任单位：市委宣传部、市文明办、市文广新局、市民政局、市文联、各区人民政府）

四、加强公共文化产品的服务供给

（十）推进闽南文化生态保护区建设。加快出台《厦门市闽南文化生态保护区管理办法》，落实《闽南文化生态保护区建设规划》，推进保护区建设发展。设立一批专题性"非遗"博物馆、民俗博物馆，充分利用园博苑等场所的资源优势，重点建设一所集收藏、展示、传习、研究和交流为一体的闽南文化活态博物馆。加强"非遗"项目保护单位和传习中心建设，发挥"非物质文化遗产展演团"的作用，开展闽南优秀文化遗产、"非遗"项目、闽南方言进校园、进社区活动，推进送戏、送电影下乡等项目。建立完善区级"非遗"项目和传承人名录。（责任单位：市发改委、市教育局、市市政园林局、市文广新局、市文联、各区人民政府）

（十一）丰富文化产品供给。创作生产更多思想性、艺术性和观赏性有机统一的优秀文化产品。继续办好海峡两岸闽南语原创歌曲、歌手大赛、南音唱腔比赛、漆画、工笔画展、社区文化节等群众文化活动；倡导全民阅读，建设书香厦门，建立健全全民阅读推进机制，继续办好"书香鹭岛读书月"活动；继续办好"温馨厦门"广场文艺活动，创新活动内容与活动形式，吸引更多群众参与文化活动，推进文化活动健康、规范、有序开展。（责任单位：市委宣传部、市文广新局、市教育局、市文联、各区人民政府）

(十二)活跃基层群众文化生活。深化"一区一节"民俗文化品牌活动,推动开展群众性文化对台对外交流活动。引导基层特色文化品牌建设,形成"镇街有品牌、村居有特色"的多元文化格局。鼓励群众自办文化,支持成立各类群众文化团队,加强社区居民学堂建设,办好文艺大讲堂,进一步活跃基层群众文化生活。(责任单位:市委宣传部、市文广新局、市民政局、市文联、市缔造办、各区人民政府)

五、推进公共文化服务与科技融合发展

(十三)加快推进公共文化服务数字化建设。继续推进数字图书馆、数字文化馆、数字博物馆、数字农家书屋建设。充分利用有线数字电视网络双向互动功能,通过开设"电视图书馆"、"电视文化馆"、"博物馆视界"等栏目,为各级政府部门便民服务提供窗口和平台。推广数字智能终端、移动终端等新型文化服务载体。(责任单位:市文广新局、福建广电网络集团厦门分公司)

(十四)提升公共文化服务现代传播能力。大力推进"三网融合",加快建设下一代广播电视网(NGB),加强 IPv6 在下一代广播电视网(NGB)的应用,加快推进有线数字电视整体转换。实施地面数字电视工程,全面推进广播电视节目无线数字化,加快全媒体直播应急体系建设,推动传统媒体与新型媒体的融合。完善广播电视户户通和广播村村响工程,实施应急广播工程,推进隧道广播工程。(责任单位:市委宣传部、市文广新局、厦门广电集团、福建广电网络集团厦门分公司)

六、创新公共文化管理体制和运行机制

(十五)完善公共文化服务体系建设协调机制。成立市区两级公共文化服务体系建设协调领导小组,完善现代公共文化服务体系建设的协调机制,充分发挥各部门工作职责和资源优势,在规划编

制、政策衔接、标准制定和组织实施上加强统筹,实现整体设计、协调推进,在人力、财力等方面实现共建共享。(责任单位:市委宣传部、各区人民政府)

(十六)积极探索公益性文化事业单位改革。按照关于深化文化体制改革和推进事业单位分类改革的要求,落实公益性文化事业单位法人自主权,建立事业单位法人治理结构。积极推进市少儿图书馆开展试点工作,在试点的基础上,认真总结经验,争取在文广新系统事业单位内全面推开。(责任单位:市委宣传部、市编办、市人社局、市文广新局、市妇联)

(十七)创新基层公共文化管理机制。以"美丽厦门共同缔造"为指导,培育社区文化,支持群众自发开展文体活动,发挥城乡基层群众性自治组织的作用,引导社区居民、村民和基层辖区内的企事业单位和社会组织等参与公共文化服务项目的规划、建设、管理和监督。以群众参与为核心,以项目活动为载体,以分类统筹为手段,充分体现基层公共文化建设与管理的决策共谋、发展共建、建设共管、效果共评、成果共享。(责任单位:市文广新局、市民政局、市文联、市缔造办、各区人民政府)

(十八)完善公共文化需求反馈和服务评价工作机制。将公共文化服务体系建设纳入政府年度绩效考评范围,不断完善服务质量监测体系,建立群众评价和反馈机制。探索建立公共文化服务第三方评价机制,增强公共文化服务评价的客观性和科学性。(责任单位:市委宣传部、市财政局、市文广新局、市统计局)

七、加大公共文化服务保障力度

(十九)加强组织领导。各级党委和政府要将构建现代公共文化服务体系写入本地区国民经济和社会发展总体规划,纳入党委和政府重要议事日程、政府目标管理责任制、财政预算和城乡建设整体规划。要切实加强组织领导,并结合实际制定实施方案,明确责

蓝皮书

任和时间表、路线图,集中力量推进工作落实。(责任单位:市委宣传部、市规划委、市发改委、市财政局、各区人民政府)

(二十)加大财税支持力度。各级政府要加大基本公共文化服务的财政投入,建立健全公共文化服务财政保障机制,把基本公共文化产品和服务、公益性文化活动纳入公共财政经常性支出预算。创新公共文化服务投入方式,采取政府购买、项目补贴、定向资助、贷款贴息、税收减免等方式,支持包括文化企业在内的社会各类文化机构参与提供公共文化服务。加强对公共文化服务资金管理使用情况的监督和审计,开展绩效评估。(责任单位:市财政局、市文广新局、各区人民政府)

(二十一)加强基层文化队伍建设。设立基层公共文化服务工作岗位、配齐人员,同时确保基层公共文化服务人员在编在岗。制定并完善基层公共文化服务人员管理制度,加强人员队伍建设。(责任单位:市编办、市人社局、市文广新局、各区人民政府)

附件:厦门市基本公共文化服务标准(2015—2020年)

附件 1

厦门市基本公共文化服务标准(2015—2020 年)

一、服务项目与内容

项目	内容	标　　准
基本服务项目	读书读报	1.公共图书馆、镇(街)综合文化站、村(居)文化活动中心、农家书屋等配备图书、报刊、电子书刊,并免费提供借阅服务。各级电子阅览室提供数字资源阅览、下载服务。 2.公共图书馆人均藏书量不少于 1.5 册(件),人均年新增图书藏量不少于 0.05 册,每册藏书年流通不少于 1.1 次,年人均到馆次数不少于 1 次,每年开展流动图书服务不少于 60 次;镇(街)综合文化站图书室基本配备图书不少于 2000 种、3000 册,报纸期刊不少于 40 种,音像制品和电子出版物不少于 150 种(张),年新增图书不少于 100 种,组织读书活动不少于 6 次;村(居)综合文化服务中心图书室(含农家书屋)基本配备图书不少于 1200 种、1500 册,报纸期刊不少于 30 种,音像制品和电子出版物不少于 100 种(张),年新增图书不少于 60 种,组织读书活动不少于 4 次。 3.在城镇主要街道、公共场所、居民小区等人流密集地点设置阅报栏或电子阅报屏,提供时政、"三农"、科普、文化、生活等方面的信息服务,适时更新;设置"街区 24 小时自助图书馆",为市民就近借阅提供方便。
	收听广播	4.为全民提供应急广播服务,在突发公共事件发生前后及时获得政令、信息等服务。每个行政村建有广播室,其所属自然村通过设立户外音箱等方式实现有线广播覆盖,实现农村广播"村村响"。 5.通过无线模拟提供不少于 6 套广播节目,通过数字音频提供不少于 15 套广播节目。
	观看电视	6.通过地面数字电视提供不少于 15 套电视节目。行政村及自然村有电视线电视全覆盖。

续表

项目	内容	标　　准
基本服务项目	观赏电影	7.为农村群众提供数字电影放映服务。每个行政村每月放映 2 场数字电影,村改居的社区每月放映 1 场数字电影。其中每年国产新片(院线上映不超过 2 年)比例不少于 1/3。 8.为中小学生每学期提供 2 部爱国主义教育影片。
	送地方戏	9.鼓励文艺团体送戏曲等文艺演出到农村,为每个乡镇每年送戏曲等文艺演出不少于 10 场。 10.根据群众实际需要,采取政府采购等办法,为基层送戏曲等文艺演出。采购价格根据服务标准制定,并考虑社会经济发展水平逐步提高。
	设施开放	11.公共图书馆、文化馆(站、中心)、公共博物馆(非文物建筑及遗址类)、公共美术馆等公共文化设施免费开放。市、区两级公共图书馆每周开放时间不少于 56 个小时,镇(街)文化站图书室每周开放时间不少于 40 个小时,村(居)文化活动中心图书室(含农家书屋)每周开放时间不少于 20 个小时。各级图书馆(室)内的电子阅览室提供免费上网服务。 12.市、区两级文化馆、博物馆、美术馆、纪念馆和镇(街)文化站每周开放时间不少于 42 个小时,村(居)文化活动中心每周开放时间不少于 20 个小时。 13.市、区两级公共体育场、全民健身活动中心提供免费开放时段,每周免费开放时段不少于 14 个小时。 14.市、区两级工人文化宫、青少年宫、妇女儿童活动中心、科技馆、中小学校课外活动基地等设施免费提供公共文化服务项目。
	文体活动	15.公共成人图书馆年举办公益性讲座,市级不少于 50 场,区级不少于 20 场。公共少儿图书馆年举办公益性读者活动,市级不少于 50 次,区级不少于 20 次。 16.市、区两级文化馆每年举办公益性展览展示不少于 12 次,年举办公益性艺术培训不少于 12 次,年开展群众文体活动不少于 12 次;镇(街)综合文化站年开展群众文体活动不少于 12 次;村(居)综合文化服务中心(文化室)开展群众文体活动不少于 8 次。

续表

项目	内容	标　　准
基本服务项目	文体活动	17.公共博物馆年举办临时展览,市级不少于 5 次,区级不少于 2 次。 18.城乡居民依托村(居)综合文化服务中心(文化室)、文体广场、公园、健身路径等公共设施就近方便参加各类文体活动。 19.公共文化体育机构免费辅导群众开展常态化文体活动。每个村(居)建立 3 支以上的业余文艺团队;每个镇(街)、村(居)均打造 1 个以上的特色活动或品牌活动。
	数字服务	20.文化信息资源共享工程、各级公共图书馆、文化馆(站、中心)建有公共电子阅览室,并免费提供数字资源阅览、下载服务。 21.公共数字图书馆数字资源量,市级图书馆达到 30TB 以上,市级少儿图书馆 15TB 以上,区级图书馆达到 4TB 以上。
	特殊群体服务	22.市、区两级图书馆设立盲人阅读区和少年儿童阅览室(区),镇(街)图书馆(室)设立儿童阅读专区或专架,配备专用设备和读物,免费向未成年人和残疾人提供服务。 23.市、区两级文化馆、体育场针对残障人士、未成年人、老年人和农民工等特殊群体每年分别开展不少于 2 次的文体活动;市、区两级文化馆每年开展不少于 1 场面向农民工的免费文化培训。 24.市、区两级青少年宫、少儿图书馆面向未成年人和残疾人提供有针对性的服务项目。 25.未成年人、老年人、现役军人、残障人士和低收人群参观文物建筑及遗址类博物馆实行门票减免,文化遗产日免费参观。
硬件设施	文化设施	26.市级在辖区内设立"三馆一场",即公共图书馆、文化馆、公共博物馆和剧场。公共图书馆、文化馆按照不低于《公共图书馆建设标准》(建标 108—2008)、《文化馆建设标准》(建标 136—2010)等进行规划建设,其建设规模与服务能力须达到国家一级馆以上标准。 27.区级在辖区内设立"二馆一场",即公共图书馆、文化馆和剧场。公共图书馆、文化馆按照不低于《公共图书馆建设标准》(建标 108—2008)、《文化馆建设标准》(建标 136—2010)等进行规划建设,其建设规模与服务能力须达到国家二级馆以上标准。

蓝皮书

· 333 ·

续表

项目	内容	标　　准
硬件设施	文化设施	28.区级在辖区内设立镇（街）综合文化站，镇（街）综合文化站按照不低于《乡镇综合文化站建设标准》（建标160—2012）进行规划建设；行政村、社区统筹建设综合文化服务中心（文化室）。综合文化站、综合文化服务中心建设规模与服务能力须达到《厦门市镇（街）综合文化站、村（居）文化活动室设施设备配置标准》要求。
	广电设施	29.市级设立广播电视播出机构和广播电视发射（监测）台，建设规模与服务能力按照广播电视工程建设标准进行建设。 30.城乡人流密集地点公共阅报栏（屏）全覆盖。
	体育设施	31.市、区两级设立公共体育场，有周长400米的标准田径跑道，105米×68米标准足球场，以及单侧看台（或设固定座席不少于2000个）。 32.镇（街）综合文化站室外活动场地配置一个标准篮球场（含篮球架），或者五人制笼式多功能球场、乒乓球台、羽毛球柱和1套全民健身体育器材，有灯光照明设施。 33.村（居）综合文化服务中心室外活动场配置笼式多功能球场、篮球架、乒乓球台和1套全民健身体育器材。
	流动设施	34.市、区两级图书馆均配备流动服务车，免费提供图书借阅、图片展览、科技宣传为一体的流动文化服务。各馆每年下基层、下农村开流动展流动服务达50次以上。 35.市、区两级文化馆均配备流动服务车，免费提供文艺演出、流动展览等流动文化服务。各馆每年实施面向基层、面向农村的重要文化项目不少于3项；下基层、下农村流动演出达12场以上，流动展览达10场以上。
	辅助设施	36.各级公共文化设施为残疾人配备无障碍设施和安全检查设备。

续表

项目	内容	标　　准
人员配备	人员编制	37.市、区两级公共文化机构按照职能职责、国家有关要求和市、区编办核准的编制数配齐工作人员。 38.镇(街)综合文化站配备有编制的文化专业干部不少于3名。村(居)综合文化服务中心(文化室)配备享受财政补贴的文化协管员不少于1名。 39.基层公共文化服务工作人员确保做到"在编在岗、专职专用",并熟悉广播电视技术,具备组织群众文化活动等多方面的服务能力。
	业务培训	40.各级公共文化机构每年制定文化队伍培训计划,每年开展2次以上的培训工作。 41.市、区公共文化机构从业人员每年参加脱产培训时间不少于15天;镇、街道和村、社区基层文化从业人员每年参加集中培训时间不少于5天。
保障措施	基本服务保障	42.市、区两级政府将基本公共文化服务设施基本运行、免费开放本级应承担部分等保障资金纳入本级公共财政经常性支出预算,落实保障本辖区常住人口享有基本公共文化服务项目所需资金。 43.市、区两级政府安排资金,通过购买服务方式面向企业、社会组织购买公共文化服务。 44.农村人口多的区级政府设立农村文化建设专项资金,用于支持基层公共文化建设。
	人员经费保障	45.公共文化服务机构人员经费由本级政府承担。 46.政府购买公益性公共文化服务岗位的经费由本级政府承担。
	考核督导	47.建立对公共文化服务工作考核和督导制度,每年开展考核检查,结果纳入各级政府年度绩效考核之中。

二、标准实施

(一)本标准根据《国家基本公共文化服务指导标准(2015—

蓝皮书

2020年)》和《福建省基本公共文化服务实施标准（2015—2020年)》,结合我市公共文化服务体系建设的现状、政府财政能力和本地群众需求、文化特色而制定。

（二)本标准从2015年起开始实施,各区政府和各相关部门根据本标准制定实施方案,明确具体的落实措施、工作步骤和时间安排,确保标准实施工作科学、规范、有序开展。标准以区为基本单位推进落实。

（三)各区政府按照标准科学测算所需经费,将基本公共文化服务保障资金纳入财政预算,落实保障本区常住人口享有基本公共文化服务所需资金。

（四)市文广新局会同有关部门建立对标准实施情况的动态监测机制和绩效评价机制,加强督促检查。积极引入社会第三方开展公众满意度测评,对公众满意度较差的要进行通报批评,对好的做法和经验及时总结、推广。

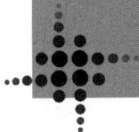

厦门市文化广电新闻出版局关于规范促进互联网上网服务行业健康有序发展的通知

厦文广新〔2015〕145 号

各区文体出版(文体出版旅游、文体广电出版旅游)局,市文化市场综合执法支队:

为贯彻落实《文化部 工商总局 公安部 工业与信息化部 关于加强执法监督 完善管理政策 促进互联网上网服务行业健康有序发展的通知》(文市发〔2014〕41 号)精神,根据《福建省文化厅关于贯彻落实〈文化部 工商总局 公安部 工业与信息化部 关于加强执法监督 完善管理政策 促进互联网上网服务行业健康有序发展的通知〉的通知》(闽文市〔2015〕26 号,以下简称《通知》)要求,结合我市实际,现就具体事宜通知如下:

一、调整互联网上网服务场所准入政策

(一)取消总量限制,降低准入门槛

取消对互联网上网服务场所的总量和布局限制;取消对上网服

务场所计算机数量的限制;场所最低营业面积调整为不低于 20 平方米,计算机单机面积不低于 2 平方米。

凡是符合设立条件的申请,各区文化行政部门应当依法受理、审批。符合法规章规定的单位名称、经营地址、法定代表人和经济类型等的变更申请应予以变更。

(二)实行先照后证进行审批

根据《厦门经济特区商事登记条例》和《通知》精神,互联网上网服务营业场所经营单位审批由"先证后照"改为"先照后证",其他审批程序仍按《互联网上网服务营业场所管理条例》和各区开展行政审批工作的有关规定办理。

(三)开展互联网上网服务场所管理长效机制试点工作

根据省文化厅《通知》的要求,结合我市实际,决定在全市范围内开展互联网上网服务场所管理长效机制试点。按照文化部等四部门和省文化厅关于开展互联网上网服务场所管理长效机制试点的有关规定,试点期间试行以下政策:不对上网服务场所营业时间做统一规定;上网服务场所距中学、小学校园出入口最低交通行走距离不低于 200 米;允许上网服务场所经营非网络游戏;将上网服务场所"不得在居民住宅楼(院)内设立"调整为"不得在居民住宅楼内设立";农村地区依法取得消防安全手续的合法用房可以设立上网服务场所。

二、推动上网服务行业转型升级工作

各级文化行政部门在日常行政管理中要贯彻《通知》关于推动上网服务行业转型升级工作部署。要积极转变思路,降低政府监管成本,提高监管效率,为行业拓宽经营范围,创新经营业态,提高经营效益,改善和提升上网服务行业形象而提供政策等各方面的支持,从而在根本上解决行业深层次问题、促进行业良性发展。

三、加强执法监督,规范市场秩序

各级文化行政部门和文化市场综合执法机构要严格按照《互联网上网服务营业场所管理条例》和《通知》精神,与相关部门密切配合,落实信息沟通机制和会商制度;充分运用全国文化市场技术监管与服务平台加强对上网服务场所事中事后监管;认真落实上网服务场所经常性巡查检查和经常性执法办案工作,坚决查处接纳未成年人经营行为;加大对本地区上网服务场所的排查力度,严厉打击违法经营行为,确保全市互联网上网服务场所规范有序的繁荣发展。

本通知自发布之日起施行。有效期3年。

厦门市文化广电新闻出版局

2015 年 3 月 16 日

蓝皮书

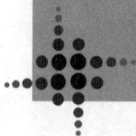

厦门市文化广电新闻出版局、厦门市财政局 关于印发《厦门市繁荣商业演出市场实施办法》的通知

厦文广新〔2015〕487 号

各区文体出版(文体出版旅游、文体广电出版旅游)局、各区财政局，各有关单位：

现将《厦门市繁荣商业演出市场实施办法》印发给你们，请遵照执行。

厦门市文化广电新闻出版局

厦门市财政局

2015 年 9 月 8 日

厦门市繁荣商业演出市场实施办法

第一条 为了深入贯彻省、市关于加快发展文化产业的战略部署，进一步繁荣厦门市商业演出市场，丰富人民群众的精神文化生活，拉动休闲文化消费，提升城市文化品位，结合本市实际，制定本办法。

第二条　本市依法设立的文艺表演团体、演出经纪机构、演出场所经营单位从事商业演出活动的适用本办法。

商业演出是指以营利为目的、为公众举办的现场文艺表演活动。商业演出属于文化产业门类，享有与其他类别文化经营单位的同等政策待遇。

第三条　鼓励演出举办单位从事商业演出活动；鼓励演出举办单位通过降低票价等形式吸引观众观看商业演出，做大商业演出市场规模。

对举办商业演出的，政府相关管理部门根据商业演出类型、演出规模和演出效益给予适当财政奖励。

第四条　对在本市从事商业演出活动的，依以下规定予以奖励：

（一）凡在本市举办 4000 人以上至 1 万人（含）的商业演唱会，按演出举办单位的单场售票收入的 1.8％奖励；举办 1 万人以上的商业演唱会，按演出举办单位的单场售票收入的 2.4％奖励。奖励金额视项目对地方综合贡献情况而定。

（二）在本市 500 座以上剧场举办商业演出的，单场票房收入 4 万元－10 万元（含）给予演出举办单位 1 万元奖励，单场票房收入 10 万元以上给予演出举办单位 2 万元奖励。

（三）鼓励本市非专业演出场馆在符合技术安全条件下，承接大型商业演出，提高场馆利用率，降低场租费用，积极提升配套服务水平。对于举办座位数 4000 座以上至 1 万座（含）、1 万座以上大型商业演出的场所经营单位，每场次分别予以 1 万元、2 万元奖励。

（四）已享受财政特定补贴的，不得重复享受奖励。同一演出举办单位、同一场馆每年奖励上限 25 场次。

第五条　加大演出市场宣传推广。市财政每年安排一定资金用于资助本市演出宣传手册及厦门市演艺信息宣传平台，推动厦门

蓝皮书

演出市场发展。

第六条 鼓励本市现有的(展)场馆进行技术改造,进一步满足商业演出功能需要。在建及规划中大型体育场馆、展馆的建设,应与大型多功能演出场馆建设相结合,充分考虑大型商业演出功能需求。

第七条 提倡尊重艺术、尊重艺术家的劳动,树立健康、文明的文化消费观,反对任何单位和个人向演出举办单位索要赠票。

第八条 支持市演出行业协会积极开展工作,市演出行业协会应加强市场引导、品牌宣传、行业自律、协调沟通,推动演艺产业健康、快速发展。

第九条 演出举办单位及场所经营单位申请财政资金奖励的,应于每年 1 月 31 日前将上年度申报材料送市演出行业协会,申报材料包括:书面申请、演出批文、商业演出在本市的完税凭证、演出合同、票务系统出具的商业演出票务证明等。市演出行业协会汇总后送市文广新局,经市文广新局进行初审,符合条件的报送市财政局审核拨付。

第十条 本办法由厦门市文广新局、厦门市财政局负责解释。

第十一条 本办法自印发之日起施行,有效期至 2018 年 12 月 31 日。

dashiji

大事记

大事记

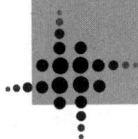

2015 年度厦门市文化改革
发展工作大事记

◎

1 月

▲1月7日—8日,2014移动游戏产业年度高峰会在厦门国际会议中心酒店召开。这次年会是由厦门市人民政府和国家新闻出版广电总局数字出版司指导,移动游戏企业家联盟主办,厦门市文化改革发展工作领导小组办公室和厦门市经济和信息化局协办。大会以"移动游戏:再造游戏产业黄金新10年"为主题,通过"开放视野迎接大格局黄金十年""颠覆创新驱动大资源战略布局""走向世界博弈大竞合全球市场""挑战未来共赢大突破变革红利"等四大分版块对移动游戏产业进行探讨,共谋2015年的合作发展大计。

▲1月7日,新一期"中国媒体机构微信影响力排行榜"对外发布,厦门网新媒体指数为80.8,入围全国网站类20强。此次入围"中国媒体机构微信影响力排行榜"网站类20强,标志着厦门网完成了PC平台向移动平台全面延伸的战略。

▲1月11日,"媒体第一拍"——2014秋季闽籍书画精品拍卖会在凯宾斯基大酒店举行。这次拍卖会是由厦门市文化改革发展工作领导小组办公室指导、厦门日报社主办、厦门日报《文创周刊》

蓝皮书

与福建省定佳拍卖有限公司联合承办的,成交额超过 600 万元,多位闽籍书画家作品悉数成交,多件拍品刷新历史成交纪录。

▲1 月 15 日,厦门原创小品《送礼》参加"2015 我们的中国梦"——中央电视台"心连心"艺术团赴遵义慰问演出。该小品由厦门市纪委"廉政文化进农村"系列原创节目改编,原名为《村长送礼》。该剧由海沧区纪委组织策划、厦门市二级编剧武杨执笔、海沧区文化馆排练演出,曾获得"第八届华东地区六省一市小品大赛银奖"。

▲1 月 17 日,由中共厦门市委宣传部、厦门广电集团主办,全国 8 家主要城市电台和台湾亚洲电台、台中广播电台等 10 家单位共同协办的首届"音乐厦门"——城市之歌全国原创作品大赛在厦门市文化艺术中心五一文化广场启动。厦门市委常委、宣传部长叶重耕等出席启动仪式音乐会,点亮启动球。

▲1 月 18 日,由厦门日报社、湖里区委宣传部主办,湖里区禾山街道、厦门华亿传媒集团承办的 CC&DD 首届厦门国际青年微电影节压轴大戏——"大时代·微叙述"五缘湾微电影论坛、"黑天鹅奖"颁奖礼暨五缘湾主题微电影《"缘"舞曲》首映礼在厦门翔鹭国际大酒店上演。

▲1 月 26 日,由厦门日报社主办的"今日厦门"新闻专版在马来西亚《光华日报》亮相,受到当地华人华侨读者的好评。该版每月两期,设置"新闻聚焦""马来人在厦门""双城记""厦门影像""鹭岛速递""闽南人物"等栏目,图文并茂地介绍厦门社会经济文化等方面的成就,讲述中国梦的厦门故事,传递两地交流交往资讯。

▲1 月下旬至 3 月初,厦门市集美区委宣传部、厦门晚报社联合举办"厦门名家开春试笔"活动,推出《人文集美·厦门名家新春试笔》特刊,汇集散文家、诗人、书法画、画家等"开春试笔"作品,并在集美区举办名家见面和笔会。

▲1 月,厦门市思明区正式出台《鼓励扶持龙山文化创意产业

园发展若干规定》,推出包括改造旧厂房可获 500 万元奖励,创意设计、数字内容与新媒体这两类业态入驻有补助等实质政策,鼓励扶持龙山文化创意产业园发展。

▲1 月,文化部集中表彰了在 2014 年"文化志愿服务推进年"系列活动中表现突出的优秀文化志愿服务项目和先进个人,厦门市文化馆(厦门市"非遗"中心)的"'美丽厦门 文化暖心'志愿者慰问演出"活动项目,被评为 2014 年"文化志愿服务推进年"基层文化志愿服务示范项目,厦门市文化馆副馆长陈娟同志被评为全国文化志愿服务工作优秀个人。

2 月

▲2 月 5 日,厦门市文化创意产业协会第二届会员代表大会在文化艺术中心召开。厦门市委宣传部副部长、市文发办主任黄鹤麟,市民政局吴绵绵等领导出席了会议。文化创意产业协会会员约 200 余人参加了会议。

▲2 月 12 日,厦门市文发办、市统计局联合召开全市文化产业统计工作暨重点文化企业授牌专题会。厦门市委常委、宣传部长、市文化改革发展工作领导小组副组长叶重耕出席会议,并对文化产业统计工作提出三点意见。市文化改革发展工作领导小组相关单位分管领导,各区宣传部长、分管副区长和各区统计局领导及业务骨干,50 家市重点文化企业负责人等近百人参加了会议。会议还对 2015 年度各行政区文化产业绩效考评指标体系作了说明,并对 2014－2015 年度厦门市重点文化企业进行授牌。

▲2 月 19 日,由厦门华亿文创产业有限公司策划执行的 2015 "万家灯火·点靓翔安"灯光节在翔安举办。

▲2月21日,由厦门网策划执行的"人文集美 快乐新春"2015年集美区元宵灯会亮灯文艺晚会暨第六届网络元宵晚会在灌口镇风景湖公园上演。来自各地的民俗艺人和草根达人联袂演出,并融入当地特色的嘉庚元素与闽南文化。

▲2月28日,由厦门网策划执行的"诗词歌赋迎新春"吟诵会在厦门市思明区筼筜街道振兴社区举行。本次活动由中宣部统一安排,在全国11省市挑选100个社区开展,现场节目将提交至中国网络电视台展播。

▲2月,由厦门市商务局、厦门市旅游局、厦门市质监局、厦门日报社联合主办,厦门晚报社承办的"2014最闽台伴手礼颁奖典礼暨第五届乐活年货节"在厦门中山路和古城东路启动。经过1个多月的征集、初评、复评、放榜,最终出炉2014最闽台伴手礼榜单,备受市民关注。

▲2月,全国网络媒体联盟发布全国新闻网站排名,厦门网排名第32位,位列福建省内新闻网站之首。此次全国网络媒体联盟发布的新闻网站排名,网站排名顺序是根据Alexa全球网站在1个月内的平均排名顺序排列的。

3 月

▲3月1日,由厦门晚报社和鹭江街道办事处共同主办的老剧场文化公园元宵市集活动开市。喜庆的舞狮踩街、传统的手工艺,再现了闽南文化的传承,由此启动了一场揭开老厦门面纱、发现老厦门的行动。

▲3月7日,厦门市海峡书画艺术产业协会揭牌成立,这是海西地区首家政府扶持的文化艺术产业协会,意味着厦门书画产业从

此有了自己的组织,使得民间的艺术家与企业能够聚合在一起,形成一个规模效应。

▲3 月 13 日,在经过 3 个月的选拔推荐评审等环节后,由厦门市文发办和厦门日报社共同主办的"2014 厦门文化产业年度风云榜"五大榜单揭晓。此次发布的榜单包括"十大年度人物""十大年度企业""十大年度事件""十佳文创产品""文创新地标"等 5 个榜单。

▲3 月 15 日,"首届文明小博客少儿英语演讲比赛"决赛在厦门湖里实验小学举行。本届比赛历时 5 个多月,赛点分布厦门 6 个赛区,2000 多名家长和英语小爱好者参与了此次活动。比赛通过演讲、看图说故事、听力测试、角色扮演、即兴问答等形式,多方面综合考察小选手们运用英语的能力,为广大小学生搭建了一个展示英语口语风采的交流平台,营造良好的学习英语氛围。

▲3 月 17 日—20 日,2015 厦门国际纪录片大会暨亚洲阳光纪录片大会在厦门开幕。大会由厦门市政府主办,由厦门广电集团引入法国阳光纪录片大会共同举办。法国阳光纪录片大会创办于1990 年,在全球纪录片业界享有盛誉。2010 年,法国阳光纪录片大会创办了亚洲阳光纪录片大会,5 年来分别在香港、首尔、东京、吉隆坡、成都举办了 5 届,成为亚洲最有影响力的纪录片产业交流和交易大会。这场盛会凸显投资、交易、版权服务三位一体的定位,聚合全球纪录片业界资源,成为讲好中国故事、传播中国文化、展示厦门形象的平台。

▲3 月 18 日,由厦门日报社和台湾中时传媒集团联合主办的第五届两岸城市甜蜜季暨海峡两岸婚庆博览会推介会在悦华酒店举行。本届甜蜜季延续以往的"四季"经典模式,分别举办"五一"万人相亲会、2015 海峡两岸婚庆博览会、宝岛购物季以及台岛亲情蜜月游、大陆亲情游等四大系列活动,倾力打造一场高规格的海峡两岸婚庆博览会。

蓝皮书

▲3 月 22 日,由厦门网文明小博客创办的《美丽校园行》网络视频节目正式上线。该节目是由厦门市教育局、市委文明办、市委网络办、市关工委联合主办,厦门网文明小博客承办的校园视频宣传展示节目,每周四定期上线播出,由校园新鲜事、校园文化之旅、快乐成长、信息加油站 4 个栏目组成。

▲3 月 27 日,由福建省教育厅、人社厅、农业厅、卫计委、总工会、团省委、中华职教社等 7 个部门共同举办的福建省职业院校技能大赛(中职组)中国舞项目比赛落下帷幕,厦门市艺术学校代表厦门队参赛,取得优异成绩:陈卓、孟倩获得一等奖,苟钰、宫铤镛获得二等奖。

▲3 月 28 日,在厦门市海沧区人民政府的支持下,由华夏时报、东方卫视和东娱传媒联合主办的"统一晴蓝阿萨姆奶茶·2014 金票根影迷嘉年华圆梦盛典"在厦门市海沧区举办。本届圆梦盛典聚集了当下热门的人气演员、华语电影新晋导演、电影片方资深人士等众多嘉宾,"金票根"为热衷分享、年轻时尚的电影爱好者搭建了一个表达心声的平台,最真实地体现影迷的心声与意愿,整合各方资源发挥更大的行业影响力,为影迷手中的每一张票根赋予了更多的活力与权力。

▲3 月 28 日,国家发展改革委、外交部、商务部联合发布了《推动共建丝绸之路经济带和 21 世纪海上丝绸之路的愿景与行动》,福建被定位为"21 世纪海上丝绸之路核心区",厦门是 15 个港口之一。"一带一路"的建设,将加快产业结构升级,带动生产性服务业等产业发展。

▲3 月 30 日,"日本佐世保·厦门市青少年交流协会"代表团一行来厦门市艺术学校交流访问。代表团观摩了该校课堂教学,观看小白鹭民间舞艺术中心的优秀剧目展示,并诚挚邀请"小白鹭"再去佐世保访问演出。该协会自 1988 年成立以来,积极推进两市青少年在艺术、文化、体育等方面的友好交流,首任会长竹末义登是厦门

首批荣誉市民。

▲3 月 31 日,由厦门市文发办、厦门广电集团、厦门文广传媒集团有限公司共同举办的 2015 年厦门市文创千亿产业链·厦门文广传媒公司项目推介会在厦举行。本次推介会以"共赢·起航"为主题,以厦门市打造文创千亿产业链为契机,全面推广文广传媒集团公司的文创项目,寻找战略合作伙伴,开发新的商务合作模式。

▲3 月,《厦门市推广中国(上海)自由贸易试验区可复制改革试点经验工作方案》公布,公开了厦门市推广上海自贸区可复制改革试点经验的具体做法,共有 35 项改革试点经验,其中在服务业开放领域中,允许内外资企业从事游戏游艺设备生产和销售,经文化部门内容审核后,面向国内市场销售。

▲3 月,福建省文联、文化厅、戏剧家协会联合发文,表彰获得第十二届福建省"水仙花戏剧奖"比赛的演艺人员和单位。其中厦门市文艺院团取得佳绩,获得"专业组"金奖 4 个、银奖 7 个、铜奖 12 个,包括"表演类"金奖 3 个、银奖 4 个、铜奖 10 个,"演奏类"金奖 1 个、银奖 3 个、铜奖 2 个,占全省获奖总数的 15%;厦门市戏剧家协会、厦门市南乐团、厦门市歌仔戏研习中心、厦门市金莲升高甲剧团分获比赛"优秀组织奖"。"福建省水仙花戏剧奖"是福建省级戏剧专业奖项,1986 年由福建省文联和福建省戏剧家协会联合创办,至2007 年起每两年举办一届,至今已举办十二届。

4 月

▲4 月 12 日,第四届厦门网络文化节暨"共同缔造 e 点赞"主题活动在曾厝垵正式启动。福建省委宣传部副部长、省网信办主任卢承圣出席并致辞,厦门市委常委、宣传部部长叶重耕宣布第四届厦

门网络文化节启动。

▲4月19日,首届企业文化与影视文化跨界整合高峰论坛在厦门举行,本次论坛由厦门市人民政府和中国电影家协会指导,思明区政府、世纪海峡(厦门)影视文化基金主办。厦门市副市长国桂荣出席。本次论坛邀请中国电影家协会分党组书记许柏林,中国电视艺术家协会原副主席、知名导演张绍林,中国电影制片人协会会长王凤麟,著名导演黄健中等影视界人士与厦门市影视产业相关人士围绕如何让文化产业与经济发展加紧融合,企业文化如何与影视文化跨界整合等相关议题进行探讨和交流。

▲4月22日—25日,厦门市第三届文艺创作培训班在厦门市委党校举办。本届培训班由厦门市委宣传部主办,厦门市文艺创作中心承办。培训班采取全脱产方式,邀请6位国内一线的文艺家为50余名厦门市文艺骨干授课。

▲4月29日,第五届海峡两岸文化创意产业展在台北松山文化创意产业园开幕。本届展览由中华文化联谊会、湖南省文化厅、吉林省文化厅和台湾创意设计中心共同主办,外图(厦门)文化传播有限公司承办。第五届海峡两岸文创展是国台办、文化部2015年度对台交流重点项目,旨在推动大陆文化企业和产品走进台湾,同时搭建海峡两岸文化产业交流合作的平台。

▲4月,由厦门思明区策划制作、采用微电影方式对"美丽厦门共同缔造"进行诠释的影片—《风情曾厝垵》荣获2014年度中国广播电视协会电视节目宣传片类二等奖,思明区工作纪实片《走向卓越》荣获专题类优秀奖。

5 月

▲5月2日,张仃美术馆开馆式暨当代中国山水画名家作品邀

请展在厦门五缘湾文化展览苑举行。厦门市委常委、宣传部长叶重耕,市政协副主席江曙霞、潘世建、魏刚等领导出席了开馆式。张仃先生是新中国山水画革新的重要倡导者和领导者之一,在世时被认为是解读 20 世纪中国美术史的"活化石"。该馆是目前国内典藏张仃先生艺术作品数目最多、质量最精、门类最广的文博机构,现藏有张仃先生书法、绘画、素描、写生手稿、影像资料等 500 多件。

▲5 月 10 日,厦门市海沧区文化馆崇礼学堂·亲子国学班母亲节孝亲联谊活动在海沧区文化中心中庭举行,来自崇礼学堂厦门片区、漳州片区的近 210 位学子、家长参加孝亲活动,让孩子、家长学会感恩。

▲5 月 10 日—15 日,厦门市委组织部、市委宣传部联合举办了厦门市文化创意产业专题深圳研讨班。市委常委、宣传部长叶重耕莅临指导,并同研讨班学员进行座谈交流。研讨班就如何贯彻落实市委九届十一次全会关于打造文化创意千亿产业链的决策部署,准确把握文化创意千亿产业链主要内容、建设原则和目标,学习借鉴香港、深圳发展经验和先进做法,更好地服务全市工作大局进行专题研修,并实地考察了深圳欢乐海岸、深圳文化创意园、深圳华侨城创意文化园和中国(深圳)文博会主会场等,深入了解了深圳市较为完备的文化产业体系,特别是其"文化+科技""文化+创意""文化+金融""文化+旅游""文化+休闲"等新兴产业发展模式和鲜明的产业特色。

▲5 月 16 日,"九洲海峡文化总部基地"和"九洲海峡影视版权交易中心"正式揭牌,标志着厦门重要的对台文化合作项目——海峡文创中心扬帆起航。

▲5 月 16 日—18 日,首届艺术厦门博览会在厦门国际会展中心举办。本届博览会共设置了八大主题展区,其中闽籍艺术家邀请展区是本届艺术厦门的主展区,组委会特别邀请了范迪安、徐里、邱志杰等 200 位闽籍艺术家参展。同时,还发起了"百名画家共绘美

蓝皮书

丽厦门"活动,反映厦门当代艺术的历史发展与最新篇章。

▲5 月 20 日,2015 厦门国际设计营商周新闻发布会在厦门举行。会上还发起设立针对中国消费市场的国际化设计奖项——"中国好设计"奖。全新设立的"中国好设计"奖项,由德国红点设计大奖机构与厦门文广传媒集团共同发起。世界顶级设计大奖"红点设计奖"具有"设计界奥斯卡"的美誉,该设计在 2012 年首次走出欧洲来到中国,为厦门掀起一场设计风暴。

▲5 月 23 日,由福建省文联、福建省文化厅主办,福建省舞蹈家协会承办的第三届福建舞蹈"百合花奖"专业舞蹈大赛暨中国舞蹈"荷花奖"福建选拔赛(决赛)在福州落幕。由厦门艺术学校选送的《厝里艺人》获群舞组表演金奖,由厦门小白鹭民间舞艺术中心选送的独舞《盘山道》获单项组表演金奖。同时,厦门艺术学校选送的《厝里艺人》获群舞组创作金奖。

▲5 月 31 日,由厦门市委外宣办和厦门外图集团有限公司举办的"全球百家海外华文书店中国图书联展温哥华展暨美丽厦门图片展"在加拿大温哥华列治文市开幕。国家新闻出版广电总局副局长吴尚之、中国驻温哥华领事馆总领事刘菲以及加拿大政府相关人士出席了活动。本次书展在温哥华、多伦多、纽约、旧金山四地同日启动,是厦门外图集团业务走向欧美地区重要系列活动之一。通过"美丽厦门图片展"向海外友人充分展示了厦门的山海格局美、发展品质美、多元人文美、地域特色美和社会和谐美的"美丽厦门共同缔造"建设成果。

▲5 月,厦门市成功入选文化部"国家公共文化服务标准化试点地区"和"国家基层综合性文化服务中心试点地区"等两个试点名单。继获得全国第一批"国家公共文化服务体系示范区"称号后,又一次被列为国家级试点城市,也是福建省唯一入选城市。国家公共文化服务标准化试点工作是文化部贯彻落实党的十八届三中全会精神的一项重要部署,将推动各试点地区制定公共文化服务实施保

障标准、技术标准和评价标准,初步建立科学、规范、适用、易行的标准体系,形成一批适合不同地区特点的工作模式,促进全国公共文化服务标准化工作全面深入开展。

▲5 月,厦门网海峡视频全新改版上线,通过与乐视网合作,全面支持手机用户在线观看,推出"最佳原创""新闻资讯""娱乐搞笑""美丽校园行""完美竞技""COS 秀"等栏目,为广大网友带去全新的视听体验。

▲5 月,由全国网络联盟主办的"全国网络创新(融合)发展论坛"揭晓"第五届中国互联网品牌大奖"榜单,海峡网络传媒有限公司的厦门网荣获"中国地方门户十佳人气品牌大奖",由厦门网开发的"无线厦门"荣获"中国最具人气的本地新闻手机客户端"。

6 月

▲6 月 4 日,厦门市市长裴金佳率队到龙山文创园、厦门文广传媒集团、国际艺术品金融交易中心、海峡收藏品交易中心调研,强调要大力发展文化产业,营造国际化、市场化、法制化的营商环境和公开、透明、可操作、可预期的政策环境,推动厦门实现城市转型和产业转型。市领导叶重耕、国桂荣、黄文辉等陪同调研。

▲6 月 4 日,厦门市委常委、宣传部长叶重耕到华美文创园和外图集团调研。强调联发华美空间文创园要围绕主题开展有针对性的招商,打造专业人才聚集,品质高端的文创园;强调外图集团的发展要坚持经济效益和社会效益有机统一,要认真研究自贸区的政策,要统筹集团业务和发挥厦门外图品牌优势,加快海峡图书物流园区的建设。

▲6 月 5 日,"美丽厦门"文学征文颁奖仪式暨优秀作品诵读活

动在厦门筼筜书院举办。本次活动由厦门市文联主办,厦门文学院承办。"美丽厦门"征文活动旨在组织创作一批反映美丽厦门的文学作品。自 2013 年 11 月正式启动至 2015 年 2 月 28 日截稿,共收到省内外来稿近百篇。19 篇作品获奖。其中一等奖空缺;二等奖 4 篇,分别为《餐桌上的绿色名片》《以漫步方式感知厦门之美》《白鹭从这里起飞》《琴岛的旋律》,三等奖 5 篇以及优秀奖作品 10 篇。

▲6 月 9 日,厦门市委常委、宣传部长叶重耕到厦门市地方戏曲院团就如何传承和弘扬地方戏曲进行专题调研,市文广新局、市发改委、市委编办、市财政局等单位分管领导参加了调研。

▲6 月 11 日,海峡国家版权交易中心有限公司揭牌成立仪式在世界知识产权组织版权金奖颁奖典礼上举行。国家新闻出版广电总局副局长阎晓宏、福建省副省长李红、省新闻出版广电局局长陈必滔、厦门市副市长国桂荣等领导出席。

▲6 月 11 日,第四届"世界知识产权版权金奖(中国)"在厦颁奖,该奖项是世界知识产权组织(WIPO)在版权领域设置的全球表彰机制,2008 年引入中国,每两年评选一次,是目前 WIPO 在中国颁发的版权最高奖。

▲6 月 12 日,首届 2015 海峡两岸婚庆博览会在厦门国际会展中心拉开帷幕,吸引了境内外近百家知名婚庆品牌参展。

▲6 月 13 日—14 日,福建省委常委、宣传部长李书磊在厦门调研文化企业。

▲6 月 13 日—14 日,由厦门市文广新局主办,厦门市非物质文化遗产保护中心、厦门市语委办、各区文体局承办的厦门市第十个文化遗产日系列宣传活动在厦门市文化馆(美术馆)举行。2015 年文化遗产日活动的主题是"保护成果、全民共享",厦门市委常委、宣传部部长叶重耕,副市长国桂荣出席宣传活动。

▲6 月 17 日,厦门市副市长黄文辉调研湖里文创园有关工作,市文发办、市文广新局、市国资委、湖里区政府领导参加了调研。

▲6 月 28 日,位于厦门市集美新城核心区的厦门嘉庚剧院举行开业首演。嘉庚剧院系市重点项目,是集美区打造海西城市演艺中心的重要组成部分。嘉庚剧院的揭幕,标志着厦门高雅艺术产业的发展重心由岛内向岛外地区延伸拓展。

7 月

▲7 月 1 日—8 月 31 日,为纪念中国共产党建党 94 周年,进一步推进廉政文化建设,由中共厦门市纪委、市委宣传部、市直机关党工委、市文化广电新闻出版局联合主办的《壁立千仞 无欲则刚——林则徐廉政事迹展》在厦门市博物馆举行。该展览以 4 个板块 59 个版面,展现中华民族英雄、世界禁毒先驱林则徐的英雄事迹和清正廉明的人格精神。

▲7 月 9 日,厦门市委常委、宣传部长叶重耕调研重点文化产业项目——神游华夏园,并就神游华夏园试营业前有关工程和营运等事项召开专题协调会。集美区委区政府、集美区新城指挥部、市文发办、市建设局、市土地开发总公司、市住宅集团、厦门银监局、工商银行厦门市分行、进出口银行厦门市分行等部门领导参加了调研。

▲7 月 12 日—15 日,由福建省文联、省教育厅、厦门海沧台商投资区管委会主办,海沧文体广电出版旅游局、海沧区文化馆执行承办的"海峡彩虹·青春筑梦——首届海峡两岸大学生舞蹈大赛"在海沧区文化中心举办。共有来自海峡两岸 28 所高校的 71 件舞蹈作品入围,经专家初审,遴选出 31 件原创作品入围现场决赛。本届赛事历时 4 天,除舞蹈大赛外,还陆续开展"'海丝'寻梦"海峡两岸港澳地区优秀舞蹈展演、海峡两岸舞蹈名家大讲坛、"'海丝'寻梦"海峡两岸港澳地区青少年舞蹈创作采风等系列活动。

蓝皮书

▲7月19日,厦门老院子民俗文化风情园景区开始试营业。厦门老院子民俗文化风情园景区占地150亩,由山东华夏文化旅游集团出资建设,总投资28亿元。2014年8月开始建设,景区包括老院子民俗文化风情园及神游华夏大剧院闽南传奇演艺两部分。

▲7月26日,"中国工笔画学会厦门创作交流中心"在厦门揭牌成立,厦门市海沧区成为继辽宁本溪、河北沧州之后第三个国内工笔画创作交流基地。中国工笔画学会会长冯大中为中心授牌。

▲7月,厦门市文改办、市文广新局、市财政局联合出台《厦门市扶持民营实体书店发展暂行办法》,并公布了2014年度民营实体书店扶持项目扶持名单。有22家厦门本土书店成为年度首批受扶持书店,这是福建省首批获得政府资金扶持的民营实体书店。

▲7月,《中国软件和信息技术服务企业竞争力报告(2015)》发布消息,厦门软件园跻身中国骨干软件园区十强。厦门软件园作为厦门市创建"中国软件名城"、"全国信息消费示范城市"、打造10个千亿产业链(群)的重要园区载体,为建设美丽厦门、实现产业转型升级发挥积极作用。

8 月

▲8月15日—16日,第四届厦门网络文化节成果展在厦门市美术馆举办,本届网络文化节由厦门市委宣传部(市网信办)、市委文明办、市公安局、市通信管理局主办,各区委宣传部、厦门日报社、厦门广电集团协办,15家市属网站、驻厦网站和网络运营商承办。本届网络文化节以"美丽厦门e点赞"为主题,分为故事篇、印象篇、净网篇、少年篇、公益篇、生活篇6个单元,共有"美丽厦门故事网上讲"等6大方面的系列活动近20项。厦门网络文化节作为福建省目前唯一的网络文化节,从2012年成功举办至今,在营造城市良好

网络文化氛围、净化网络空间、传播正能量方面发挥了重要作用。

▲8 月 16 日,厦门英文网正式上线。厦门英文网以英文资讯及外国人在厦门的最大社交平台为定位,以国际化传播为主要方式。结合本土元素,为外国人士提供融入厦门生活的咨询和服务,该网致力于从多角度权威、全面、及时而深入地介绍厦门的时政、经济、历史、文化、生活和民情,扩大厦门在世界的知名度和美誉度。

▲8 月 19 日,厦门市委常委、宣传部长叶重耕到一品威客和光耀天润传媒集团调研。市文发办有关负责人参加了调研。

▲8 月 19 日,由厦门日报主办的英文周报《双语周刊》升级改版。《双语周刊》是全国城市党报首份中英文新闻周刊,也是厦门本地唯一一份英文周刊,是专门为国外来厦人士和英语爱好者打造的交流平台。

▲8 月 20 日,"2015 海峡两岸书籍装帧设计邀请赛暨两岸最美数字书籍展"在 SM 商业广场开幕。本届展赛由厦门日报社、厦门市出版物发行业协会、厦门市文化创意产业协会、厦门外图集团有限公司主办,活动自 5 月 1 日正式启动,总计收到海峡两岸近 200 余家出版机构选送参评的各类图书 483 种(含套书),600 余册。两岸评审汇聚厦门,经过三轮评选,最终决出展赛最高奖项"金贝壳奖"及"2015 海峡两岸十大最美图书"等奖项。

▲8 月 21 日-24 日,由厦门市政府主办,国际动画协会中国代表处(ASIFA-CHINA)协办,厦门国际动漫节组委会承办的第八届厦门国际动漫节在会展中心举行。本届动漫节活动主要包括"金海豚"动画作品大赛、动漫作品与技术展示会、动画讲坛、动画放映周等 40 余项活动,已成为"专业人士交流的平台、动漫爱好者的年度盛会、产业对接和招商引资的载体",是集大赛、展示、论坛、招商对接于一体的知名展会。

蓝皮书

9 月

▲9 月 1 日,为纪念中国人民抗日战争暨世界反法西斯战争胜利 70 周年,《让历史告诉未来》交响音画演出在厦门艺术剧院举办。厦门市领导叶重耕、蔡建新、陈紫萱、国桂荣、潘世建等出席,来自全市各界 1200 多名市民代表集体观看。演出分"红旗飘扬""同仇敌忾""勿忘国耻""振兴中华""走向辉煌"五部分,融合交响乐、合唱、独唱、诗朗诵、背景画面等多种艺术形式。演出由中共厦门市委宣传部、厦门市文化广电新闻出版局、厦门市文化艺术界联合会联合主办。厦门乐团、厦门五缘湾合唱团、厦门歌舞剧院"金桥"合唱团等文艺工作者参加演出。

▲9 月 8 日,厦门市文广新局、厦门市财政局印发《厦门市繁荣商业演出市场实施办法》(以下简称《办法》)。《办法》旨在深入贯彻福建省、厦门市关于加快发展文化产业的战略部署,进一步繁荣厦门市商业演出市场,丰富人民群众的精神文化生活,拉动休闲文化消费,提升城市文化品位,对本市依法设立的文艺表演团体、演出经纪机构、演出场所经营单位从事商业演出活动进行鼓励、奖励。《办法》自印发之日起施行,有效期至 2018 年 12 月 31 日。

▲9 月 12 日—14 日,以"书香两岸,情系中华"为主题的第十一届海峡两岸图书交易会(简称"海图会")在厦门文化艺术中心举行。本届海图会由厦门市人民政府、福建省新闻出版广电局、中国出版协会、台北市出版商业同业公会、台湾图书出版事业协会、台湾图书发行协进会等两岸相关部门共同主办,共有 450 余家两岸出版机构参展。本届海图会共举办配套活动近 70 项,除举办两岸出版物展示、订货、销售等常规性活动之外,还发挥海图会的两岸出版平台优势,积极响应推广全民阅读活动,策划举办一系列富有对台特色的

公益性阅读文化活动,打造两岸图书嘉年华。

▲9月16日,厦门市人民政府第90次常务会议通过了《厦门市闽南文化生态保护区建设办法》,正式对外颁布,自2015年12月1日起施行,这标志着厦门市闽南文化生态保护实验区工作迈上了新台阶。

▲9月,《厦门关于加快构建现代公共文化服务体系的实施意见》(以下简称《实施意见》)及其附件《厦门市基本公共文化服务标准(2015－2020年)》(以下简称《标准》)由厦门市委、市府两办正式印发,对加快厦门市现代公共文化服务体系建设,推进基本公共文化服务标准化均等化作出了全面部署。这是厦门市贯彻落实十八届三中全会提出的"构建现代公共文化服务体系"改革任务和中办发〔2015〕2号文件精神的重大举措,对于保障和改善文化民生,提高文化治理能力具有十分重要的意义。

▲9月,经过审核,厦门市财政拨付2014年度民营书店扶持资金173万元,对实体民营书店进行扶持。全市有22家书店成为厦门市首批获得政府资金扶持的民营实体书店。其中长期坚守发行业阵地,以"推广学术,服务学人"为宗旨的厦门市思明区晓风书屋、厦门天顶文化传播有限公司等16家申请成本补助;经常举办各类文化活动、书店图书可拆封阅读、以网络价格销售的厦门大摩阿罗海购物中心有限公司阿罗海书吧等9家申请特色奖励;厦门市湖里区书童书店等两家申请贷款贴息;厦门晓霖文化传播有限公司等两家申请项目补助。财政扶助政策一定程度上缓解了民营实体书店的生存压力,也为其持续发展改善了经营环境,推动民营实体书店进一步健康发展。

蓝皮书

10 月

▲10 月 1 日,由中国动画学会主办的"2015 中国动漫游戏创投奖"颁奖仪式在深圳 2015 中国动漫游戏创投论坛上举行。由中娱文化股份有限公司出品的系列三维动画片《彩虹宝宝》等片获得"2015 年中国动漫游戏创投奖动漫类大奖"。

▲10 月 16 日—20 日,第十二届海峡两岸民间艺术节开幕。海峡两岸民间艺术节是文化部和国台办对台交流重点项目,由中华文化联谊会、厦门市人民政府和福建省文化厅共同举办,厦门市文化广电新闻出版局、厦门市中华文化联谊会、福建省闽台文化交流中心和厦门市两岸交流协会承办。本届艺术节以"青少年与传统艺术"为主题,通过两岸艺术表演的相互观摩与学术研讨等活动,进一步扩大交流领域,深化交流内涵,共同探讨传统艺术在现代社会的推广与普及,增强中华文化在两岸青少年群体中的影响力,继续巩固和发展两岸共同建立的文化交流平台。

▲10 月 16 日—23 日,厦门市委宣传部、市社科联共同主办了厦门市第十一届社会科学普及宣传活动周。本届社科普及周以"贯彻社科普及条例,深化法治厦门建设"为主题,按照全省的统一部署,开展了 18 项体现浓郁闽南地方特色的活动,是历年来规模最大的一次,厦门也首次成为全省社科普及周主会场所在地。本届社科普及周聚集了厦门市的各单位各部门以及省市学会等共 293 个单位共同参与,活动项目达到 610 个小项,是历届以来最多的一次。直接参与社科普及服务的单位达 293 个,参加整个社科普及周服务活动的社科专家学者、社科志愿者和工作人员达 3000 多人(次)。接受各项社科咨询服务的群众达到 4.5 万人次,有近 36 万人次通过各种媒体、知识竞赛、讲座、研讨会、社科知识宣传咨询、图片展览

展示活动和宣传材料等不同程度地了解了社会科学知识。

▲10 月 24 日,"2015 书香鹭岛活动月"在厦门白鹭洲拉开帷幕。福建省政协党组副书记、副主席刘可清,福建省委宣传部副部长张萍,福建省新闻出版广电局局长陈必滔、副局长蒋达德,厦门市副市长国桂荣,厦门市委宣传部副部长上官军,厦门市文广新局局长林进川等领导出席了开幕仪式。本届"书香鹭岛活动月"与第九届"书香八闽"全民读书月同步启动,延续"阅读·文明·发展"的主题,设有"纪念抗战胜利 70 周年""全民阅读""书香鹭岛论坛讲读""亲子阅读""延伸阅读"等 5 大系列、100 项活动。活动持续 1 个月。"书香鹭岛活动月"自 2004 年创办以来,已成功举办了 11 届,成为厦门市全民阅读活动的重要品牌,被中宣部、中央文明办、新闻出版总署评为全民阅读活动优秀项目。

▲10 月 25 日,由厦门海沧发展研究院、两岸关系和平发展协同创新中心、厦门市青年联合会、厦门市台湾同胞联谊会、厦门市台商投资企业协会、厦门市海沧区海外联谊会主办的 2015 海峡两岸(厦门)乐活节开幕式在海沧举行,大陆海协会常务副会长郑立中、台湾海基会董事长林中森等共 800 余人出席。本活动共设置"乐艺""乐动""乐善""乐业"四大主题板块。

▲10 月 30 日,厦门市出版物发行业协会召开会员代表大会进行换届选举,厦门外图集团有限公司常务副总经理申显杨当选新一届理事会会长。

▲10 月 30 日—11 月 2 日,第八届海峡两岸文博会在厦门举办。本届文博会由中共中央台办、文化部、国家新闻出版广电总局主办,福建省人民政府、厦门市人民政府和台湾亚太文化创意产业协会承办。本届文博会以"一脉传承,创意未来"为主题,以"弘扬中华文化、推动两岸文化市场融合"为宗旨,共举办了展览会、论坛对接会、评选推介、签约交易等 100 多场文化主题活动,总展览面积达 6 万平方米,境内外参展企业 1696 家,台湾参展企业 737 家,成为台

蓝皮书

湾参展企业数最多的大陆展会。主会场设工艺艺术品、创意设计、数字内容与新媒体、文创旅游等四大专业展区,遍布厦门各区的 23 个分会场和 67 个专项文化活动同步登场。展会目前已跻身厦门市四大展会之一,成为台湾地区文创企业进军大陆的第一平台。

▲10 月 29 日,厦门市专题召开全市可移动文物普查工作推进会。会议由市可移动文物普查领导小组副组长、厦门市文广新局局长林进川主持,市可移动文物普查领导小组组长、厦门市副市长国桂荣出席并作重要讲话。会议明确,自 10 月 29 日起,市可移动文物普查办公室建立通报制度,每 10 日通报 1 次各单位进展情况,并纳入各单位年度效能考评。市区两级普查领导小组及办公室成员、收藏有可移动文物国有单位负责人和工作人员约 75 人参加会议。

▲10 月 30 日,结合福建自贸试验区和"海丝"两大概念的省重点建设项目、"海丝"沿线最大艺术品展示交易平台——"海丝"艺术品中心在文博会开幕首日亮相,旨在打造中国乃至亚太地区艺术品界的旗舰平台。

▲10 月 30 日,国家音乐产业基地运营商北大青鸟音乐集团与集美区签约并宣布,"中国音乐产业交易中心"将落户集美。

▲10 月 30 日,《两岸创意经济蓝皮书:两岸创意经济研究报告(2015)》在第八届海峡两岸(厦门)文博会上正式对外发布,《报告》以 2014 年两岸创意经济年度数据综合分析为核心,对 2014 年两岸创意经济领域热点进行了深度解读。

▲10 月,一品威客创客空间被中共中央台湾工作办公室、国务院台湾事务办公室评为"海峡两岸青年创业基地"。

▲10 月,由厦门市文化馆、厦门市非物质文化遗产保护中心开展的"闽南文化走透透"受邀作为全国文化馆公共文化服务创新案例,赴重庆参加 2015 年中国文化馆年会"博览会"。全国仅有 20 个案例入选。

11 月

▲11 月 2 日,厦门市与互爱北京签署战略合作协议,将在厦门建设互联网创客基地,举办 DCC 中国数字产业年会,成立文化产业投资基金。

▲11 月 6 日,海丝心语福建行暨民访民议"海上丝绸之路"活动在厦门落下帷幕。20 余名网络名人组成采风团,深入一线采风。

▲11 月 7 日—8 日,2015 厦门(集美)草莓音乐节在集美新城杏林湾大草地举办。该音乐节系"人文集美·艺动新城"系列活动的重头戏之一,同时也是 2015 厦门国际时尚周的重要组成部分。以"爱厦门、爱集美、爱音乐"为主题,由北京摩登天空文化发展有限公司和厦门天下集美文广传媒有限责任公司主办。

▲11 月 8 日,厦门市新闻界庆祝新中国第 16 个记者节表彰大会暨"好记者读好书"品书鉴赏会在厦门市美术馆举行。市委宣传部、文广新局和市属新闻单位、驻厦新闻单位的相关领导出席大会并为第 15 届福建省十佳新闻工作者、2015 年度中国新闻奖、福建新闻奖、厦门新闻奖获奖代表颁奖。厦门市委宣传部机关、市记协、新闻界及社会各界代表约 300 人出席。市委常委、宣传部长叶重耕出席大会并代表市委、市政府讲话。

▲11 月 13 日—15 日,由厦门日报社、市文发办、市文联、海峡书画艺术产业协会共同主办,同时特邀中国书法出版传媒、张伯驹潘素文化发展基金会联合主办的第八届海峡两岸(厦门)文化产业博览交易会配套专业展——"2015 海峡书画艺术产业博览会"在厦门国际会展中心举行。本次博览会展示面积 13122 平方米,共有来自京、沪等省市和台湾文创交流协会旗下会员企业、台湾艺术研究院以及美国、韩国等地的 213 家机构、300 多位海内外艺术家带来上

万种作品和产品参展。展会期间,两岸相关文创机构、企业共签订了 10 多项战略合作协议,现场交易及签约总金额突破 5000 万元。

▲11 月 14 日,由厦门市文广新局和海沧区委宣传部主办,厦门市文化馆、海沧区文体局、海沧区教育局联合承办的第九届海峡两岸暨首届世界闽南语原创歌曲歌手大赛(简称"双歌赛")合唱比赛在海沧文化中心剧场举行。本届双歌赛创新性地把闽南歌曲合唱作为主要推动的创作和演唱形式,不仅对闽南方言的普及有极大的推动作用,而且探索了一条以传统文化培育社会主义核心价值观的路径。

▲11 月 15 日,"2015 集美阿尔勒:东西方对话国际摄影季"在厦门市集美新城嘉庚文化艺术中心广场开幕。本次活动由厦门市文联、集美区文联指导,北京三影堂影视文化传播有限公司、厦门市天下集美文广传媒有限责任公司主办,本次展览持续 1 个月,展览项目包括重影重生、城市巡航、两种乡愁、与东方相遇等 9 个专题,集结了数十个国家和地区的几百位摄影艺术家的作品参展。

▲11 月 26 日,2015 厦门国际时尚周开幕,本届时尚周主题是"shui·厦门——时尚之城"。

▲11 月 27 日,NEST2015 全国电子竞技大赛总决赛在厦门举行,来自全国各地最顶尖的 300 多名选手聚厦大比拼。

▲11 月,在南京举行的 2015 两岸企业家紫金山峰会上,龙山文创园获颁"两岸文创产业合作实验示范基地",成为首批八家获此殊荣的文创园之一。

▲11 月,由厦门市文广新局选送的剧情类作品《黄君奕住厦鼓甘露》和《胡友义的钢琴天堂》入选全国"弘扬社会主义核心价值观共筑中国梦"主题优秀网络视听节目,从 10 月 15 日起至 12 月 31 日,入选作品在全国各大网络广播电视台、重点视频网站展播展映,福建网络广播电视台(www.fjtv.net)同步展播。

▲11 月 26 日—29 日,以"shui 厦门"为主题的 2015 厦门国际

时尚周举行,围绕"满城时尚 美丽厦门",40 余场次大型活动异彩纷呈,展示并激发厦门时尚产业的蓬勃活力。

▲11 月 30 日—12 月 4 日,2015 厦门市小品(小戏)编、导、演培训班在厦门市海沧区举办,培训班邀请了中国剧协副秘书长周光、解放军艺术学院著名导演冯继唐、中国剧协东莞小品创作基地一级编导秦川等专家前来授课。

12 月

▲12 月 1 日,中国第一代民营书店的代表——西西弗书店进驻厦门,成立福建第一家分店。

▲12 月 2 日—5 日,来自菲律宾《世界日报》、马来西亚《光华日报》、新加坡《联合早报》、印尼国际日报集团、印尼《印华日报》等海外华文媒体的记者,本土的《厦门日报》、厦门电视台、厦门新闻广播以及《福建侨报》和《鹭风报》等近 20 名记者参与了本次采访活动。媒体记者走访了海天集装箱码头、福建自贸试验区厦门片区,聚焦厦门"一带一路"的建设和发展新机遇。

▲12 月 6 日,由厦门华亿传媒主办的第二届厦门国际青年微电影节压轴大戏——五缘湾微电影高峰论坛,以及"黑天鹅奖"颁奖盛典暨主题微电影《"缘"舞曲 2——遇见》首映礼,在希尔顿逸林酒店五缘厅举行。

▲12 月 9 日,市委宣传部正式批复同意组建厦门报业传媒集团有限公司及其组建方案。

▲12 月 11 日—15 日,由厦门市建筑装饰协会主办,凤凰木艺术中心承办的联发凤凰木 2015 两岸空间艺术周在湖里华美空间文创园举办。该活动旨在为两岸打造一个以空间设计为核心的创意设计行业展示平台。

蓝皮书

▲12月12日—17日,厦门市委常委、宣传部长叶重耕率领厦门市文化保税推介代表团一行4人出访英国、瑞士,就文化保税业务特别是艺术品保税业务的实践经验、政策配套和监管模式等方面进行考察。

▲12月15日,历时20多天的第六届福建艺术节在福建大剧院举行闭幕式并进行颁奖。厦门歌仔戏研习中心创作的歌仔戏《渡台曲》、厦门市金莲升高甲剧团创作的高甲戏《大稻埕》,荣获全省艺术节优秀剧目奖和剧本一等奖、音乐设计一等奖等十几个单项奖。厦门湖里区外来青年合唱团在"激情广场大家唱"合唱比赛中荣获一等奖。厦门市南乐团参赛的南音《传承》《乐趣》分别荣获专业组"节目奖"一等奖、二等奖,厦门市同安区文化馆、同安吕实力芗剧演出团参赛的大广弦说唱《一曲弦歌唱厦门》获得业余组"节目奖"一等奖。厦门市文广新局荣获本届福建艺术节优秀组织奖。

▲12月18日,厦门华亿传媒集团股份有限公司获准新三板挂牌上市,成为福建首家新三板上市的国有文化企业、福建首家新三板上市的报业旗舰成员企业。

▲12月19日,作为2015厦门创新创业分享季的组成部分,2015M＋厦门国际创客周开幕式暨海峡两岸互联网大会在厦门国际会议中心举行,围绕"互联网＋",两岸互联网领域的企业家、风投基金及相关项目负责人齐聚一堂,共同为互联网产业发展和传统行业转型升级献计献策。

▲12月31日,由厦门市委宣传部、厦门市文广新局主办,厦门歌舞剧院承办的公益性惠民演出活动"厦门市2016新年音乐会"在厦门歌舞剧院举办。年内,厦门市组织开展公益性惠民演出志愿服务活动715场。其中,"假日舞台"公益演出574场,春节公益性演出28场,进农村、进校园、进社区、进军营演出113场。

tongji ziliao yu fenxi

统计资料与分析

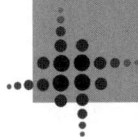

2015 年文化统计数据

◎ 厦门市统计局

表 1　厦门市文化及相关产业法人单位主要指标

	单位	2015 年	2014 年	比 2014 年增长（%）
单位数	个	11524	8373	37.6
规模以上	个	384	336	14.3
从业人员	万人	14.93	13.76	8.5
规模以上	万人	5.75	5.97	−3.6
主营业务收入	亿元	772.39	598.11	29.1
规模以上	亿元	653.63	459.69	42.2
资产总计	亿元	820.43	665.36	23.3
规模以上	亿元	519.12	412.31	25.9
非企业单位支出（费用）	亿元	20.19	16.88	19.6

注：1. 本表数据为省统计局反馈数。

2. 文化及相关产业：指为社会公众提供文化产品和文化相关产品的生产活动的集合。《文化及相关产业分类(2012)》规定文化及相关产业包括文化产品的生产、文化产品生产的辅助生产、文化用品的生产和专用设备的生产等。

3. 规模以上文化法人单位：指在《文化及相关产业分类(2012)》所规定行业范围内，年主营业务收入 2000 万元及以上的工业法人企业；年主营业务收入 2000 万元及以上的批发法人企业和年主营业务收入 500 万元及以上的零售法人企业；年营业收入 1000 万元及以上（其中，文化、体育和娱乐业为 500 万元及以上）或年末从业人员 50 人及以上的服务业法人企业。

蓝皮书

表2 规模以上(三上)文化法人单位分行业主要经济指标

单位:个、人、万元

	单位数	从业人员期末人数	女性	营业收入	主营业务收入	营业税金及附加	主营业务税金及附加	资产总计
合　计	384	57543	26542	6665663	6536315	34574	32047	5191200
一、新闻出版发行服务	10	2243	803	94647	90521	1830	1678	188856
二、广播电视电影服务	17	917	421	56297	53778	1364	1359	112245
三、文化艺术服务	7	665	287	7050	6995	210	210	148899
四、文化信息传输服务	25	5051	2327	285847	284472	1270	1270	288888
五、文化创意和设计服务	108	8277	3013	671033	647301	9528	7521	713425
六、文化休闲娱乐服务	26	2907	1481	69991	69765	5775	5775	271888
七、工艺美术品的生产	49	4952	2708	1309011	1308080	1777	1777	323304
八、文化产品生产的辅助生产	74	8642	3668	496600	483990	6453	6337	904846
九、文化用品的生产	62	14060	6163	3135035	3056192	3138	2892	1816134
十、文化专用设备的生产	6	9829	5671	540152	535221	3229	3229	422715

表3 规模以上(三上)文化法人单位分区主要经济指标

单位:人、万元

	分类	从业人员期末人数	女性	营业收入	主营业务收入	营业税金及附加	主营业务税金及附加	资产总计
合　计	三上企业	57543	26542	6665663	6536315	34574	32047	5191200
	规模以上文化制造业	32897	15981	3447296	3421058	8056	7939	2293462
	限额以上文化批零业	3272	1570	1898484	1827395	2096	1875	689101
	重点文化服务业	21374	8991	1319883	1287861	24422	22234	2208637
思明区	三上企业	19244	8371	1417482	1382905	22615	20224	1859333
	规模以上文化制造业	1532	752	58428	56636	444	436	61163

续表

	分类	从业人员期末人数	女性	营业收入	主营业务收入	营业税金及附加	主营业务税金及附加	资产总计
	限额以上文化批零业	1713	847	471664	468766	1651	1430	273233
	重点文化服务业	15999	6772	887390	857503	20520	18359	1524937
海沧区	三上企业	6558	2745	683547	670886	3467	3384	699572
	规模以上文化制造业	5397	2269	606172	593616	2601	2518	599861
	限额以上文化批零业	291	133	42471	42432	19	19	47710
	重点文化服务业	870	343	34904	34837	847	847	52000
湖里区	三上企业	15224	8299	1675313	1668595	4730	4708	705818
	规模以上文化制造业	12606	7104	487593	481836	3475	3475	487464
	限额以上文化批零业	774	407	1060638	1060478	175	175	82346
	重点文化服务业	1844	788	127082	126281	1080	1057	136008
集美区	三上企业	4275	2050	482279	479019	1693	1689	444726
	规模以上文化制造业	2520	1377	89196	86924	532	532	134336
	限额以上文化批零业	148	86	142968	142903	22	22	24803
	重点文化服务业	1607	587	250115	249192	1140	1135	285587
同安区	三上企业	4697	2389	313258	243614	1470	1453	581272
	规模以上文化制造业	3333	1813	113502	112126	474	456	110737
	限额以上文化批零业	346	97	180743	112815	229	229	261008
	重点文化服务业	1018	479	19013	18673	768	768	209527
翔安区	三上企业	7545	2688	2093784	2091297	598	590	900479

续表

分类	从业人员期末人数	女性	营业收入	主营业务收入	营业税金及附加	主营业务税金及附加	资产总计
规模以上文化制造业	7509	2666	2092405	2089920	530	522	899901
限额以上文化批零业							
重点文化服务业	36	22	1379	1376	68	68	578

表4　规模以下文化法人单位分行业主要经济指标

单位：个、人、万元

分类	调查单位数	从业人员期末人数	女性	营业收入	主营业务收入	营业税金及附加	主营业务税金及附加	资产总计	实收资本
合　计	3203	32737	14532	594550	586335	5449	5248	1113577	995130
一、新闻出版发行服务	37	652	263	8799	8716	69	69	9394	5343
二、广播电视电影服务	37	424	174	4493	4171	109	109	6546	12872
三、文化艺术服务	244	1539	873	8730	8558	215	182	29156	22348
四、文化信息传输服务	288	3270	1376	36759	36615	223	206	95459	167923
五、文化创意和设计服务	762	9679	3706	182992	177743	2116	2031	333663	228377
六、文化休闲娱乐服务	167	1285	618	15017	14657	220	219	91756	19378
七、工艺美术品的生产	132	2390	1359	44847	44597	668	662	88424	73100
八、文化产品生产的辅助生产	788	7334	3202	107125	106256	1089	1065	252912	171804
九、文化用品的生产	707	5456	2627	172898	172194	648	613	184079	282227
十、文化专用设备的生产	41	708	334	12891	12829	92	92	22188	11759

注:1.规模以下文化企业根据省统计局下发的文化企业名单有 5592 家,实际调查数
　　3203 家。此表根据调查数汇总取得。
　2.规模以下文化企业统计工作由市文广新局、市工商局、市通信管理局、市旅游局、
　　市会展局、市经信局、市建设局、市教育局、市农业局、火炬高新区管委会及市区统
　　计局共同组织实施调查工作。

表 5　抽样调查的文化个体经营户分区主要经济指标
单位:人、元

	从业人员期末人数	雇员支出	税费	总支出	营业收入
合 计	536	12080350	633377	91238283	116525500
思明区	223	5300800	198155	16704343	21000400
海沧区	64	1045100	99602	4584140	9453400
湖里区	72	1209600	140700	59534800	63158700
集美区	87	2115000	80500	3929800	10655400
同安区	68	2017850	101220	5655200	10606000
翔安区	22	392000	13200	830000	1651600

　　注:文化个体经营户调查采用抽样调查的方式采集数据,名单由省统计局确定下
发。此表根据抽样调查数汇总取得。

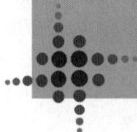

2015 年厦门市文化
及相关产业发展情况分析

◎ 厦门市统计局

　　文化及相关产业①（以下简称文化产业）是一个新兴的产业，具有综合性、渗透性、关联性、开放性等特征。近年来，厦门市不断推进文化强市建设步伐，着力打造厦门特色文化品牌，形成了现代传媒、印刷出版、动漫游戏、演艺娱乐、民俗产品等多个文化产业板块。文化产业正在以"软实力"助推厦门产业结构调整和转型升级，并逐步成为厦门经济发展的新引擎。

一、文化产业发展情况

　　至 2015 年底，全市共有文化产业法人单位 1.15 万个，全年实现主营业务收入 772.39 亿元，吸纳就业人员 14.93 万人，年末拥有资产总额 820.43 亿元；分别比上年增长 37.6％、29.1％、8.5％和 23.3％。

　　文化产业呈现快速发展态势。2015 年，全市文化产业主营业

---

　　① 文化及相关产业：指为社会公众提供文化产品和文化相关产品的生产活动的集合。国家统计局颁布《文化及相关产业分类（2012）》规定文化及相关产业包括文化产品的生产、文化产品生产的辅助生产、文化用品的生产和专用设备的生产等。

务收入增速居全省首位,比全省平均水平高 9.5 个百分点;主营业务收入规模占全省的比重达到 18.1%,比上年提高 1.3 个百分点,总量位次继续保持全省第三,稳居全省文化产业区域格局的第一层次。

二、文化产业运行特点

区域分布高度集中。至 2015 年底,文化产业法人单位主要分布在思明、湖里两个区,分别有 6724 个和 2560 个,两区合计占全市文化产业法人单位的比重超过八成;海沧区、集美区、同安区和翔安区分别有法人单位 581、693、673 和 293 个,分别占 5.0%、6.0%、5.8%和 2.5%。从增速看,思明、湖里两个区的单位增速分别高于全市平均水平 6.8 和 5.3 个百分点,其他区则稳步推进,区域分布呈现进一步集中的趋势。各区单位增速由高到低依次是思明区 44.4%,湖里区 42.9%,同安区 28.2%,海沧区 21.3%,翔安区 9.3%,集美区 6.5%。

规模以上文化企业①引领产业持续发展。2015 年数量占全市文化产业法人单位仅 3.3%的规模以上文化企业实现的主营业务收入占全市文化产业 84.6%,所占比重比上年提高 7.7 个百分点。分产业类型看,规模以上文化制造业主营业务收入 342.11 亿元,比上年增长 13.9%;限额以上文化批零业 182.74 亿元,增长

---

① 规模以上文化企业:指在《文化及相关产业分类(2012)》所规定行业范围内,年主营业务收入 2000 万元及以上的工业法人企业;年主营业务收入 2000 万元及以上的批发法人企业和年主营业务收入 500 万元及以上的零售法人企业;年营业收入 1000 万元及以上(其中,文化、体育和娱乐业为 500 万元及以上)或年末从业人员 50 人及以上的服务业法人企业。

1.7 倍；规模以上文化服务业 128.79 亿元，增长 40.4%。三类行业占全市规模以上文化产业比重由上年的 65.3∶14.7∶20.0 调整为 52.3∶28.0∶19.7。

公共文化服务不断增强。2015 年，全市文化产业非企业单位支出 20.19 亿元，比上年增长 19.6%。基本公共文化服务水平不断提高，全市共有公共图书馆 10 个，总流通 862.00 万人次和 881.12 万册次、分别增长 6.5% 和 12.3%；群众文化机构 8 个，组织文艺活动 468 次、增长 4.2%；文化表演团体 6 个，演出 828 场次、增长 16.8%，国内观众 52.15 万人次、增长 5.2%。电影市场迅速崛起，全市共有电影院 28 家、增加 2 家，票房收入 3.92 亿元、增长 54.1%；全市每 3 万常住人口拥有电影银幕数为 1.31 块，城区电影银幕数跨入经济发达中心城市行列。

居民文化消费水平有所提升。随着文化产业的快速发展，文化消费也逐渐成为居民的新兴消费热点。2015 年，全市居民人均教育文化娱乐消费支出 2605 元，比上年增长 7.5%，占全部消费支出的 9.5%，比上年提高 0.1 个百分点。分城乡看，城镇居民人均文化娱乐消费支出 2833 元，增长 7.4%，占城镇居民人均消费支出的 9.8%，比上年提高 0.2 个百分点；农村居民人均文化娱乐消费支出为 871 元，增长 8.9%，占农村居民人均消费支出的 5.7%，与上年持平。

三、需要关注的几个问题

大型龙头企业偏少。虽然目前全市已有国家级文化产业园区和基地 7 个、省级文化园区和示范基地 21 个，但是具有全国、全省影响力的大型龙头企业偏少。第八届中国"文化企业 30 强"厦门市未有企业入围，最新发布的福建省"文化企业十强"厦门也仅

4399 网络股份有限公司一家企业上榜。

规模以上文化企业亏损面较大。2015 年,全市共有 138 家规模以上文化企业出现亏损,占规模以上文化企业的 35.9%,企业亏损面比全省平均水平高 24.1 个百分点。各类企业亏损面均超过三成,规模以上文化制造业亏损面最大,为 42.9%,比上年提高 3.9 个百分点;其次是限额以上文化批零业 37.9%,降低 5.2 个百分点;规模以上文化服务业亏损面相对较小,为 32.1%,降低 3.7 个百分点。

部分行业业绩下滑。从文化产业十大行业类别看,规模以上文化企业营业收入与上年相比呈现八升两降的格局。下降的两个行业分别是:文化产品生产的辅助生产减少 5.1%,文化休闲娱乐服务减少 1.7%。此外,在接受调查的 3203 家规模以下文化企业中,34.0%的企业出现了营业收入下降。其中,文化专用设备的生产、工艺美术品的生产和新闻出版发行服务等三个行业超过五成的企业业绩下滑。

四、加快发展文化产业的建议

依托自贸区推进文化产业政策创新。《海峡西岸经济区发展规划》提出要"加快文化创新"。福建省于 2015 年制定并实施《中国(福建)自由贸易试验区文化市场开放项目实施细则》,允许设立外资经营的演出经纪机构和演出场所,允许设立外商独资经营的娱乐场所。厦门自贸区建立以来,在制度创新的引领下蓬勃发展,已然形成高端制造、国际贸易、航运物流、金融服务、专业服务等特色产业集群,文化产业被列为"专业服务"产业集群的首个产业。建议以福建省实施细则为依据,立足厦门文化产业特点,制订促进厦门自贸区文化产业发展的政策措施,推进文化政策创新。

　　提升文化产业科技含量。随着新型工业化和信息化的不断发展,跨界融合成为文化产业发展的明显特点。高技术和新技术的广泛应用,为新兴文化业态提供了广阔空间。厦门文化产业发展要不断提高文化产品生产和文化服务手段的科技含量,以火炬高新区为主体,发挥软件园、创业园、厦门科技创业园等园区的资源优势,为做大做强文化产业提供科技创新的有力支撑。

　　建立多元化文化产业投融资体系。目前厦门文化产业正处在结构调整时期,而企业融资难已成为制约文化产业发展的瓶颈之一。建议建立以政府资金为引导、以企业投入为基础、以银行信贷和民间资金为主体、以股市融资和境外资金为补充的多元化文化产业投融资体系,以满足文化产业转型升级的需求。

执笔:杨晋

2016 年 8 月

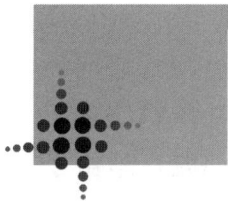

后　记

　　2015年，是"十二五"的收官之年，厦门市文化改革发展工作在各个领域都取得了积极成效，尤其是文化产业发展工作，成绩斐然。经过"十二五"时期的持续健康较快发展，厦门文化产业已经站在了一个新的历史起点上。作为厦门市六大战略性新兴产业之一的文化产业，一直保持良好的发展态势，产业规模不断扩大，发展质量有效提升，空间布局更加优化，市场体系不断完善，已经成为厦门市的支柱性产业，对拉动厦门经济增长，推动经济转型、城市转型和社会转型等方面发挥着越来越重要的作用。

　　自2005年以来，伴随着厦门市文化改革发展进程，已经编辑出版了10部《厦门文化改革发展蓝皮书》。《2016年厦门文化改革发展蓝皮书》与之前的10部相接续，记录了厦门文化改革发展的最新进展，共同描绘厦门文化改革发展的全貌。这套蓝皮书的持续出版，已经成为厦门市文化改革发展工作的有机组成部分。编辑出版蓝皮书系列，总结经验、发布政策、解剖案例、揭示规律，既是厦门市文化改革发展工作的记录本，也是推动创新发展的参考书，既服务于实际工作者，也为专家学者提供翔实的研究资料，得到了省市领导的肯定和省内外兄弟城市同行的广泛好评。

　　《2016年厦门文化改革发展蓝皮书》的编撰和出版发行得到了厦门市委、市政府领导及各区、市直各有关单位、高等院校和文化企业的大力支持。厦门市委常委、宣传部长、市文化改革发展工作领导小组副组长叶重耕同志担任编委会主任，副市长、市文化改革发展工作领导小组副组长国桂荣同志担任编委会副主任。厦门市统计局为本书提供了统计数据和综合性分析报告,哥们网科技有限公司为本书提供了动漫插图设计,厦门日报社摄影记者梁伟同志为本书提供了封面照片,厦门大学出版社一如既往地给予了大力支持。在此,编委会谨向所有关心、支持本书的单位和个人,以及所有为本书付出辛勤汗水的同志一并表示诚挚的谢意!

编委会

2016 年 12 月

图书在版编目(CIP)数据

2016年厦门文化改革发展蓝皮书/黄鹤麟,戴志望,林宗宁主编. —厦门:厦门大学
出版社,2016.12
ISBN 978-7-5615-6300-7

Ⅰ.①2…　Ⅱ.①黄…②戴…③林…　Ⅲ.①文化事业－体制改革－研究报告－
厦门－2016②文化发展－研究报告－厦门－2016　Ⅳ.①G127.573

中国版本图书馆 CIP 数据核字(2016)第 307900 号

出 版 人	蒋东明
责任编辑	文慧云
封面设计	夏　林
电脑制作	张　秋
责任印制	朱　楷

出版发行	**厦门大学出版社**
社　　址	厦门市软件园二期望海路 39 号
邮政编码	361008
总 编 办	0592-2182177　0592-2181406(传真)
营销中心	0592-2184458　0592-2181365
网　　址	http://www.xmupress.com
邮　　箱	xmupress@126.com
印　　刷	厦门集大印刷厂

开本	720mm×1000mm　1/16
印张	24.25
插页	4
字数	414 千字
版次	2016 年 12 月第 1 版
印次	2016 年 12 月第 1 次印刷
定价	68.00 元

厦门大学出版社
微信二维码

厦门大学出版社
微博二维码

本书如有印装质量问题请直接寄承印厂调换